KB044897

바캉스 인문학

바캉스 인문학 _ 시대를 초월한 동양고전과 인생 백년의 경세지략

초판 인쇄 2019년 7월 5일
초판 발행 2019년 7월 10일

편저자 공공인문학포럼
펴낸이 김상철
발행처 스타북스
등록번호 제300-2006-00104호
주소 서울특별시 종로구 종로1가 르메이에르 1117호
전화 02) 735-1312
팩스 02) 735-5501
이메일 starbooks22@naver.com
ISBN 979-11-5795-469-8 03150

• 이 도서의 국립중앙도서관 출판예정도서목록(CIP)은 서지정보유통지원시스템 홈페이지(http://seoji.nl.go.kr)와 국가자료공동목록시스템(http://www.nl.go.kr/kolisnet)에서 이용할 수 있습니다. (CIP제어번호 : CIP2019025401)

바캉스 인문학

Humanities for Vacance

공공인문학포럼 편저

시대를 초월한 동양고전과
인생 백년의 경세지략

스타북스

머리말

지식의 즐거움도 함께하는 바캉스 인문학

바캉스 인문학은 깃털처럼 가볍고 드라마처럼 재밌다. 따라서 여름휴가나 여행 중에 아무 페이지나 펼쳐 읽어도 경세지략의 지혜를 터득할 수 있을 것이다.

이 책에는 성현들의 목숨 건 지식으로 천년 후에도 밤 새워 읽으면서 무릎을 치며 감동하게 될 인간경영의 지혜들을 경세지략의 관점에서 정리했다. 중국의 위대한 고전과 한국사 등에서 제왕과 제상, 영웅과 현자들의 성어를 통해 그 시대에 실재했던 재미있는 사례들을 이야기로 엮어 놓은 지식의 보고이자 삶의 지표라 할 수 있다.

21세기에 들어서면서 무섭게 발전해가는 중국의 힘을 보면서 중국의 역사를 이해해야 하는 당위성은 새삼 말할 필요조차 없다. 특히 과학문명의 발달로 인간관계의 단절이 가속화 되어가는 오늘에 있어서는 인간존중의 사상과 철학이 바탕이 되는 옛 성현들의 명언을 통하여 우리는 삶의 지혜를 배워야 한다.

이 책에서는 지식인들이나 공부하는 학생과 일반 사회인들이 자주 접하는 고전의 성어 가운데 오늘날 우리의 생활과 깊은 관계를

"난세를 건너는 아첨과 배신, 용기와 우정,
사랑과 재치 등 3000년을 이어온
인간경영의 이야기가 적나라하게 펼쳐진다"

맺고 있는 것들 중에서 가장 함축적이고 풍자적인 내용들을 누구나 쉽게 이해할 수 있도록 엮어 놓았다. 따라서 이 책의 장점은 고사에 관련된 일화를 통하여 중국인들의 사상과 철학을 이해할 수 있다는 점이다. 동양고전에는 역사 인물뿐만 아니라 그 시대의 삶의 방식과 사회적 구조를 배경으로 깔고 있기 때문에 누구나 재미있게 읽는 동안 인문학의 진면목과 동양문화의 이해력이 높아질 것이다.

이 책은 인간이 겪을 수 있는 모든 상황에 대한 정확한 판단과 삶을 위한 성현들의 통찰력을 볼 수 있으며 인생의 고비에서 어떻게 대처해야 하는가에 대한 해답을 담고 있다. 또한 옛 지성들이 세상을 바라보는 태도와 함께 인간경영의 요체를 알 수 있으며 경세지략의 지혜를 만날 수 있을 것이다. 이 책을 통해 인생 배년의 인프라를 구축하고 고전을 통한 인문학의 즐거움에 마음껏 빠지시기를....

공공인문학포럼

차례

1 경세지략과 법칙

2 성공과 처세

3 결단의 용기와 인내

4 정치와 병법

배움과 학문

6 말의 힘과 배신

7 위기 대처의 재치와 무상

탐욕의 만행과 아첨

우정과 충효

10 사랑과 풍속

I

경세지략과 법칙

이도살삼사 二桃殺三士

교묘한 책략으로 상대를 자멸하게 하는 것

제(齊)나라 경공(景公)에게는 신변을 호위하는 힘이 센 장수로 공손접(公孫接), 고야자(古冶子), 전개강(田開疆) 세 사람이 있었다.

그들은 힘과 공을 믿고 법과 위계질서를 무시했다. 한번은 재상인 안영이 이 세 사람 앞을 종종걸음으로 지나갔다. 그들에게 경의를 표한 것이었다. 그런데도 그들은 아무도 일어나서 답례를 하지 않았다. 그러자 참다 못한 재상 안영이 이들을 제거하기 위한 계획을 짰다.

어느 날 안영이 만찬석상에서 복숭아 두 개를 내어 와 경공에게 바치며, "이 복숭아를 가장 공로가 큰 신하에게 상으로 주십시오."라고 하였다.

먼저 공손접이 나서서 "사냥 때 폐하께 달려드는 호랑이를 내가 맨손으로 잡았다." 하고는 복숭아를 하나 가졌다.

전개강 역시 "나는 매복을 사용하여 두 번이나 적을 무찔렀다." 하고는 남은 복숭아를 가졌다.

당황한 고야자가 "폐하를 모시고 황허강을 건널 때, 폐하 수레의 왼쪽 말이 중류로 도망쳤다. 내가 강으로 들어가 백걸음 동안 흐름을 거스른 다음 흐름을 좇아 90리를 가서 말을 죽였다. 그런 다음 왼손으로 말의 엉덩이를 붙잡고 오른손으로 말의 목을 들어 언덕으로 올라왔다." 하고 큰소리로 말했다.

공손접과 전개강이 이 말을 듣고, "우리의 공훈은 그대의 발끝에도 미치지 못한다. 그런데도 복숭아를 탐한 것은 우리의 탐욕 때문이다." 하고는 스스로 목을 베었다.

고야자도 "두 사람이 죽었는데 나 혼자 사는 것은 인(仁)이 아니다. 사람이 명성을 자랑하고 있는 것을 듣고 부끄럽게 여기는 것은 의롭지 못하다." 하고 칼을 뽑아 자기의 목을 찔렀다.

이 고사가 세상에 알려지게 된 것은 제갈량(諸葛亮)의 《양보음(梁甫吟)》이라는 고체시(古體詩) 때문이다. 그는 이렇게 노래하였다. "하루아침에 참언을 입어, 두 복숭아가 세 장사를 죽였다."

이백 또한 동명의 시를 지어 이 고사를 더욱 유명하게 하였다. "제나라의 재상은 힘이 남산을 갈아엎는 세 명의 장사를 죽이는 도구로 두 개의 복숭아를 사용하였다."

안영의 생각은 현대인의 사고방식과 유사하다. 자신을 따르지 않는 자, 집단의 질서를 흐트리는 자, 장차 자신을 위해할 염려가 있는 자 등에게는 인정을 두지 않는다는 점에서 더욱 그렇다.

이것은 춘추전국시대나 지금이나 살아 남기 위한 선택을 강요당한다는 점에서 기인한다.

무용지용 無用之用

아무 쓸모없어 보이는 것이 때로는 어느 것보다 유용하게 쓰인다

도(道)의 입장에서 보면 범속한 인간들이 말하는 유용이란 아무런 쓸모도 없는 잔꾀로 어리석음에 지나지 않고 무용으로 보이는 것에 도리어 진정한 용이 있다고도 말할 수 있다고 하면서 장자는 "무용의 용"을 강조했다.

인간세편(人間世篇)에 보이는 초나라의 은사(隱士)인 광접여(狂接與)가 공자에 대하여 비평한 것 중에는 다음과 같은 말이 들어 있다.

"무릇 산의 나무는 쓸모가 있으므로 벌목이 되어 자기 몸에 해를 입는다. 등불은 밝기 때문에 불이 붙혀져 자기 몸을 태운다. 육계(肉桂)는 식료가 되고 옷〔漆〕은 도료가 되므로 벌목도 당하고 꺽이기도 한다. 사람은 다 유용한 용만 알고 무용의 용은 알려고 하지도 않는다. 참으로 가련한 일이다."

광접여는 인의도덕으로써 난세에 유익한 일을 해보려고 애쓰는 공자의 태도를 풍자했다. 쓸모없는 유용은 도리어 자신을 해치는 무익한 것에 지나지 않는다고 말한 것이다.

또 장자는 외물편(外物篇)에서 교묘한 비유를 들어 무용의 용을 명백하게 설명하고 있다.

"자네의 의론은 무용하기 짝이 없다."고 하는 혜자(惠子)의 비평을 듣고 장자는 이렇게 대답했다.

"아니, 무용하기 때문에 쓸모가 있다네. 인간이 서기 위해서는 발을 딛고 설 여지의 땅만 있으면 그만이지만 그 자리만 남기고 둘레의 땅을 나락(奈落)의 밑까지 파버렸다고 생각해 보게. 그래도 발밑의 땅이 도움이 되겠는가."

"그야 도움이 되지 않지."

"그렇다면 쓸모없는 것이 쓸모있는 것이 되는 것 또한 알 수 있지 않은가."

산목(山木篇)에는 또 다음과 같은 이야기가 적혀 있다.

장자가 제자 한 사람과 길을 떠나 산길로 접어 들었을 때 가지가 무성한 큰 나무를 보았다. 그런데 부근에 있는 나무꾼은 이 큰 나무에는 손을 대려고 하지 않았다. 그 까닭을 물으니, 이 나무는 잘라 봐야 아무 소용이 없기 때문이라고 대답하였다. 그러자 장자는 제자에게 말했다.

"이 나무는 쓸모가 없는 덕택으로 자기 천수를 다 할 수가 있었군."

그날 밤 그들은 친척 집에서 묵게 되었는데 기르고 있던 기러기를 잡아서 대접해 주었다. 두 마리의 기러기 중 잘 우는 것과 잘 울지 않는 것이 있는데 울지 않는 것이 쓸모가 없다고 해서 쓸모없는 쪽을 잡았다. 이것을 본 제자가 장자에게 물었다.

"통 모르겠습니다. 이쯤되면 쓸모가 있는 것과 없는 것 중, 선생님께서는 대체 어느 편을 취하시겠습니까?"

장자는 빙그레 웃으며 대답했다.

"글쎄 말이다. 나라면 쓸모 있는 것과 없는 것의 중간에 있다고나 할까. 하기야 그것도 진정으로 도(道)에서 놀기에는 아직 부족하므로 다소 번거로움이 남는다. 진정으로 도에서 논다는 것은 칭찬도 받지 않고 나무람도 듣지 않고 그때 그때에 순응해서 조금도 잘난 체하지 않는 것, 뜨거나 가라앉거나 그대로 두어 남과 다투지 않고 도에다 몸을 맡겨 물(物)로 제어한다고 해도 당하지 않는 것이다. 그렇게 하면 아무런 누(累)도 남을 리가 없지 않은가."

과문불입 過門不入

사적인 일을 돌볼 겨를이 없이 공적인 업무에 전념한다

중국의 옛날 요(堯), 순(舜) 시대의 전설에서 나온 말이다. 그때 온 나라에 홍수로 인하여 사람들이 괴로워 했다고 한다. 요 임금은 곤이라는 신하에게 홍수를 막도록 명했다.

곤은 물이 넘치지 않도록 제방을 쌓는 방법을 채택하여, 9년 동안 갖은 고생을 했지만 결국 실패하고 말았다. 요 임금의 뒤를 이은 순 임금은 곤의 아들 우(禹)에게 홍수를 막도록 명했다.

우는 부친의 실패를 거울 삼아 천하의 지세를 고려하여 물길을 뚫어서 홍수가 바다로 흘러가게 했다. 우는 한날 한시도 쉴 틈이 없이 밖에서 일하여 손발이 갈라져 터졌고, 살갗도 까맣게 변했다고 한다. 꼬박 13년 동안 천하를 돌아다니던 중에 자기 집을 세 번이나 지나가면서도 문을 들어서지 않았다고 한다.

중국의 모든 강은 우가 그 때 홍수를 다스리면서 파놓은 물길이라고 전해진다. 홍수를 다스린 공으로 우는 순 임금의 뒤를 이어 천하를 물려받아 하(夏) 임금이 되었다.

법삼장 法三章

법률이 살인, 상해, 절도만을 처벌하는 불과 3개 조밖에 없다

한나라 유방은 대군을 이끌고 관중(關中)땅으로 쳐들어와 패상(覇上 : 서안의 동쪽 협소성)에 주둔했다. 이곳은 진나라 수도인 함양에서 불과 몇십리 밖에 떨어져 있지 않은 땅이다.

이때, 진나라는 두 번째 임금인 호해(胡亥)가 조고(趙高)에게 죽음을 당해 그의 조카인 자영이 세 번째 왕으로 있을 때였다. 한나라 군대가 쳐들어 왔으니 대세는 이미 끝났음을 알아차린 자영은 백마가 이끄는 허술한 마차를 타고 옥쇄(玉碎)를 들고 유방에게 항복했다. 유방의 휘하 중 일부는 자영을 죽이도록 진언했으나 "그것은 인심을 얻는 길이 아니다."라고 하며 거부하고 자영을 연금하고 자신은 진의 수도인 함양으로 입성했다.

궁궐에 도착한 유방은 아름다운 궁전의 모습에 감탄하여 "내 여기서 살고 싶구나!"하자 부장인 번쾌나 참모장인 장량은 "폐하! 향락을 탐하면 인심은 더욱 떨어져 나갈 것입니다."며 반대했다.

유방은 그들의 의견을 받아들여 진의 왕궁에 머물고 싶었던 마음을 접고, 보고(寶庫)와 궁실(宮室)에 봉인을 한 후 패상으로 후퇴했다.

이때 유방은 진나라의 호족들을 모아 놓고 이렇게 말했다.

"여러분은 그동안 진나라의 가혹한 법에 고생하였음을 알고 있소! 나는 지금 진의 악법을 없앨까 하오! 이제부터 법률을 다음과 같이 삼장(三章)으로 하고 나머지는 폐할 것이요. 사람을 죽인 자는 사형, 사람을 다치게 한 자는 유죄, 타인의 물건을 도둑질 한 자도 유죄, 이상이다. 또한 모든 관리와 백성들은 이제까지와 같이 안심하고 일에 전념하는 것이 좋을 것이다. 겁낼 필요는 조금도 없다."

이어서 유방은 각지에 파발을 보내어 법삼장(法三章)을 공포하며 선전했다. 그러자 백성들은 무척 기뻐하며 음식과 술을 갖고와 유방과 군졸들을 위문했다.

그러나 유방은 "나의 군대는 식량이 충분하다. 너희들의 음식을 받는 것은 마음이 아프다."라고 말하며 그들의 호의를 사양했다. 그 후부터 모든 백성들은 유방을 더욱 지지하게 되었다.

낭중지추 囊中之錐

재능이 뛰어난 사람은 숨어 있어도 남의 눈에 드러난다

전국 시대 말엽, 진(秦)나라의 공격을 받은 조(趙)나라 혜문왕(惠文王)은 동생이자 재상인 평원군(平原君 : 趙勝)을 초(楚)나라에 보내어 구원군을 청하기로 했다. 20명의 수행원이 필요한 평원군은 그의 3000여 명의 식객(食客) 중에서 19명은 쉽게 뽑았으나 나머지 한 사람을 뽑지 못해 고심하고 있었다. 이 때 모수(毛遂)라는 식객이 자천(自薦)하고 나섰다.

"나리, 저를 데려가 주십시오."

평원군은 어이없다는 얼굴로 이렇게 물었다.

"그대는 내 집에 온 지 얼마나 되었소?"

"이제 3년이 됩니다."

"재능이 뛰어난 사람은 숨어 있어도 마치 '주머니 속의 송곳' 끝이 밖으로 나오듯이 남의 눈에 드러나는 법이오. 그런데 내 집에 온 지 3년이나 되었다는 그대는 이제까지 단 한 번도 이름이 드러난 적이 없지 않소?"

"그건 나리께서 이제까지 저를 단 한 번도 주머니 속에 넣어주시지 않았기 때문이죠. 하지만 이번에 주머니 속에 넣어 주시기만 한다면 송곳 끝 뿐 아니라 자루까지 드러내 보이겠습니다."

이 재치 있는 답변에 만족한 평원군은 모수를 수행원으로 뽑았다. 초나라에 도착한 평원군은 모수가 활약한 덕분에 국빈(國賓)으로 환대받으면서 구원군도 쉽게 얻을 수 있었다고 한다.

선견지명 先見之明

닥쳐올 일을 미리 아는 슬기로움

삼국(三國) 시대, 조조(曹操)의 휘하에 양수(楊修)라는 주부(主簿)가 있었다. 그는 사람의 마음을 잘 읽어내는 재주를 가지고 있었는데 심지어는 조조의 마음까지도 알아 맞추었으므로 이 때문에 항상 자신만만해 하다가 결국은 죽음을 자초하고 말았다.

어느 날, 조조는 새로 지은 화원(花園)을 둘러보게 되었다. 둘러본 후에 화원의 문에 '활(活)'이라는 한 글자를 적어놓고 아무 말도 하지 않은 채 그곳을 떠났다. 화원을 만들었던 사람은 무슨 뜻인지 알 길이 없어서 부랴부랴 양수를 찾아가 물었다.

양수는 웃으면서 이렇게 설명하였다.

"문(門) 위에 쓰인 '활(活)'자는 곧 '활(闊)'이 됩니다. 조승상께서는 화원의 문이 너무 넓은게 싫으셨던 것입니다."

화원을 만들었던 그 사람은 양수의 설명대로 화원의 문을 조금 좁게 고쳤는데, 얼마 후 찾아온 조조는 문을 보더니 과연 흐뭇한 표정을 지었다.

조조는 아들 조비(曹丕)와 조식(曹植)의 재간을 시험해보기 위해 두 아들로 하여금 업성으로 가게 하는 한편, 비밀리에 성을 지키는 관리에게는 그들의 통과를 허가하지 말라고 명령해두었다. 그 결과 조비는 성문에서 통과가 저지되었으나, 조식은 양수의 계책을 이용하여 성을 지키는 관군(官軍)을 죽이고 성문을 통과하였다.

일이 이렇게 되자, 처음에 조조는 조식의 능력을 더 높이 평가하였으나, 얼마 후 조식이 양수의 도움을 받았다는 것을 알고 몹시 화를 내며 양수를 미워하게 되었다. 조조는 양수의 재능이 뛰어난데다가 원술(袁術)의 조카라는 사실 때문에 후환이 두려워 그를 죽여버린 것이다. 양수가 죽자, 그의 부친 양표는 몹시 비통해하였다.

어느 날 조조가 양표에게 물었다.

"선생께서는 어찌 이렇게 야위셨소?"

양표가 대답하였다.

"저는 부끄럽게도 한 무제의 신하였던 김일제와 같은 선견지명(先見之明)을 가지지 못하여 자식을 죽게 하였습니다만, 이제는 어미 소가 송아지를 핥아주는 마음을 가지고 있습니다."

양표의 말에 조조의 안색이 바뀌었다.

약육강식 弱肉强食

치열한 생존의 정글에서는 약한 자가 강한 자의 먹이가 된다

중국 당(唐)나라 때 문창(文暢)이라는 스님이 살았다. 그는 부처를 따르는 중이면서도 문학을 좋아하였고 유학에도 관심이 많아 천하를 돌아다니며 여러 유학자들을 만나 담화도 나누고 시를 청하곤 했다. 그렇게 해서 모은 시가 수백편에 이르렀다.

유종원이 문창을 위해 한유에게 글을 부탁하자, 한유가 문창에게 지어준 글이 송부도문창사서(送浮屠文暢師序)이다. 이 글에는 불교를 배척하고 유학을 숭상하는 한유의 생각이 잘 드러나 있다. 한유는 문창이 중이면서도 유학자들과 교류를 계속하는 것은 유학의 윤리, 문물, 예악을 흠모하기 때문이며, 그러면서도 유학으로 들어오지 못하는 것은 불법(佛法)에 얽매어 있기 때문이므로, 유학자라면 마땅히 그를 일깨워 주어야 한다고 했다.

한유는 유가(儒家)의 입장에서 다음과 같이 기록하고 있다.

“도(道)에 있어서 인(仁)과 의(義)보다 더 큰 것이 없고 가르침에 있어서는 예악과 형정(刑政)보다 바른 것이 없습니다. 그것들을 천하에 시행하면 만물이 모두 합당함을 얻게 되고, 그것들을 그 자신에게 적용하면 몸은 편안하고 기운은 평온하게 되는 것입니다. 무릇 새들이 머리를 숙여 모이를 쪼다가 다시 머리를 들고 사

방을 둘러보는 것이나, 짐승들이 깊숙이 숨어 살며 가끔씩 나오는 것은 다른 짐승이 자기를 해칠까 두려워하기 때문입니다. 그럼에도 불구하고 그런 상태를 벗어나지 못한 채 약한자의 고기를 강한 자가 먹고있는 미개한 상태가 되풀이되고 있습니다."

곡식이 창고에 가득 차 있어도 먹지 못한다

유속불식 有粟不食

아무리 귀중한 물건도 사람의 손을 거치지 않으면 쓸모없다

염철론은 전한(前漢) 선제(宣帝) 때 환관(桓寬)이 쓴 것으로 전한의 정치 · 사회 · 경제 · 외교 · 학문 등에 관해서 알 수 있는 책으로 가장 중요한 내용은 한무제 때 실시한 소금과 철의 전매제도의 존속여부를 놓고 학자들 사이의 시비(是非) 논쟁을 기록한 것이다.

한무제(漢武帝)는 오랫동안 대외전쟁에 국력을 소모하여 재정이 궁핍해지자 소금과 철을 국가가 전매하는 균수평준법을 실시하게 되었다. 그러나 이에 대한 백성의 원성이 높았다. 무제가 죽고 나자 이 제도를 계속 시행해서는 안된다는 쪽과 그렇지 않다는 편에 선 조정 대신들의 논쟁이 가열되었는데 이때 환관이라는 사람이 이 조정 회의의 내용을 기록한 것의 일부이다.

'곡식이 아무리 창고에 가득차 있어도 이것을 찧어 밥을 해먹지 않는다면 배고픔에 아무런 도움이 되지 못한다.'

'바다에서 소금이 나지만 사람이 소금을 만드는 노력을 하지 않으면 그것은 소금이 되지 않는다.'

'산에서 쇠가 나지만 광석을 캐내어 쇠를 가려내고 제련하지 않는다면 쇠가 되지 않는다.'

'가지고 있는 풍부한 자원을 활용하려는 지혜와 노력이 보태어

지지 않는다면 그것은 창고에 있는 조가 그대로 밥이 되어 입으로 들어오기를 바라는 것과 조금도 다를 것이 없다.'

'아무리 가치있는 것이라도 사람의 손을 거치지 않으면 소용에 닿지 못한다'

이 내용들은 현대적으로 말하면 소비의 경제원리와 부가가치의 중요성을 강조한 것이다.

흑우생백독 黑牛生白犢

검은 소가 흰 송아지를 낳았다

☞ 재앙이 복이 되기도 하고 복이 재앙이 되기도 한다

세상만사가 변전무상(變轉無常)하므로 인생의 길흉화복을 예측할 수 없다는 뜻이다. 곧, 길흉화복의 덧없음을 비유하여 이르는 말이다.

송나라 사람 중에 어질고 의로운 행동을 하기 좋아하는 사람이 있었다. 하루는 그 집에서 기르는 검은 소가 까닭도 없이 흰 송아지를 낳자 그것에 대하여 공자에게 물었다.

이에 공자는 다음과 같이 대답했다.

"이것은 길한 징조이니 그것을 하나님께 바치시오."

그로부터 일년 후, 그의 아버지가 까닭도 없이 눈이 멀었다.

그런데 그 집 소가 또 다시 흰 송아지를 낳았다. 그의 아버지는 다시 그의 아들을 시켜 공자에게 물어보도록 하였다.

이 때 아들은 말했다.

"먼저번에 그 분에게 물어보고 눈이 멀었는데 또 무엇 때문에 물으려 하십니까?"

아버지가 말했다.

"성인의 말씀은 먼저는 어긋나다가도 뒤에는 들어맞는다. 다시 그 분께 여쭈어 보거라."

그 아들이 또다시 공자에게 물어보니, 공자가 말했다.

"길한 조짐이로다."

그리고는 그 송아지로 제사를 지내도록 하였다.

아들이 돌아와 말을 아뢰니 그의 아버지가 말했다.

"공자님의 말씀대로 행하거라."

그로부터 일년 후, 그 집 아들도 또 까닭없이 눈이 멀었다. 그 뒤에 초나라가 송나라를 공격하여 그들이 사는 성까지 포위하였다. 백성들은 자식을 바꾸어 잡아먹고 유해를 쪼개어 밥을 지었다. 장정들은 모두 성 위로 올라가 싸우다가 태반이 죽었다. 그러나 이들 부자는 모두 눈이 멀었기 때문에 화를 면할 수 있었다. 포위가 풀리게 되자 그들은 다시 눈이 회복되어 사물을 볼 수 있게 되었다.

이 이야기에서 비롯되어 '흑우생백독'이란 성구가 생겨났으며, 인생에 있어서 길흉화복은 항상 바뀌어 미리 헤아릴 수가 없음을 비유하여 쓰인다. 인생은 행복만 있을 수도 없고 불행만 있을 수도 없다. 그러므로 견디기 어려운 불행을 만났다고 하여 실의에 빠져서는 안된다.

삼고초려 三顧草廬

유비가 제갈량을 영입하기 위해 융중에 있는 제갈량의 초려로
세번씩 찾아가는 정성을 보였다는 데서 나온 말

유비의 인재 영입 방법의 백미로 꼽히는 삼고초려의 이야기는 끈끈한 인간관계에 호소하여 혈연 이상의 정분을 맺고 믿음을 획득하는 것으로 알려져 있다.

유비는 제갈량에 대한 소문을 듣고 눈보라치는 추운 겨울에도 두 번 씩이나 허탕을 치며 성의를 다해 찾아갔다. 그리고 이듬해 봄이 되자 점쟁이에게 물어 길일(吉日)을 잡고 사흘이나 목욕재계한 후 다시 제갈량을 찾아 융중으로 향하는 것이다.

이때 관우와 장비는 화가 났다. 칼 한 자루 휘두를 만한 힘도 없을 서생 하나를 영입하려고 벌써 두 번이나 찾아갔었고 상대가 웬만하면 답례 정도 할 수 있는 일을 안 하는게 더욱 괘씸했던 것이다. 그래서 유비에게 불평을 늘어놓았으나 유비는 일언지하에 묵살하고 "예를 다하여 모셔와야 한다."고 호통쳤다.

결국 세번째 방문으로 제갈량의 영입에 성공하는데 사람의 일은 오직 정성을 다하는 것에서 좋은 결실을 맺을 수 있다는 예로도 이 '삼고초려'란 말이 많이 쓰인다.

색즉시공 공즉시색 色卽是空 空卽是色

《반야바라밀다심경》의 중심사상을 이루고 있어 널리 알려진 말이다. 색(色)이란 형태가 있는 것으로 대상(對象)을 형성하는 물질적인 것, 넓게는 대상 전반을 가리킨다.

첫 구(句)는 색이란 모두 공(空)에 불과하다 하였고, 어느 특정한 대상이 아니라 광범한 연계(連繫) 위에서 그때 그때 대상으로서 나타나는 것일 뿐이며, 그 테두리를 벗어나면 이미 그것은 대상이 아닌 다른 것으로 변하는 것이므로 그 대상에 언제까지나 집착할 필요는 없다는 것이다.

둘째 구는 그와 같이 원래부터 집착할 수 없는 것을 우리들은 헛되이 대상으로 삼지만 그것은 공이며 그 공은 고정성이 없는 것인데, 바로 여기에 인간의 현실이 존재하고 있다고 말한다. 이것은 일체의 것, 즉 불교에서 말하는 오온(伍蘊) 모두에 미치며 대상뿐만 아니라 주관(主觀)의 여러 작용에 대하여도 미찬가지라고 말할 수 있다.

호랑이가 눈을 부릅뜨고 먹이를 노린다

호시탐탐 虎視耽耽

공격이나 침략의 기회를 노리는 모양

☞ 어떤 일에 대비하여 방심하지 않고 가만히 정세를 관망함

'호시탐탐(虎視耽耽)'은 《주역(周易)》의 경문(經文)에 나오는 말이다. 그런데 글자의 뜻으로 보아 '탐탐(眈眈)'이 옳고, '탐탐(耽耽)'은 그 속자(俗子)로 보아야 옳을 듯하다.

《주역》의 육십사괘에 '이(燎)'라는 괘가 있다. '이(燎)'란 아래턱을 가리키는 말로 '기른다'는 의미가 있다. 그 괘형은 두 양(陽)이 상하로 있고 사음(四陰)이 가운데 끼어 있는 형상으로 마치 사람이 입을 벌린 모습과 비슷하다. 그리고 이것을 구성하는 팔괘(八卦)의 괘덕(卦德)으로 보더라도 음식을 먹을 때 턱이 위아래로 움직이는 것과 비슷하여 음식으로 사람의 몸을 기른다는 의미에서 '기른다'는 뜻이 생겨난 것이다. 그런데 이괘의 효사(爻辭)에 다음과 같은 말이 나온다.

"전이길 호시탐탐 기욕축축 무구(顚燎吉 虎視耽耽 其欲逐逐 无咎 : 거꾸로 길러지는 것도 길하다. 호시탐탐하여 그 욕심을 쫓아가면 허물이 없다.)"

이괘는 인간세상의 계급에 비유하면 천자를 보좌하여 천하의 만민을 기르는 대신의 지위에 상당한데 음유(陰柔)로 힘이 부족하여 혼자의 힘으로는 천하의 만민을 기르기는커녕 자기의 몸을 기

르는 일조차도 불안하다. 그러므로 아래 지위에 있는 백성의 도움과 위에 있는 천자의 도움이 필요하다는 뜻이다.

위에 있는 사람이 호시탐탐하여 위엄이 있고 사납지 않은 태도로 정중하게 행동하면 아랫사람도 감히 깔보지 못하고 또한 그를 받들게 될 것이다.

또 사람에게 양육을 받을 때는 그 욕심을 따라서 끊임없이 하면 일이 성취되고, 이렇게 하여 이미 위엄을 갖추고 사람에게 양육받기를 게을리하지 않으면 허물을 얻지 않게 되는 것이다.

석권 席卷

어떤 세력이 한 세대를 휩쓴다

석(席)은 자리로 거적이나 멍석 등을 뜻한다. 전국책(戰國策) 《초책(楚策)》에 "수무출병갑 석권상산지험(雖無出兵甲 席卷常山之險)"이라 하였고, 또 가의(賈誼)의 과진론(過秦論)에 보면 "유석권천하 포거우내(有席卷天下 包擧宇內)"라 하였는데 그 어원은 모두 같다.

사기(史記)에는 유방의 한(漢)나라와 항우의 초(楚)나라가 천하의 패권을 다투고 있을 때의 이야기를 담고 있다.

위(魏)나라를 평정한 위표는 항우로부터 위왕에 봉해졌다. 그러나 유방이 한중(漢中)으로부터 동쪽으로 진군하여 황하를 건어오자 이번에는 유방편에 붙어 팽성에서 항우의 군사를 토벌하는데 앞장섰다. 나중에 유방이 수세에 몰리다가 패하자 유방을 배반하고 항우편에 붙었다. 기회를 보아 여기 붙었다 저기 붙었다하는 위표의 간사스러운 태도에 분개한 유방은 그를 잡아오게 했다. 결국 장군 한신에게 잡힌 위표는 유방의 명령에 따라 죽음을 당하고 만다.

또 당시에 팽월이란 자가 있었는데 유방편에 붙어서 게릴라전으로 항우의 초나라 군대를 괴롭히곤 했다. 그의 공적을 인정한 유방이 그를 양왕(梁王)으로 삼았는데 나중에 항우군을 해하(垓下)에서 격파하는데 혁혁한 무공을 세우기도 한다.

그런 그에게 5년 뒤 유방이 반란군 토벌을 위해 도움을 청하는데 듣지 않았다. 이를 괘씸하게 여긴 유방은 팽월에게 반란의 흔적이 있다고 덮어씌워 잡아 죽였다.

사마천은 《사기》에서 이 두 사람에 대해 이렇게 쓰고 있다.

"위표와 팽월은 비천한 집안 출신으로 천리의 땅을 석권(席卷)했는데… 그 명성이 날로 높아졌지만 반란의 뜻을 품다가 결국 잡혀 죽임을 당했다. 두 사람은 지략에 뛰어나 몸만 무사하면 나중에 다시 큰 일을 할 수 있는 기회가 있다고 여겨 포로가 되는 것도 사양하지 않았다."

결국 천리의 땅을 석권한 위표와 팽월은 천하를 석권한 유방의 비위를 건드려 목숨을 부지할 수 없었던 것이다.

천리안 千里眼

먼 곳에서 일어나는 일도 잘 알아내는 것

북위(北魏) 말 경 양일(楊逸)이라는 약관(弱冠)의 청년이 광주(光州)의 태수로 부임해 왔다. 청년다운 순수한 기백(氣魄)으로 주정치(州政治)에 온 심혈(心血)을 기울였으므로 그 주(州)에 사는 사람들은 "태수께서는 낮에는 식사하시는 것도 잊으시고 밤에는 잠도 자지 않으신 채 일만 하고 계신다"고 수군거릴 정도였다. 또 병사들이 멀리 출정할 때에는 풍우(風雨)를 무릅쓰고라도 반드시 전송할 정도로 만사에 정열이 대단한 관리였다.

어느 해에 전란이 겹쳐 기근(飢饉)이 엄습해 오자 굶어 죽는 백성들이 각처에서 속출하였다. 이때 양일은 식량을 비축해 두었던 창고를 열고 굶주린 사람들에게 골고루 나누어 주고자 했다. 그때 한 관원이 중앙정부의 의향이 어떨지를 걱정하자 양일은 이렇게 말했다.

"나라의 근본이 되는 것은 백성들이다. 그 백성들의 생명을 잇는 것은 식량인즉 백성들이 굶주리게 해서는 안 되는 법이다. 창고를 활짝 열고 백성들에게 골고루 나누어 주어라. 그것이 만약 죄가 된다면 달갑게 받겠다."

이리하여 식량을 방출하고 노인이나 병자들에게는 밥을 지어

주었다.

양일이 부임해 온 후부터 광주의 사람들이 이상하게 생각한 일이 있었다. 전에는 관청에서 관리나 군인들이 나오면 의례 연회가 열렸으나 그것이 완전히 자취를 감추고 만 것이었다. 그래서 모두들 그 까닭을 물었더니 한결같이 입을 모아 이렇게 대답했다.

"양태수께서는 천리를 내다보는 눈을 가지고 계시오. 그러므로 도저히 속일 수가 없습니다."

사실 양일은 관리나 군인들이 백성들 위에 군림(君臨)하는 악폐(惡弊)를 근절시키기 위해 그의 심복(心腹)들을 주(州) 내에 두루 배치시켜 두고 그들의 움직임을 낱낱이 보고하도록 하였던 것이다.

이토록 그가 존재하는 것만으로도 부하들은 사리사욕(私利私慾)을 품지 않고 열심히 일했다.

그가 군벌(軍閥)의 싸움에 휘말려 32세의 나이에 죽자 관리들은 물론이고 백성들은 그의 죽음을 크게 슬퍼했다. 거리나 마을은 온통 그의 영령을 위로하는 공물(貢物)과 헌화(獻花)가 가득하고 백성들의 발길이 그치지 않았다고 한다.

무릇 정치가들은 백성들의 실상을 제대로 보는 천리안을 가져야 함은 당연하다고 할 것이나.

부화뇌동 附和雷同

자기 생각이나 주장 없이 남의 의견에 동조한다

《예기(禮記)》〈곡례(曲禮)〉 상편(上篇)에 다음과 같은 말이 있다.

"다른 사람의 의견을 자신의 의견인 것처럼 생각하지 말고, 다른 사람의 의견에 동조하지 말라. 옛 성현들의 행동을 모범으로 삼고 선왕의 가르침에 따라 행동해야 한다." 라고 되어 있다. 이것은 손윗사람에게 아랫사람이 지켜야 할 예절에 대해 설명한 것이다.

또한 《논어(論語)》의 〈자로편(子路篇)〉에도 다음과 같은 말이 나온다.

"공자가 말하기를 군자는 화합하지만 부화뇌동하지 않고, 소인은 부화뇌동하지만 화합하지 않는다."

이 말은 군자는 의를 숭상하고 남을 자신처럼 생각하여 화합하지만 소인은 이익을 따지는 사람이므로 이해관계가 맞는 사람끼리 행동하여 사람들과 화합하지 못한다는 뜻이다.

부화뇌동에서 원래 뇌동이란 우레가 울리면 만물도 이에 따라 울린다는 뜻으로 다른 사람의 말에 대해 옳고 그름을 판단하지도 않고 부화하는 것을 비유하는 말이며 부화는 이후 첨가된 말이다.

부화뇌동은 자신의 주체적인 의견과 객관적인 기준을 도외시한 채 물질적인 이해관계 또는 남의 주장이나 의견을 맹목적으로 추종하는 것을 경고하는 고사성어이며, 공자가 말하는 것처럼 소인배들이나 하는 행동이다.

한국의 정치적인 상황을 생각해 볼 때 주체적인 정치적 철학은 무시한 채 오직 당리당략에 얽매여 정치를 펼치는 정치가들은 이 말을 타산지석으로 삼아야 할 것이다.

파죽지세 破竹之勢

세력이 강대해 감히 대적할 상대가 없음

위(魏)나라의 권신(權臣) 사마염(司馬炎)은 원제(元帝)를 폐한 뒤 스스로 제위에 올라 무제(武帝)라 일컫고 국호를 진(晉)이라 했다. 이리하여 천하는 3국 중 유일하게 남아있는 오(嗚)나라와 진나라로 나뉘어 대립하게 되었다.

진(晉)나라의 진남대장군(鎭南大將軍) 두예(杜五)가 진무제(晉武帝)로부터 출병 명령을 받아 20만 대군을 거느리고 오(嗚)나라를 쳐서 삼국시대의 막을 내리고 천하통일을 이룰 때의 일이다.

출병한 이듬해 음력 2월, 무창(武昌)을 점령한 두예는 휘하 장수들과 오나라를 일격에 공략할 마지막 작전회의를 열었다. 이때 한 장수가 '곧 강물이 범람할 시기가 다가오고, 또 언제 전염병이 발생할지 모르니 일단 후퇴했다가 겨울에 다시 공격하는 것이 어떻겠느냐'고 했다.

그러자 두예는 단호히 명령했다. "지금 우리 군사들의 사기는 하늘을 찌를듯이 높다. 그것은 마치 '대나무를 쪼갤 때의 맹렬한 기세'와 같다. 대나무란 일단 쪼개지기만 하면 그 다음부터는 칼날을 대기만 해도 저절로 쪼개지는 법인데, 어찌 이런 절호의 기회를 놓칠 수 있단 말인가."

두예는 곧바로 군사를 재정비하여 오나라의 도읍인 건업(建業)으로 진격하여 그야말로 파죽지세처럼 몰아쳐 단숨에 건업을 함락시켰다. 그러자 오왕 손호(孫晧)는 손을 뒤로 묶고 수레에 관을 싣고 사죄의 뜻을 보이며 항복해왔다.

이리하여 진나라가 삼국을 통일하게 되었다. 두예는 오나라를 평정한 공으로 당양현후(當陽縣侯)에 봉해졌으나, 만년에는 학자로서 학문과 저술에 힘을 기울여 《춘추석례(春秋釋例)》, 《좌전집해(左傳集解)》 등의 저서를 남겼다.

오늘날 이 말은 거침없이 일이 잘 풀리거나 때를 놓치지 않고 결단하여 일이 처리됨을 비유하는 말로 사용된다.

사자후 獅子吼

불가에서 석가가 설법하는 것을
사자가 포효해서 백수를 놀라게 하는 위력에 비유해서 하는 말

진리나 정의를 당당히 설파하는 것 또는 크게 열변을 토하는 것을 비유한 말로서 《전등록(傳燈錄)》에 나온다.

"부처는 태어나자마자 한 손은 하늘을 가리고, 한 손은 땅을 가리키며 일곱 발자국을 걷고 사방을 돌아보면서 '천상천하 유아독존(天上天下 唯我獨尊 : 우주 속에 나보다 더 존귀한 것은 없다)'이라 하면서 사자후 같은 소리를 내었다."라고 기록되어 있다.

또한 《유마경(維摩經)》에는 "석가모니 설법의 위엄은 마치 사자가 부르짖는 것과 같으며, 그 해설은 우뢰가 울려 퍼지는 것처럼 청중들의 마음을 사로잡았다."라고 기록되어 있다.

사자후는 석가의 설법을 비유한 말인데, 뭇 짐승들이 사자의 울부짖음 앞에서는 꼼짝도 못하듯이 석가의 설법 앞에서는 모두 고개를 조아릴 정도로 그 위력이 대단하다는 뜻인데 지금은 열변을 토해 내는 것을 비유할 때 사용된다.

이밖에도 북송(北宋)의 시인 소동파(蘇東坡)가 친구 진계상(陳季常)과 그의 부인인 하동 유씨에 대한 시에서 보이듯이 질투심이 강한 여자가 남편에게 암팡지게 행동하거나 고함을 지르는 것도

사자후라고 하며, 시의 내용은 다음과 같다.

용구거사는 역시 가련하다
있는 일 없는 일 얘기하며 밤을 지새는데,
갑자기 하동의 사자후 소리를 들으니
지팡이도 손에서 떨어지고 정신이 아찔해지는구나.

용구거사는 진계상을 말한다. 진계상은 독실한 불교신자로 날마다 친구들과 함께 공(空)과 유(有)에 대해 토론하였다. 이를 못마땅하게 여긴 부인이 체면 불구하고 남편에게 대드니 진계상이 정신을 잃어버린 것을 소동파가 표현한 것이다.

어부지리 漁父之利

두 사람이 이해관계로 다투는 사이 엉뚱한 딴 사람이 이득을 본다

전국시대, 제(齊)나라에 많은 군사를 파병하고 있는 연(燕)나라에 기근(饑饉)이 들자 이웃 조(趙)나라 혜문왕(惠文王)은 기다렸다는 듯이 침략 준비를 서둘렀다.

그래서 연나라 소왕 (昭王)은 종횡가(縱橫家)로서 그간 연나라를 위해 견마지로(犬馬之勞)를 다해 온 소대(蘇代)에게 혜문왕을 설득하도록 부탁했다.

조나라에 도착해 혜문왕 앞에 선 소대는 다음과 같이 말문을 열었다.

"오늘 귀국에 들어오는 길에 역수(易水 : 연과 조의 국경을 이루는 강)를 지나다가 문득 강변을 바라보니 조개가 입을 벌리고 햇볕을 쬐고 있었습니다. 이때 갑자기 도요새가 날아와 뾰족한 부리로 조갯살을 쪼았습니다. 깜짝 놀란 조개는 화가 나서 조가비를 굳게 닫고 부리를 놓아주지 않았습니다. 그러자 다급해진 도요새가 '이대로 오늘도 내일도 비가 오지 않으면 너는 말라 죽고 말 것이다.'라고 하자, 조개도 지지 않고 '내가 오늘도 내일도 놓아 주지 않으면 너야말로 굶어 죽고 말 것이다.'하고 맞받았습니다. 이렇게 쌍방(雙方)이 한 치의 양보도 없이 팽팽히 맞서 옥신각신하는 사이에

운수사납게도 그곳을 지나가던 어부(漁夫)에게 그만 둘다 잡혀 버리고 말았습니다."

그리고는 이어서 "전하께서는 지금 연나라를 치려고 하십니다만, 연나라가 조개라면 조나라는 도요새입니다. 연(燕), 조(趙) 두 나라가 공연히 싸워 백성들을 피폐케 한다면, 귀국과 인접해 있는 저 강대한 진(秦)나라가 어부가 되어 맛있는 국물을 다 마셔 버리고 말 것입니다."라며 소대는 소진(蘇秦)의 동생답게 거침없이 혜문왕을 설득하여 혜문왕의 연나라 침공 계획을 철회시켰다.

혜문왕도 명신으로 이름난 인상여(藺相如)와 염파(廉頗)를 중용했던 현명한 왕인 만큼, 소대의 말을 못 알아들을 리가 없었다.

"과연 옳은 말이오."하며 혜문왕은 침공을 중지했다고 한다.

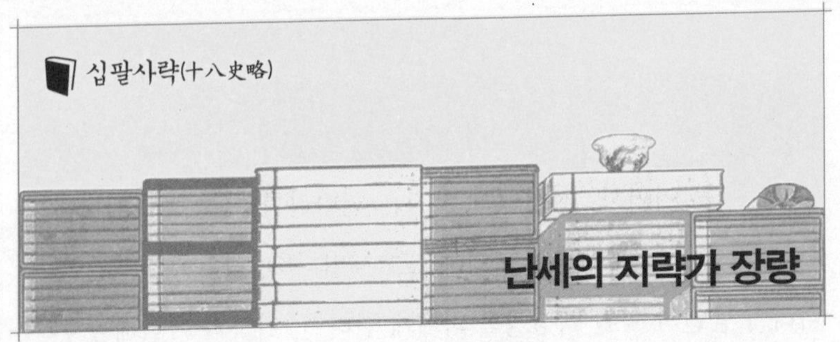

십팔사략(十八史略)

난세의 지략가 장량

중국의 역사에서 지모의 군사라 할 때 제일 먼저 예를 드는 것이 이 장량이라는 인물이다. 그런데 지모의 군사라 말할 때 신들린 기적적인 일만을 연상하는 경향이 많을지 모르나 진실한 지모란 닥쳐오는 위험을 미리 알아차려 조기에 그 대책을 강구하는 능력을 말한다. 그러한 지모는 거의 사람 눈에는 띄지 않는다. 왜냐하면 사람들이 알아차리기 전에 이미 문제가 해결되고 있기 때문이다. 장량이 갖고 있었던 지혜도 실은 그러한 지모였다. 하나만 예를 들겠다.

유방이 숙적 항우를 격파하고 전쟁이 끝난 후 그 논공행상이 이루어졌다. 주요 공신들에 대해서는 결정을 보았으나 그 외 사람에 대해서는 시간이 걸려 좀처럼 정해지지 않았다. 그런 어느 날 유방이 마루 위에서 앞마당에 눈을 돌리니 장군들이 여기저기서 웅성거리면서 앞마당에 앉아 무엇인가 이야기 하는 것 같았다. 이상하게 여긴 유방은 뒤에서 대기하고 있던 장량을 뒤돌아보며 물었다.

"저자들은 무엇을 이야기 하고 있는가?"

"모르십니까? 반란을 꾀하고 있습니다."

"천하가 안정되었는데 반란이란 어떤 이유인가?"

"폐하는 한 서민으로부터 입신하여 그들을 부려서 사용하여 오늘날 천하를 장악하게 되었습니다. 그런데 여기서 애써 모처럼 폐하가 천자가 되셨다고 하는데 봉지를 내린 것은 소하를 비롯 옛날부터 마음에 드는 사람뿐이오. 처벌을 받은 것은 전부 평상시부터 폐하에게 미움을 받았던 사람들입니다. 지금 공적을 평가하고 있으나 필요한 영지를 합하면 천하의 전부를 가지고서도 부족할 것 같습니다. 그들은 폐하가 전원에 영지를 줄 수가 없는 것이 아닌가, 과거의 실패를 책망하고 처벌되는 것이 아닌가 하고 그것이 염려되어 이렇게 모여서 반란을 꾀하고 있는 것입니다."

"그러면 어떻게 하면 좋겠소?"

"폐하가 평소에 가장 미워하고 그 사실을 누구나가 알고 있는 그런 인물이 있습니까?"

"있다마다. 옹치에겐 오래 전부터 원한이 있다. 그는 몇 번이고 나에게 반대하고 덤벼 들었다. 차라리 죽이려고 했으나 그 공적이 커서 참고 있다."

"그렇다면 즉각 옹치에게 영지를 주고 모든 사람에게 그것을 발표하여 주십시오. 옹치가 영지를 받게 된다면 모두들 자연히 숙여들 것입니다."

그래서 유방은 주연을 열고 옹치를 습방후란 영주로 임명하였다. 그러면서 이것을 기회로 관리를 독촉하여 논공행상을 급히 서두르는 한편 이 사실을 발표하였다. 그 순간 장군들은 술을 마시는 손을 놓고 와! 하고 환성을 올려 옹치조차 영주가 되었다. 우리들도 기대할 수 있다 하면서 서로 이야기를 주고 받았다는 것이다. 장량의 책략이 반란 일보전의 위기를 미연에 방지한 셈이다.

별 대수로운 일이 아닌 것 같으나 정작 그러한 판단의 장에 섰을 때 이처럼 드러내지도 않고 효과적인 방책 등을 아무나 손쉽게 생각해 낼 수 있는 것은 아니다. 이러한 것이 진실한 지모라고 말해서 좋을 것이다. 장량은 대대로 한이란 나라의 재상을 지낸 유서 깊은 집안의 출신이었다. 유방을 비롯해 그 부하의 대부분은 최하층의 서민출신이었다는 것과 비교하면 이색적인 존재이다. 그 때문인가 출처진퇴(出處進退)도 어딘지 모르게 깨끗했다. 유방의 천하가 정해지자 현세에의 관심을 끊고 오로지 몸을 가볍게 하는 도인술을 실행하여 선인수행에 힘썼다고 한다.

십팔사략 어록

천자는 농담이 없다.

집안이 가난하여 양처를 생각하고 나라가 어지러워져 양상을 생각한다.

덕에 순응하는 자는 성하고 덕을 거역하는 자는 망한다.

빈천할 때의 교분은 잊어서는 안 된다.

호혈에 들어가지 않으면 호자를 얻을 수 없다.

인생은 광음이 벽의 틈새를 순간적으로 지나듯 빠르다.

형상은 천하의 형상이니라.

한가지 이를 일으키는 것은 한가지 해를 제거함만 못하다.

2 성공과 처세

유인유여 遊刃有餘

일처리가 매우 능수능란(能手能爛)하다

전국(戰國) 시대 때 위(魏)나라에 최고의 소잡이인 포정이 있었다. 한 번은 문혜군(文惠君)이 그를 불러 소를 잡게 하였다. 포정은 칼을 휘저으며 매우 신속하게 소를 잘랐다. 그의 손놀림과 발놀림 등은 음악과도 같은 소리를 내며 춤을 추는 듯 했다. 문혜군은 이를 보고 감탄하였다.

"아! 정말 훌륭하도다. 소 잡는 기술이 어떻게 이런 경지에 이를 수가 있느냐?"

포정은 칼을 놓고 대답했다.

"제가 좋아하는 것은 도(道)이니 기술보다 나은 것입니다. 제가 처음 소를 잡을 때는 보이는 것은 모두 소뿐이었습니다. 하지만 3년이 지난 지금은 소의 모습은 보이지 않게 되었습니다. 요즈음 저는 정신으로써 소를 처리하고 있지 눈으로는 보지 않습니다. 눈의 작용이 멎으니 정신이 자연스럽게 작용하게 된 것입니다. 천리(天理)를 따라 큰 틈새와 빈 곳에 칼을 놀리고 움직여서 자연스럽게 해 나갑니다. 그 기술의 미묘함은 아직 한 번도 살이나 뼈를 다치게 한 적이 없었습니다. 하물며 큰 뼈야 말할 나위가 있겠습니까? 솜씨 좋은 소잡이가 해마다 칼을 바꾸는 것은 살을 자르기 때문입니다. 보통 소잡이는 매달 칼을 바꾸는데 이는 뼈를 자르기 때문입니다. 저의 칼은 19년이나 되어 잡은 소가 수천에 달합니다만 칼날은 막 숫돌에 간 것 같습니다. 그 뼈마디에는 틈이 있지만 칼날에는 두께가 없습니다."

포정은 말을 계속한다.

"두께 없는 것을 틈새에 넣으니 널찍하여 칼날을 놀리는데 반드시 틈이 있게 되는 것입니다. 이러므로 19년이나 되었지만 칼날이 막 숫돌에 간 것 같은 것입니다. 그렇지만 살과 뼈가 엉킨 곳을 만나게 되면, 그것이 어렵다고 여기어 조심스럽게 삼가면서 눈을 거기에 모으고 천천히 움직여서 칼을 매우 섬세하게 움직입니다. 살이 뼈에서 싹하고 떨어져 나오면 마치 흙덩이가 땅에 떨어지는 것 같습니다. 칼을 들고 일어나 주위를 둘러보고 잠시 머뭇거리다가 마음이 흐뭇해지면 칼을 씻어 챙겨 넣습니다."

문혜군이 감탄하며 말했다.

"훌륭하도다. 나는 포정의 말을 듣고 양생(養生)의 도를 터득했느니라."

군계일학 群鷄一鶴

많은 닭들 중에서 한 마리의 빼어난 학

해소는 죽림 칠현 중의 한 사람으로, 유명한 위나라 중산대부(中散大夫) 해강의 아들이다.

해소는 열살때 아버지가 무고한 죄로 형장의 이슬로 사라지자, 어머니를 모시고 근신의 생활을 해 왔다. 아버지의 친한 벗으로 칠현의 한 사람인 산도(山濤)가 이부에 있었는데 무제에게 "강고(康誥 : 서경의 편명)에 부자간의 죄는 서로 미치지 않는다 하였사옵니다. 해소는 해강의 아들이기는 하오나 어질기가 춘추의 대부 극흠에 못지 않사오니, 바라옵건대 돌보아 주시어 비서랑으로 임명하여 주십시오." 하고 아뢰었다.

그랬더니 무제는 "경이 말한대로 하면 승이라도 시킬 수 있겠소. 낭으로 할 것 없이……" 하고 비서랑보다 한 단계 위인 비서승으로 관에 임명하였다.

해소가 처음 낙양에 올라왔을 때 어떤 사람이 칠현의 한 사람인 왕융(王戎)에게 "어제 사람들 틈에서 처음으로 해소를 보았는데, 기상이 좋고 맵시 있어 독립불기(獨立不羈 : 독립하여 아무도 억누를 수 없음)의 학이 닭의 무리 속에 서 있는 것 같았습니다."라고 하였다.

왕융은 "자네는 도대체 그 사람의 아비를 보지 못했기 때문이야.” 했다고 한다. 해소의 부친은 더구나 그러했던 모양이다.

여기서 ‘군계일학’이라는 말이 나왔다. 해소는 얼마 후에 여음의 태수가 되었고, 상서좌복사(尙書左僕射)를 하고 있던 배위는 해소를 소중히 여겨 “해소를 이부의 상서로 한다면 천하에 이보다 더 뛰어난 영재는 없을 것을…….” 하고 늘 말했다.

얼마 후 해소는 왕의 곁에서 직언을 올리는 몸이 되었다.

어느 날 해소가 의논할 일이 있어 왕에게 나아가니 왕은 몇몇 신하와 주연을 벌이고 있었는데, 그 신하들이 해소가 악기를 잘 한다고 말했다. 그리하여 거문고를 가져오게 하여 왕이 해소에게 뜯어 보라 하였다. 그러자 해소는 왕에게 정중히 아뢰기를 “왕께서는 나라를 새로이 하여 백성들의 모범이 되실 분이 아니십니까. 저도 미흡한 자이오나 천자를 모시고 조복을 입고 궁중에 있는 터이옵니다. 악기를 들고 어찌 광대의 흉내를 낼 수 있겠사옵니까. 평복으로 사사로운 연석이라면 사양하지 않겠사오나…….” 하며 면박을 준 일도 있었다.

영흥(永興) 원년에 8왕의 난이 한창일 때의 일이다. 왕은 하간왕(河間王)을 치려고 군사를 일으켰으나 전세가 불리하자 해소를 불렀다. 해소가 왕에게 가려 했을 때 같은 시중인 진준(秦準)이 “이번 난리 속에 가려면 좋은 말을 타야 할텐데 말은 가졌소?” 하고 묻자 해소는 “폐하의 친정(親征 : 왕이 몸소 정벌에 나섬)은 정(正)으로 역(逆)을 치심이라, 어디까지나 정벌이지 어찌 난리라 하겠소. 폐하를 경호함에 실패했다면 신하의 충절이 어디 있을 것이며, 빠른 말이 무슨 소용이 있겠소."라고 말했다.

부름을 받은 해소가 행재소(行在所)에 도착 한 것은 왕의 군사가 탕음(蕩陰)에서 패했을 때였다. 해소는 모두들 도망해 버린 행재소에서 홀로 의관을 바로 하고 창과 칼이 불꽃을 일으키는 어차(御車) 앞에서 몸으로 왕을 감싸며 지켰다. 그리고 드디어 빗발치듯 하는 적의 화살에 맞아 왕의 곁에서 쓰러져 선혈로 왕의 어의를 물들였다.

왕은 깊이 슬퍼하여 전쟁이 끝난 뒤에 근시(近侍)들이 왕의 의복을 빨려하자, "이것은 해시중이 흘린 충의의 피다. 씻어 없애지 말라." 하며 옷을 빨지 못하게 했다고 한다.

금의환향 錦衣還鄕

입신출세하여 고향으로 돌아간다

홍문연(鴻門宴)을 계기로 한걸음 먼저 입성했던 유방(劉邦)을 몰아내고 진(秦)의 도읍 함양(咸陽)에 입성한 항우(項羽)는 유방과는 대조적인 행동을 하였다. 나이 어린 왕자 자영(子嬰)을 죽이고 아방궁을 태우는가 하면 유방이 봉인해 둔 궁중의 금은보화를 마구 약탈하고, 궁녀들을 닥치는대로 겁탈했으며 진시황(秦始皇)의 능(陵)을 파헤쳤다. 따라서 민심이 등을 돌릴 수밖에 없었다.

그는 스스로 초토화시킨 함양이 마음에 들지 않아 고향인 팽성(彭城)에 도읍을 정하려 했다. 패왕(覇王)의 땅인 함양을 버리고 보잘것 없는 팽성으로 옮기겠다니 중신들은 기가 막힐 노릇이었다. 그는 함양의 전략적 잇점을 잘못 읽고 있었던 것이다.

간의대부(諫議大夫) 한생(韓生)이 이렇게 말하였다.

"함양은 사방이 산과 강으로 둘러싸여 있고 땅도 비옥합니다. 이곳을 도읍으로 정하시어 천하에 세력을 떨치소서."

그러나 항우는 한시라도 빨리 고향으로 돌아가 입신출세한 자신을 자랑하고 싶은 마음뿐이었다. 그래서 간의대부에게 오히려 역정을 내면서 말했다.

"지금 길거리에 떠도는 노래를 들어보니 이런 내용이었다. '부귀하여 고향에 돌아가지 못하면 비단옷을 입고 밤길을 가는 것과 무엇이 다르리!' 이것은 바로 나를 두고 하는 말이지. 어서 길일(吉日)을 택해 천도(遷都)하도록 하라."

그러자 한생이 비웃으며 말했다.

"세상 사람들이 말하기를 초나라는 원숭이에게 옷을 입히고 갓을 씌웠을 뿐이라고 하더니 그 말이 정말이구나."

이에 크게 진노한 항우는 한생을 끓는 기름 속에 넣어 죽이고 말았다.

사실은 장량(張良)이 항우를 칠 생각으로 퍼뜨린 것이었다. 항우가 천하의 요새(要塞)인 함양에 들어 앉아 있는 한 유방의 패업은 수포로 돌아 갈 수밖에 없기 때문에 어떻게 해서든 그를 함양에서 내쫓아야 했던 것이다.

팽성으로 천도한 항우는 결국 관중을 차지한 유방에게 해하(垓下)에서 대패함으로서 천하를 넘겨주고 만다. 금의환향(錦衣還鄉)으로 자신의 공덕을 고향사람들에게 자랑은 했지만 결국 천하를 잃고 만 셈이다.

육조(六朝)시대 양(梁)나라의 유지린이란 사람이 남군 태수로 승진했을 때, 무제(武帝)는 이렇게 격려했다.

"그대 모친은 연세가 많고 덕망도 높으니 그대에게 비단옷을 입고 고향으로 돌아가게 해서 마음껏 효도할 수 있도록 해주겠노라."

'의금지영(衣錦之榮)'이란 말도 있다.

'비단옷을 입고 고향으로 돌아가는 영예'니까, 금의환향과 같은 뜻인데 송(宋)의 문호(文豪) 구양수(歐陽修)가 〈주금당기(晝錦堂記)〉란 글에서 쓴 것이다.

이와 대조적인 성어로 금의야행(錦衣夜行)이 있다.

'비단옷을 입고 밤길을 걷다.'라는 뜻으로 아무 보람도 없는 행동을 비유하는 말이다.

태공망 太公望

천하를 얻기 위해 현자를 기다린다 ☞ 속칭 강태공

기원전 1147년인 상(商 : 은이라고도 함)왕조 31대 제왕인 자수신(子受辛)은 달기의 치마 폭에 빠져 천하를 다스리는 일을 소홀히 했다. 그의 포악한 정치로 말미암아 은왕조의 권위는 날로 땅에 떨어져 곤두박질했다.

당시 자수신에겐 세 명의 대신이 있었는데 후세의 사가(史家)들은 구후(九候)와 악후(鄂侯), 서백(西伯)을 삼공(三公)이라 하였다. 구후와 악후는 죽임을 당한 후 맷돌에 갈아져 버렸고, 서백은 감옥에 갇힌 채 죽을 날만을 기다리다 많은 금은보화와 미녀를 바친 다음에야 겨우 풀려났다.

문왕(서백)의 조부 고공단부(古公亶父)는 말했다.

"우리 주나라에 반드시 성인 한 사람이 올 것이며 그로 인해 크게 번창한다"

주나라의 문왕이 즉위하여 서백(서방 제후의 우두머리란 뜻)이 되었을 때엔 천하의 3분의 1이 그의 수중에 있었다. 바로 그 무렵에 여상(呂尙) 태공망(太公望)은 위수에서 낚시를 하는 중이었다. 물론 이것은 서백이 덕이 높다는 것을 알고 여상이 일부러 간 것이라 볼 수 있다.

어느날 사냥을 나가려던 서백은 점쟁이를 불러 사냥감을 점치게 하였다.

"오늘 잡히게 될 물건은 용도 아니고 곰도 아닙니다. 반드시 대왕에게 도움이 될 것입니다."

그렇게 하여 주의 문왕은 위수의 북쪽 강가에서 태공망을 만났다. 그 옛날 태공께서 주나라에 성인이 올 것이라 한 예언이 맞아떨어진 것이라 하여 여상을 수레에 태우고 돌아왔다.

'태공망'이란 조부가 기다리는 현인이라는 뜻이다.

나중에 주의 왕은 태공만을 대동하고 병사들을 맹진으로 진격시켜 8백여 명의 제후와 회동했다. 승산을 묻자 태공망의 답변이 떨어졌다.

"10분의 8"

왕은 즉시 군사를 돌려버렸다. 성공할 확률이 높았지만 실패할 확률도 2할이었다.

기원전 1122년 주나라는 태공망과 함께 주부락을 위시한 연합군 4만 5천명이 4천여 대의 전차를 이끌고 맹진(孟津)에서 출병했다. 황하를 건너 상왕조의 수도 조가(朝歌)로 진격해 온다는 보고를 받은 은왕조에서는 70만 대군을 모아 목야(牧野)에서 대치했다. 이 싸움에서 패한 자수신은 자신의 성으로 돌아와 보물창고의 문을 열고 녹대(鹿臺) 위에 올라가 기름을 뿌리고 뛰어들었다. 후세의 사람들이 자수신을 말할 때에 '주제(紂帝)'라 부른다. 그것은 곧 충신만을 골라 죽이는 폭군이라는 뜻이다.

조로지위 朝露之危

위험에 처한 불확실한 삶

상앙은 위(衛)나라 사람이다. 젊어서 형사법령(刑事法令)을 공부하기를 좋아하였다. 위나라의 재상인 공숙좌(公叔座)를 섬겨 중서자(中庶子)가 되었다. 공숙좌가 그의 현명함을 알았으나 왕에게 미처 추천하기 전에 병에 걸렸다.

병상의 공숙좌는 혜왕(惠王)이 자신의 병문안을 오자 상앙을 중용하라고 진언하였다. 그러나 왕은 대답하지 않았다.

그래서 공숙좌는 측근을 물리고 다시 말하기를,

“만일 상앙을 등용하지 않으시겠다면 죽여 버리십시오. 결코 남의 나라로 가게 해서는 안됩니다.”라고 하였다.

왕이 고개를 끄덕였다.

왕이 나간 뒤 공숙좌는 상앙을 불렀다. 공숙좌는 왕과의 대화를 전하고 달아날 것을 권했다.

상앙은 웃으며 이렇게 말했다.

“왕은 재상의 말을 듣지 않을 겁니다.”

과연 왕은 그를 체포하지 않았고 공숙좌도 병으로 죽었다.

상앙은 마침 진(秦)나라의 효공(孝公)이 인재를 찾고 있음을 알고 진나라로 갔다. 효공을 만난 상앙은 세번째 만남에서 그를 설득하였다. 효공은 상앙을 좌서장(左庶長)에 등용하였다.

여기서 상앙은 "이목지신(移木之信)"의 고사를 통해 법의 개혁을 추진하고 성공한다. 새 법을 시행한지 10년이 지나자, 진나라 군대는 강해지고 나라의 재정은 튼튼해 졌다.

상앙 또한 재상으로서 상(商)과 어(於)의 땅을 하사받아 상군이 되었다. 그러나 엄정한 법의 적용으로 인해 많은 귀족과 대신들의 원망을 샀다.

어느 날 조량(趙良)이라는 사람이 상앙에게 충고하였다.

"당신의 위태로운 상태는 아침 이슬과 같습니다[朝露之危]. 이대로 가다간 길지 않습니다"

그러나 상앙은 이 말을 귀담아 듣지 않았다.

얼마 후 효공이 죽고 태자가 즉위했다. 혜문왕이다. 혜문왕(惠文王)이 즉위하자, 상앙에 불만이 있었던 많은 귀족과 신하들이 상앙이 모반할 마음이 있다고 무고했다. 상앙은 위나라로 달아 났지만 체포되어 진나라로 돌아와 죽었다.

명철보신 明哲保身

이치에 밝고 분별력이 있어 적절한 행동으로 자신을 잘 보전한다

《서경》 설명편에 보면 은(殷)의 무정(武丁)은 부왕에 이어 왕위를 물려받았을 때 망부의 3년상을 치르고도 침묵을 지킨 채 조용히 신하들을 지켜보고만 있었다. 그러더니 후에 열(說)이라는 현자를 발탁하여 보좌를 받으면서 선정을 펴 만백성의 칭송을 받았다. 이에 군신들이 일제히 이를 칭송하여 "천하의 사리에 통하고 무리에 앞서가는 것을 명철이라 하며, 명철한 사람은 참된 사회규범을 정하는 분입니다."라고 했다는 말이 나온다.

《시경》 증민편에는, 주(周)나라 때의 명재상 중산보(仲山甫)가 선왕(宣王)의 명을 받고 제(齊)나라로 성을 쌓으러 갈 때 길보(吉甫)라는 신하가 그의 덕을 찬양한 다음과 같은 시가 실려 있다.

지엄하신 임금의 명령을 중산보가 그대로 행하고
이 나라가 잘 되고 못 됨을 중산보가 밝히네
밝고 분별력 있게 행동하여 자기 몸을 보전하며
아침 저녁으로 게을리하지 않고 임금님만을 섬기네

그 외 당나라 시인 유종원(柳宗元)과 백거이(白居易)의 시에도 이 말이 나온다.

유종원(柳宗元)이 기자(箕子)의 비(碑)에 "기자의 묘비에 씀" 이라는 글에서 기자의 덕망을 칭송하면서 "그 명철을 보하라"고 하였다. 기자는 은나라 주왕(紂王)의 그릇된 정치를 간하였으나 받아들여지지 않자 거짓으로 미친 체하여 몸을 보전하고 그의 도를 후세에 남긴 현인이다.

또한 당나라 시인 백낙천(白樂天)은 '두우 치사의 제'라는 글에서 "힘을 다하여 임금을 받들고 명철보신하며 진퇴종시(終始)의 길을 잃지 않았다. 현달한 사람이 아니고서야 누가 능히 이것을 겸하리오."라고 두우를 칭송하였다

사마천은 월나라 구천을 도와 오를 멸망케 하는 공을 세우고 그 자리를 나와 도주공이 된 범려의 명철보신과 채택의 말을 듣고 재상의 인을 내놓은 항룡유회의 교훈을 실천한 범수를 높이 평가하고 있다.

위에서 보는 바와 같이 '명철'이란 '천하의 사리에 통하고 누구보다도 앞서 깨닫는 사람'을 말하며 '보신'이란 나오고 물러남에 있어 이치에 어긋남이 없음을 뜻한다.

오늘날에는 명철과 보신을 떼어 놓고 말하여 처세에 능한 사람을 보신한다고도 하며, 명철함이 보신을 부추긴다고 하기도 한다.

인욕이대 忍辱而待

욕됨을 참고 기다린다

조선(朝鮮) 세종때 윤회(尹淮)라는 분이 있었다. 본관은 무송(茂松)이고 자는 청경(淸卿), 호는 청향당(淸香堂)이었다. 관직은 병조판서와 대제학을 역임했고 문도(文度)라는 시호(諡號)를 받았다.

이 분이 젊었을 적에 있었던 일이다.

하루는 시골길을 가다가 날이 저물어서 여관에 투숙하려 했는데 윤회의 인상착의가 험상궂었는지 아니면 무일푼처럼 보였는지 모르겠으나 여관 주인은 특별한 이유없이 윤회의 투숙을 허락하지 않았다. 그래서 그는 여관 마당에 쭈구리고 앉아 "낭패로구나" 하며 고민하고 있었다.

이때 여관 집주인의 아이가 큰 진주를 가지고 나와 놀다가 마당에 떨어뜨리게 되었는데 마침 마당을 배회하던 거위가 이 진주를 꿀꺽 삼켜버렸다. 거위가 삼켰다는 사실을 모르는 아이는 아버지에게 진주를 잃어버렸다고 말했고, 아버지는 잃어버린 진주를 찾기 위해 마당을 샅샅이 뒤졌으나 찾을 수가 없었다. 이 지경이 되자 주인은 진주를 훔친 유력한 용의자로 마당에 앉아 있던 윤회를 지목하여 그를 묶어두고 아침이 되면 관가에 알리려 했다.

보통사람이라면 이런 상황에 봉착했을 때 거위 배를 갈라서 진실을 확인하자며 화를 냈을텐데 윤회는 "그 진주는 거위가 삼켜 버렸소"라고 변명도 하지 않은 채, 다만 "저 거위를 내 옆에다 묶어 두시오."라고만 말했다. 그리하여 윤회와 멋모르는 거위는 함께 묶여 있게 되었다.

다음날이 되자 진주를 삼켰던 거위는 배설을 했고 그 배설물에서 주인집 아이가 가지고 놀던 진주가 나오게 되었다. 여관집 주인이 몸 둘 바를 몰라하며 죄송스런 마음으로 "아니, 그렇다면 어제 말을 하시지 그랬습니까?"라고 묻자, 윤회는 "만약에 어제 말했다면 주인장이 진주를 찾기 위해서 반드시 저 죄없는 거위의 배를 갈랐을 것입니다. 그러므로 욕됨을 참고 기다린 것입니다."라고 대답했다고 한다.

우리는 위의 고사를 통해 "구슬을 찾아주고 거위도 살렸다"는 재미와 함께 자신의 편안함을 위해 남을 곤경에 빠뜨리지 말아야 한다는 교훈도 얻게 될 것이다.

등용문 登龍門

출세의 관문

용문(龍門)은 황하(黃河) 상류의 산서성(山西省)과 섬서성(陝西省)의 경계에 있는 협곡의 이름인데 이곳을 흐르는 물은 어찌나 세차고 빠른지 큰 물고기도 여간해서 거슬러 올라가지 못한다고 한다.

그러나 일단 오르기만 하면 그 물고기는 용이 된다는 전설이 있다. 따라서 '용문에 오른다'는 것은 극한의 난관을 돌파하고 약진의 기회를 얻는다는 말인데 중국에서는 진사(進士) 시험에 합격하는 것이 입신 출세의 제일보라는 뜻으로 '등용문'이라 했다.

'등용문'에 반대되는 말을 '점액(點額)'이라 한다. '점(點)'은 '상처를 입는다'는 뜻이고 '액(額)'은 이마인데 용문에 오르려고 급류에 도전하다가 바위에 이마를 부딪쳐 상처를 입고 하류로 떠내려가는 물고기를 말한다. 즉 출세 경쟁에서의 패배자나 중요한 시험에서의 낙방한 사람을 가리킨다.

후한(後漢) 말, 환제(桓帝) 때 정의파 관료의 지도적 인물에 이응(李應)이라는 사람이 있었다. 그는 청주자사(青州刺史), 촉군태수(蜀郡太守), 탁료장군(度遼將軍)을 거쳐 하남윤(河南尹 : 하남 지방의 장관)으로 승진했을 때 환관의 미움을 받아 투옥 당했다. 그러나 그

후 유력자의 추천으로 사예교위(司隷校尉 : 경찰청장)가 되어 악랄한 환관 세력과 맞서 싸웠다. 그러자 그의 명성은 나날이 올라갔다. 태학(太學)의 청년 학생들은 그를 경모하여 '천하의 본보기는 이응'이라고 평했으며 신진 관료들도 그의 추천을 받는 것을 최고의 명예로 알고, 이를 '등용문'이라 일컬었다.

관중규표 管中窺豹

시야가 매우 좁음

진(晋)의 회계군(會稽郡)의 명문인 왕희지(王羲之)에게는 많은 아들들이 있었는데 그 아들 가운데에서 휘지(徽之), 조지(操之), 헌지(獻之), 세 명이 유명하였다.

그 중에서도 막내 동생인 헌지가 아버지 희지(羲之)와 더불어 고금을 통하여 가장 뛰어난 서가(書家)로서 함께 이왕(二王)이라고 불리워지는 것은 새삼 말할 필요도 없다. 그리고 헌지(獻之)는 골력(骨力)은 아버지에 미치지 못하지만, 자못 미취(媚趣)가 있었다 한다.

그 왕희지(王羲之)가 어렸을 때의 이야기이다. 어느 날 서생과 식객들이 뜰안 나무 밑에 자리를 깔고 저포(樗蒲 : 도박)를 하고 있었다. 이 곳을 지나가던 헌지는 노름판을 한참 동안 보다가 패가 잘 풀리지 않는 한 아저씨에게 이렇게 훈수를 했다.

"남쪽 바람이 굳세지 못하여 형세가 불리하니 힘을 내세요."

어린아이의 훈수에 마음이 상한 그 아저씨는 발끈 화를 내며 말했다.

"대롱 속으로 표범을 엿보고 있군."

헌지는 이 말이 자신의 시야가 좁음을 빗대어 말하고 있다는 것을 알았기 때문에 몹시 화가 나서 즉시 다음과 같이 반박했다.

"멀리로는 순봉정(荀奉情)에게 부끄러워하고 가까이로는 유진장(劉眞長)에게 부끄러워하십시오. 아버지의 친구인 유진장은 노름을 통해 환온(桓溫 : 진 간문제 때의 장군)의 배반을 알아냈습니다." 그리고는 안으로 들어가 버렸다.

만일 대롱의 조그만 구멍을 통해 표범을 보게 된다면, 표범의 전체 모습을 보기는 힘들 것이다. 단지 표범의 어느 한 부분만을 보고 이것이 바로 표범이구나 하는 어리석음을 범하기 쉽다.

물극필반 物極必反

일을 함에 너무 지나치면 안된다

중국 역사상 여자로 황제가 된 유일한 사람은 흔히 측천무후(則天武后)로 불리는 무조(武照)였다. 그 유명한 당 태종의 후궁이었는데 태종이 죽자 감업사(感業寺)라는 절에 들어가 비구니가 되었다. 죽은 황제의 명복을 빌기 위해서였다. 그런데 태종의 뒤를 이은 고종은 신라와 연합해 백제와 고구려를 멸망시킨 대단한 인물로 보이지만 실상은 아버지보다 훨씬 못한 불초(不肖)로 일설에는 간질병을 앓았다 한다.

고종은 황제가 된 후 황후를 돌보지 않고 후궁을 총애하였다. 황후는 황제와 후궁 사이를 떼어놓을 요량으로 감업사의 무조를 불러 들였다. 평생 비구니로 청춘을 보낼 줄 알았던 무조는 황궁에 들어와 황후와 황제를 극진히 모셨다. 이로써 고종은 총애하던 후궁에게 가는 발걸음을 끊었다.

황후는 경쟁하던 후궁을 물리친 쾌감을 만끽했다. 그러나 그 무조가 자신을 몰아내고 황후가 되고 황제까지 될 줄 어찌 알았으랴. 병약한 고종을 대신해 국정에 깊숙이 관여하던 무후는 고종이 죽고 중종이 즉위하자 섭정을 시작했다. 그러나 섭정으로 만족하지 못한 그녀는 황제를 폐위시키고 스스로 황제가 되었다.

측천무후는 처음 황제의 나이가 어리다는 핑계로 섭정을 시작하였다. 그러다 황제를 폐위하여 황제 자리에 오르고는 다시는 내려올 생각을 하지 않았다. 대신 소안환(蘇安桓)이 이러한 상황을 비판하며 상소하여 "하늘의 뜻과 백성의 마음은 모두 이씨(李氏)에게 향하고 있습니다. 당신이 아직까지 황제 자리에 있지만 '사물이 극에 달하면 반드시 반전(物極必反)'하고, '그릇이 가득차면 넘어진다(器滿卽傾)'는 것을 아셔야 합니다"라고 하였다.

사물이 극에 달해 반전할 때가 되었으니 이제 물러나라는 것이었다. 이런 간언 정도에 물러날 그녀가 아니었던 것은 물론이다.

한 사람의 인생도 극에 달하면 반전하게 마련이다. 개각 때마다 큰 활자로 지면을 장식한 각료들과 국회의원 선거 후의 낙선자들이 지금 무얼하고 있는지 궁금해질 때가 있다. 한 시대를 풍미한 사람도 쓸쓸히 사라지는 것을 보노라면 인생무상, 물극필반의 세상 이치가 거짓이 아님을 느낀다.

그 서슬 퍼른 측천무후도 자기 뜻대로 모든 것을 이루지는 못했다. 이씨 천하를 무씨 천하로 만들려 하였지만, 장간지(張柬之)가 이끄는 친위군 500명에 의해 폐위되고 말았다. 그 누구도 물극필반의 세상이치를 비켜갈 수 없음을 실증하는 고사이다.

교주고슬 膠柱鼓瑟

조금도 변통성이 없음

조나라에 조사(趙奢)라는 훌륭한 장군이 있었다. 그에게 괄(括)이라는 아들이 있어 병서를 가르쳤는데 매우 영리하여 뛰어나게 병법을 잘 알았다.

그러나 조사(趙奢)는 "전쟁이란 생사가 달린 결전이므로 이론만으로 승패가 결정되는 것이 아니다. 병법을 이론적으로만 논하는 것은 장수가 취할 태도가 아니다. 앞으로 괄(括)이 장수가 된다면 조 나라가 큰 변을 당할 위험이 있다." 하며 부인에게 나라에서 조괄을 대장으로 삼지 않도록 말려 달라는 유언까지 했다.

뒷날 진나라가 조나라를 침략하면서 첩자를 보내 유언비어(流言蜚語)를 퍼뜨렸다.

"조나라 염파 장군은 늙어서 싸움하기를 두려워하기 때문에 두려울 것이 없다. 다만 진나라는 조괄이 대장이 될 것을 두려워하고 있다."

이 유언비어(流言蜚語)에 빠진 조나라 왕은 염파 대신 조괄을 대장으로 임명하려고 했다.

그러나 인상여(藺相如)가 극력 반대하면서 "임금께서는 그 이름만 믿고 조괄을 대장으로 임명하려는 것은 마치 기둥을 아교로 붙여 두고 거문고를 타는 것과 같습니다. 괄은 한갓 그의 아버지가 준 병법을 읽었을 뿐, 때에 맞추어 변통할 줄을 모릅니다."

그러나 임금은 그토록 신임하던 인상여의 말도 듣지 않고 조괄을 대장에 임명하였다. 조괄은 대장이 되는 그날로 병서에 있는 대로 하여 전부터 내려오는 군영들을 뜯어고치고 참모들의 의견을 듣지도 않고 자기 주장대로만 작전을 전개했다.

실전 경험이 전혀 없는 조괄은 이론만으로 작전을 감행한 끝에 40만이라는 대군(大軍)을 몽땅 죽이는 중국 역사상 최대 최악의 참패를 가져왔다. 거문고의 기둥을 풀로 붙여 고정해 두고 거문고를 타니 조율을 할 수 없게 되어 소리가 제대로 날 리가 없었다.

등고자비 登高自卑

모든 일에 순서가 있다

☞ 높은 지위에 오를수록 스스로 겸손해야 한다

중용(中庸) 제15장에 보면 다음과 같은 글이 있다.

군자가 중용의 도를 실행함에 있어서는 가까운 곳에서부터 한 발자국 한 발자국 먼 곳에 이르듯이 또는 낮은 곳에서부터 한 발자국 한 발자국 높은 곳에 이르듯이 하여야 한다.

시경(詩經)에 "처자의 어울림이 거문고를 타듯하고 형제의 뜻이 맞아 화합하며 즐거웁고나. 너의 집안 화목케 하며 너의 처자 즐거우리라."는 글이 있다.

공자는 이 시를 읽고서 "부모는 참 안락하시겠다" 고 하였다.

공자가 그 집 부모는 참 안락하시겠다고 한 것은 가족간의 화목이 이루어져 집안의 근본이 되었기 때문이니 바로 행원자이(行遠自爾)나 등고자비의 뜻에 맞는다는 말이다.

등고자비란 이와 같이 모든 일은 순서에 맞게 기본이 되는 것부터 이루어 나가야 한다는 뜻이다.

"천리길도 한 걸음부터"라는 우리 속담과 일맥상통한다고 볼 수 있다.

맹자(孟子) 진심편(盡心篇)에서도 군자는 아래서부터 수양을 쌓아야 한다는 다음과 같은 내용이 있다.

"바닷물을 관찰하는 데는 방법이 있다. 반드시 그 움직이는 물결을 보아야 한다. 마치 해와 달을 관찰할 때 그 밝은 빛을 보아야 하는 것과 같다. 해와 달은 그 밝은 빛을 받아 들일 수 있는 조그만 틈만 있어도 반드시 비추어 준다. 흐르는 물은 그 성질이 낮은 웅덩이를 먼저 채워 놓지 않고서는 앞으로 흘러가지 않는다. 군자도 이와 같이 도에 뜻을 둘 때 아래서 부터 수양을 쌓지 않고서는 높은 성인의 경지에 도달할 수 없다."

또 불경에 보면 어떤 사람이 남의 삼층 정자를 보고 샘이 나서 목수를 불러 정자를 짓게 하는데 일층과 이층은 짓지 말고 삼층만 지으라고 했다는 일화가 있다. 좋은 업을 쌓으려 하지 않고 허황된 결과만 바란다는 이야기다.

아무리 학문이나 진리의 높은 경지를 이해한다 한들 자기가 아래서부터 시작하지 않고서는 그 참맛의 경지를 알 수 없다는 뜻이다.

첩경 捷徑

어떤 일에 이르기 쉬운 가장 빠른 방법

중국의 성당(盛唐) 시기는 불교와 도교의 영향으로 현실을 도피하고 은일(隱逸)하려는 사람들이 많았다. 따라서 당시 선비들은 관직에 나가 벼슬을 하거나 아니면 세상을 피해 은일을 하거나 하는 양자 중 하나를 선택하는 분위기였다.

당시 노장용(盧藏用)이라는 선비가 있었다. 그는 관리가 되어 조정에서 활동하고 싶었으나, 자신의 능력으로는 대과(大科)까지 치러가며 관직에 오르는 일이 쉽지 않음을 깨달았다. 그래서 그는 일부러 장안(長安) 부근에 있는 명산인 중난산〔終南山〕으로 가서 은둔하면서 기회를 엿보기로 했다.

이 산은 예로부터 도사들과 이름높은 고승들이 많이 사는 곳으로 유명했다. 이러한 산에서 은둔하다 보니 어느덧 주위 사람들의 주목을 받게 되어 좌습유(左拾遺)로 임명되었다. 그후 사마승정(司馬承禎)이라는 사람이 또 중난산에 은둔했다가 조정으로부터 부름을 받게 되었다.

그러나 그는 관직에 뜻이 없었으므로 다시 은둔하려고 했다.

이때 그를 성밖까지 전송하게 된 사람은 다름아닌 노장용이었다. 노장용은 중난산을 가리키며 사마승정에게 '참 좋은 산'이라고 말했다. 그러자 사마승정은 "내가 보기에는 관리가 되는 첩경(捷徑)일 따름이지요"라고 말했다. 사마승정이 노장용을 빗대어 꼬집어 말한 것이다.

여기서 '첩경'이란 어떤 목적이나 목표에 도달하기 위한 가장 빠른 수단을 지칭한다.

따라서 이 말은 풍자성이 강한 말이므로 올곧은 사람이나 이치에 맞는 일을 강구하는 데에 사용하는 것은 옳지 않다.

이 말의 사용에는 그만큼 신중한 선택이 요구된다.

집우이 執牛耳

소의 귀를 잡는다

☞ 동맹의 맹주가 됨

월왕(越王) 구천(勾踐)을 눌러 아버지 합려(闔閭)의 원수를 갚은 오왕(嗚王) 부차(夫差)는 "내가 할 일은 성취되었다." 하며 만족해 하였다. 그리고 황지(黃池)에 각국의 제후들을 모아 놓고 소의 귀를 잡아[執牛耳] 천하의 패자(覇者)가 되려 하였다. 그러나 진(晉)의 정공(定公)이 부차의 행동에 이의를 제기하면서, 누가 소의 귀를 먼저 잡을 것인가 하는 문제로 '황지의 회(會)'는 교착 상태에 빠지게 되었다.

'집우이'란 제후들의 모임에서 하늘에 제사를 지낼 때 제물로 바치는 소의 귀를 잡는 것을 말한다. 하늘에 제사를 지낼 때 맹세의 의미로 제후들은 소의 귀를 잡고 칼로 찢어 차례로 피를 빤다. 이때 제일 먼저 소의 귀를 잡는 것이 제후간의 패자가 되는 증좌(證左)였다. 이것으로 부차가 패자의 위(位)에 오르려는데 진의 정공이 이의를 제기하고 나선 것이다. 그리고 이 중차대한 시기에 월의 구천이 다시 군사를 일으켜 쳐들어 온다는 급보가 날아왔다.

부차에게 신하의 예로 항복을 한 구천은, 그동안 은인자중하면서 알게 모르게 재기의 칼을 갈아왔었다. 마침 부차가 군사를 이끌고 황지에 가 있는 틈을 타 정병을 이끌고 오(嗚)의 수도로 쳐들어간 것이다. 당황한 부차는 휘하의 3만 군사를 이끌고 구천을 상대하기 위해 진을 쳤다.

이 때에 진의 정공이 보낸 사자가 도착하였다. 부차가 소의 귀를 먼저 잡는 것을 동의한다는 전갈이었다. 부차는 모임에 나가 소의 귀를 잡고 찢어 먼저 피를 빨았다. 이것으로 부차는 패자가 되었다. 그러나 패자가 되고 6년 뒤, 부차는 구천에게 패하여 자결하였다.

화룡점정 畵龍點睛

그림이 실물처럼 정교하게 그려져 마치 살아있는 듯하다

남북조(南北朝) 시대, 남조 양(梁)나라 무제(無帝) 때 장승요(張僧繇)라는 사람이 있었다. 우군장군(右軍將軍)과 오홍태수(嗚興太守)를 지냈다고 하니 벼슬길에서도 입신(立身)한 편이지만 그는 붓 하나로 모든 사물을 실물과 똑같이 그리는 화가로 유명했다.

무제는 각지에 분봉(分封)한 아들들이 보고 싶어지면 장승요를 보내어 그 초상화를 그려 오게 했는데, 마치 살아 있는 듯해 무제를 기쁘게 했다. 또 그가 윤주(潤州) 홍국사(興國寺) 본전의 동쪽 채에는 매를, 서쪽 채에는 까치를 그린 일이 있는데 새들이 무서워서 집을 짓지 않았다고 한다.

어느 날, 장승요는 금릉(金陵)에 있는 안락사(安樂寺)의 주지로부터 용을 그려 달라는 부탁을 받았다. 그는 절의 벽에다 단번에 구름을 헤치고 곧 하늘로 날아오를 듯한 두 마리의 용을 그렸다.

물결처럼 꿈틀대는 몸통, 갑옷의 비늘처럼 단단해 보이는 비늘, 날카롭게 뻗은 발톱에도 생동감이 넘치는 용을 보고 찬탄하지 않는 사람이 없었다. 그런데 한 가지 이상한 것은 용의 눈에 눈동자가 그려져 있지 않는 점이다. 사람들이 그 이유를 묻자 장승요는 이렇게 대답했다.

"눈동자를 그려 넣으면 용은 당장 벽을 박차고 하늘로 날아가 버릴 것이오."

그러나 사람들은 그의 말을 믿으려 하지 않았다. 당장 눈동자를 그려 넣으라는 성화독촉(星火督促)에 견디다 못한 장승요는 한 마리의 용에 눈동자를 그려 넣기로 했다.

그는 붓을 들어 용의 눈에 '획'하니 점을 찍었다.

그러자 돌연 벽 속에서 번개가 번쩍이고 천둥소리가 요란하게 울려 퍼지더니 한 마리의 용이 튀어나와 비늘을 번뜩이며 하늘로 날아가 버렸다. 그러나 눈동자를 그려 넣지 않은 용은 벽에 그대로 남아 있었다고 한다.

백발백중 百發百中

일이나 계획하고 있던 바가 생각했던 대로 모두 들어맞음

춘추시대 초(楚)나라에 활의 명수인 양유기(養由基)라는 사람이 있었다. 그에 대해《사기》에는 다음과 같이 쓰고 있다.

"초나라에 양유기라는 사람이 있었는데 활을 잘 쏘는 사람이었다. 버드나무 잎을 백보 떨어진 곳에서 쏘면 백 번을 다 맞히었다."

양유기가 이름없던 하급장교 때의 일화이다.

투월초(鬪越椒)라는 초나라 재상이 반란을 일으켰을 때의 일이다. 외국으로 초장왕(楚莊王)이 출정나간 틈을 타서 반란을 일으킨 투월초는 장왕의 돌아오는 길을 막았다. 이리하여 양쪽은 강을 끼고 대처하게 되었다. 관군이 가장 무서워하는 것은 투월초의 뛰어난 활솜씨였다.

투월초가 강 저쪽에서 활을 높이 들고 "나를 대항할 놈이 누구냐"고 외쳤을 때 양유기가 나섰다. 양유기는 "많은 군사를 괴롭히지 말고 우리 둘이서 활로 결정짓자"라고 제안했다.

투월초는 약간 겁이 났으나 거절하지 못하고, 각각 세번씩 활을 쏘아 승부를 결정하자면서, 자기가 먼저 쏘겠다고 했다. 먼저 쏘아 죽여 버리면 제아무리 명사수라도 무슨 소용이 있겠느냐는 생각에서였다.

이리하여 먼저 투월초가 양유기를 향해 화살을 쏘아 보냈다. 양유기는 처음은 화살을 떨어뜨리고 두번째는 몸을 옆으로 기울여 화살을 피했다. 투월초는 당황한 끝에 "대장부가 몸을 피하다니 비겁하지 않으냐"하고 억지를 썼다.

"좋습니다. 그럼 이번에는 몸을 피하지 않겠소."

양유기는 날아오는 화살 끝을 두 이빨로 물어 보였다. 그리고는 투월초에게 큰 소리로 외쳤다.

"세 번으로 약속이 되어 있지만 나는 단 한 번만으로 승부를 결정하겠소."

이렇게 말하고 먼저 빈 줄을 튕겨 소리를 보냈다.

투월초는 줄이 우는 소리에 화살이 오는 줄 알고 몸을 옆으로 기울였다. 순간 기울이고 있는 그의 머리를 향해 재빨리 화살을 보냈다. 이리하여 투월초는 죽고 반란은 간단히 끝났다고 한다.

맹자(孟子)

마음을 열게 하는 설득술

맹자는 왕도정치를 주장하여 군주 개개인의 덕을 중시한다. 왕도정치를 실현하기 위해서는 먼저 군주를 설득하고 그 기운으로 하지 않으면 안 된다. 설득 그 자체도 스스로 힘이 들어가야 한다는 것이다. 맹자에는 그러한 유세 활동의 기록이 많이 수록되어 있으나 그것을 설득술이라는 관점에서 보아도 흥미 깊고 다음의 세 가지의 특징이 지적될 수 있을 것으로 생각한다.

첫번째로 반문의 형식이 많이 이용되어 있는 것이다. 상대의 질문에 대하여 역으로 이쪽에서 질문을 되물어 상대의 대응과 반응을 확인한 후에 이쪽 의견을 낸다고 하는 방법이다.

맹자

두번째로 상대를 추켜 세우는 방법이다. 처음부터 머리를 구사해서 반론하면 괜히 반발을 살 뿐으로 설득효과가 없다. 먼저 상대를 칭찬하여 그 기분으로 설득하면 된다는 것이다.

세번째는 하나하나의 논리에 다짐을 받으면서 다그쳐 질문하는 방법도 맹자가 가장 자신 있어 하는 부분이다 이것으로 상대는 어느 사이에 맹자의 의도대로 끌려가고 있다.

한마디로 말한다면 교묘한 수단으로 그 위에 박력이 넘치는가가 맹자의 설득술의 특징이다. 한 예를 든다면 다음과 같은 것이 있다.

제나라 선왕과 회견할 때의 일인데 이야기는 음악에 관한 화제부터 시작한다. 먼저 맹자가 이야기를 시작하였다.

"듣는 바에 의하면 음악을 좋아하시는 것으로 알고 있습니다."

"아니오, 아니, 내가 좋아하는 것은 고전음악은 아니고 오직 속곡의 쪽이오."

선왕은 맹자를 두려워하고 처음부터 발뺌하려는 태도였다. 그러자 맹자가 이어서 말하였다.

"음악을 좋아하는 것은 귀국이 태평에 가깝기 때문입니다. 고전음악이나 속곡이나 하등의 구별이 있지 않습니다."

"호호 그렇다면 그 이유는?"

선왕은 생각치 않게 끌려갔다. 맹자는 그것에는 답변하지 않고 역으로 되물었다.

"도대체 음악이란 한 사람이 연주하는 것과 다른 사람과 같이 연주하는 것과는 어느 쪽이 즐겁습니까?"

"그것이야 다른 사람과 같이 연주할 때이지요."

"그렇다면 소수로 즐거운 것과 다수로 즐거운 것은 어떡합니까?"

"물론 많은 사람이 즐거운 것에 틀림이 없지요."

여기까지 상대의 의견을 끌어낸 후에 맹자는 서서히 본론으로 들어간다.

"실은 그 즐거움에 대하여 말씀드립니다. 가령 왕께서 연주회를 개최하셨다고 하지요. 그 피리나 북의 소리를 들은 사람들이 눈썹을 찌푸리고 '왕은 음악을 좋아하신다. 그런데도 우리들이야 먹다 굶다 하여 찢어지게 가난한 생활이다.' 이런 불평을 말하는 것은 어째서 그럴까요. 그것은 다른 이

유가 있는 것이 아닙니다. 당신 혼자 즐겁고 사람들은 즐거움을 나누어 갖지 못하기 때문입니다. 역으로 피리나 북의 소리를 들은 사람들이 아주 정말로 즐거운 얼굴로 왕께서는 여하튼 건강하신 것 같구나 그렇지 않고서야 음악 같은 것이 즐거울 수가 있겠는가 하고 이야기를 하였다고 합시다. 그것은 다른 이유가 아닙니다. 사람들과 즐거움을 나누어 갖기 때문입니다. 앞으로 왕께서 솔선하여 백성들과 즐거움을 나누어 갖는 일에 마음을 쓰신다면 제나라 뿐만 아니라 천하의 왕이라도 될 수가 있습니다."

상대를 추켜올려 흥미를 불러 일으켜 교묘한 질문으로 인해 마음 먹은 대로 끌고가고 나서 최후에는 자기가 하고자 하는 말을 한다. 교묘한 설득술이라 하지 않을 수 없다. 맹자란 책에는 이러한 설득술의 묘미가 수없이 많이 소개되어 있다.

맹자 어록

오십 보 백 보

재산이 없는 사람은 마음도 바를 수 없다.

반성하고 자신을 돌아본 후에야 다른 사람을 말 할 수 있다.

하늘의 시운은 땅의 이보다 못하고 땅의 이는 사람의 화보다 못하다.

마음을 쓰는 사람은 사람을 다스리고 힘을 쓰는 사람은 사람에 지배된다.

가까운 실패의 예를 잘 거울 삼아야 한다.

군자는 종신의 근심은 있어도 하루아침의 환은 없다.

하늘에 우러러 부끄러움이 없고 엎드려 사람에 부끄럽지 않다.

모든 서적을 믿으면 책이 없는 것 보다 못하다.

3 결단의 용기와 인내

읍참마속 泣斬馬謖

법의 공정을 지키기 위해 사사로운 정을 버린다

삼국시대 초엽에 촉(蜀)의 제갈량(諸葛亮)은 대군을 이끌고 성도(成都)를 출발했다. 곧 한중(漢中 : 섬서성 내)을 석권하고 기산(祁山 : 감숙성 내)으로 진출하여 위(魏)나라 군사를 크게 무찔렀다.

그러자 조조(曹操)가 급파한 위나라의 명장 사마의(司馬懿 : 자는 중달(中達))는 20만 대군으로 기산의 산야(山野)에 부채꼴의 진을 치고 제갈량의 침공군과 대치했다. 이 '진(陣)'을 깰 제갈량의 계책은 이미 서 있었다.

그러나 상대가 지략이 뛰어난 사마의인 만큼 군량 수송로(軍糧輸送路)의 요충지인 '가정(街亭 : 한중 동쪽)'을 수비하는 것이 문제였다. 만약 가정(街亭)을 잃으면 촉나라의 중원(中原) 진출의 웅대한 계획은 물거품이 되고 마는 것이다.

그런데 그 중책(重責)을 맡길 만한 장수가 마땅치 않아서 제갈량은 고민했다. 그 때 마속(馬謖)이 그 중책을 자원하고 나섰다. 그는 제갈량과 문경지교(刎頸之交)를 맺은 명 참모 마량(馬良)의 동생으로 평소 제갈량이 아끼는 재기 발랄한 장수였다.

그러나 노회(老獪)한 사마의와 대결하기에는 아직 어렸다. 그래서 제갈량이 주저하자 마속은 거듭 간청했다.

"다년간 법을 익혔는데 어찌 가정(街亭)하나 지켜 내지 못하겠습니까? 만약 패하면 저는 물론 일가 권속(一家眷屬)까지 참형을 당해도 결코 원망치 않겠습니다."

"좋다. 그러나 군율(軍律)에는 두 말이 없다는 것을 명심하라."

서둘러 가정에 도착한 마속은 지형부터 살펴 보았다. 삼면이 절벽을 이룬 산이 있었다.

제갈량의 명령은 그 산기슭의 협로(峽路)를 사수만 하라는 것이었으나 마속은 욕심을 내어 적을 유인하여 역공할 생각으로 산 위에다 진을 쳤다. 그러나 마속의 생각과 달리 위나라 군사는 산기슭을 포위만 한 채로 산 위를 공격해 올라오지 않았다.

그러자 산 위에서는 식수가 끊겼다. 다급해진 마속은 전병력을 동원해 포위망을 돌파하려 했으나 위나라 용장 장합(張稷)에게 참패하고 말았다.

마속의 실패로 전군(全軍)을 한중(韓中)으로 후퇴시킨 제갈량은 마속에게 중책을 맡겼던 것을 크게 후회했다. 군율을 어긴 그를 참형에 처하지 않을 수 없었기 때문이다.

이듬해 마속이 처형되는 날이 왔다. 때마침 성도(成都)에서 연락관으로 와 있던 장완은 '마속 같은 유능한 장수를 잃는 것은 나라의 손실'이라고 설득했으나 제갈량은 듣지 않았다.

"마속은 정말 아까운 장수요. 하지만 사사로운 정에 끌리어 군율을 저버리는 것은 마속이 지은 죄보다 더 큰 죄가 되오. 아끼는 사람일수록 가차없이 처단하여 대의(大義)를 바로잡지 않으면 나라의 기강은 무너지는 법이오."

마속이 형장으로 끌려가자 제갈량은 소맷자락으로 얼굴을 가리고 마룻바닥에 엎드려 울었다고 한다.

와신상담 臥薪嘗膽

섶에 눕고 쓸개를 맛본다

☞ 원수를 갚기 위해 자신을 괴롭히면서 어려움을 참고 견디는 것

본래 와신(臥薪)과 상담(嘗膽)은 각기 다른 사건에서 유래한 말이지만, 지금은 이를 구분하지 않고 와신상담(臥薪嘗膽)이라고 한다.

춘추 시대, 오왕(嗚王) 합려(闔閭)는 월(越)나라를 공격하였다. 그러나 월나라 군대의 완강한 저항으로 합려는 오른쪽 다리에 중상을 입은 채 군대를 철수하고 오나라로 돌아왔다. 합려가 부상의 악화로 숨지자 그의 아들 부차(夫差)가 왕위를 계승하게 되었다.

부차는 어떻게 해서든지 아버지의 원수를 갚겠다고 결심하고 조석(朝夕)으로 땔나무를 쌓아 놓고 거기에 누워, 자신의 몸을 괴롭게 하면서 신하들에게 명하여 자기가 방안으로 드나들 때면 이렇게 외치도록 하였다.

"부차여, 너는 월왕 구천이 너의 아버지를 죽인 사실을 벌써 잊었는가?"

그리고 3년 후, 부차는 다시 군대를 거느리고 월나라를 공격하여 부친의 복수를 하였다. 그 당시, 오나라의 도읍은 지금의 강소성 소주 땅에 있었고, 월나라의 도성은 회계(會稽 : 지금의 절강성 소흥)에 있었다. 두 나라 군대는 태호(太湖)와 고성(固城) 일대에서

격전을 벌였는데, 월나라가 크게 패하였다.

월왕 구천도 형세가 불리하다 생각하고, 대부 문종(文鍾)을 파견하여 오나라의 재상 백비에게 화친를 부탁하였다. 백비는 문종이 황금, 백벽(白璧) 등의 귀중한 예물과 미녀들을 데려 온 것을 보고 마음이 흐뭇해져서, 문종을 데리고 부차를 뵈러 갔다.

문종은 부차를 만나 월나라 왕이 충심으로 오나라 왕의 신하가 되고 싶어하며 또한 월나라의 영토를 오나라에 바치기 원하고 있다고 말했다. 오나라 대신들은 대부분 구천을 죽여야 한다고 주장하였지만 부차는 월나라의 투항을 인정하여 예물들을 받아들이고 월왕 구천을 오나라로 오게 하였다. 구천은 오나라로 가기 전에, 나라 일을 문종 등의 대신들에게 부탁하고, 아내와 대부 범려를 데리고 오나라로 갔다.

부차는 구천 부부와 범려에게 합려의 묘소 옆에 있는 석실(石室)에서 살면서 오왕의 묘를 지키고 말을 기르라고 명하였다. 구천은 고국으로 돌아갈 생각만으로 오나라에서 삼 년을 매우 신중하게 행동하며 모든 모욕과 수난을 겪어냈다. 문종도 월나라에서 늘 백비에게 예물을 보내며 오왕 부차 앞에서 구천의 말을 잘 해달라고 부탁하였다.

그러던 어느 날, 구천은 오왕 부차가 병에 걸린 것을 알고 백비에게 부탁하여 부차의 거처에 들어가 볼 기회가 생겼다. 구천은 직접 부차의 시중을 들면서 정성껏 간병을 하였다. 병이 다 낫자 구천의 정성에 매우 감동한 부차는 그들 부부와 범려를 월나라로 돌아가도록 석방하였다.

귀국 후, 월왕 구천은 나라를 멸망시킨 복수를 위해 오나라와 일전을 하겠다는 결심을 하였다. 그는 문종에게 정치를 담당하도록 하고, 자신은 백성들을 독려하여 농사를 짓고 누에를 기르도록 하여 경제적 실력을 키워 나아갔다. 뿐만 아니라 구천은 범려에게 지시하여 군대를 훈련시키게 하였으며, 자신도 투지를 태우며 오나라에서의 굴욕적인 생활을 잊지 않았다.

그는 쓰디쓴 쓸개를 기거하는 방에 걸어 두고 늘 그것을 혀로 핥으면서 외쳤다.

"너는 회계산에 포위되었을 때의 굴욕을 잊었느냐?"

오나라에 대한 복수심에 불타고 있는 월나라는 백성의 수를 늘리고, 국가재정을 충실하게 관리하여 튼튼하게 다진 지 10년, 다시 10년을 백성들에게 오나라에 대한 적개심을 가르쳤다.

그렇게 20년이 지나자 월나라 구천은 오왕 부차가 주력부대를 이끌고 도읍을 비워 둔 사이에 신속하게 진격하였다. 오나라는 세 번 싸워 세 번을 패전하여 도망하였다. 결국 오왕 부차는 자신이 쌓은 고소대(姑蘇臺)에 몸을 의지한 채 회계산에서 월왕이 했던 것처럼 월나라에 화친을 요청하였으나, 월나라의 범려가 절대 들어주지 않았다. 이미 기울어버린 대세 속에서 오나라 재상 백비마저 투항하여 버렸다. 부차는 자신의 과오를 한탄하면서 오자서를 만나 볼 면목이 없다는 말을 전해 달라고 하며 천으로 눈을 가리고 스스로 목숨을 끊었다.

구천은 오나라를 멸한 후, 북상하여 중원의 몇몇 제후국들까지 차지하게 되었는데, 이는 구천이 신하들을 잘 다스려 그들의 지략(智略)이 집결된 때문이었다.

재능이 출중하였던 범려는 월왕 구천을 20년 동안 수행하며 월나라를 도와 오나라를 멸망시키도록 하였던 인물이었다.

오나라를 멸한 후 월나라로 돌아오자 월왕 구천은 범려의 공적을 인정하여 그를 상장군(上將軍)에 임명하였다. 그러나 범려는 직접 그 이유를 말하지 않은 채 관직을 사양하며 제(齊)나라로 가버렸다. 사실 범려는 월왕 구천의 마음을 너무 잘 알고 있었으므로, 구천의 신변에 있다가는 조만 간에 죽임을 당할 것 같았기 때문에 일찌감치 그를 떠난 것이었다.

범려는 제나라로 도망하면서도 월나라 대부 문종(文種)에게 글을 써서 다음과 같이 일렀다.

"하늘을 나는 새가 다 잡히면 좋은 활은 거두어지는 것이고, 교활한 토끼가 모두 잡히면 사냥개는 삶아지는 법입니다. 월왕 구천은 목이 길고 입은 새처럼 뾰쪽하니, 어려움은 함께 할 수 있어도 즐거움은 같이 할 수 없습니다. 대부께서는 왜 월나라를 떠나지 않는 것입니까?"

문종은 범려의 편지를 읽고 병을 핑계로 궁궐에 들어가지 않았다. 그러자 어떤 이가 이를 구실로 그가 반란을 일으키려 한다고 참언하였다. 월왕 구천은 이를 빌미로 그를 잡아 들여 그에게 칼을 내리며 말했다.

"그대는 나에게 오나라를 칠 일곱 가지의 계책을 가르쳐 주었는데, 나는 그 중 세 가지만을 사용하여 오나라를 물리쳤소. 나머지 네 가지는 그대에게 있으니, 그대는 선왕(先王)을 뒤쫓아가서 그것을 시험해보기 바라오."

이 말을 들은 문종은 이내 자결하고 말았다.

위의 이야기에서 '십년생취, 십년교훈(十年生聚, 十年敎訓)'이라는 말도 유래하였는데, 이 역시 '어떤 일을 이루기 위해 오랜 시간 온갖 고생을 참으며 노력(努力)함'을 뜻하는 말이다.

짜던 베를 칼로 자른다

맹모단기 孟母斷機

맹자의 어머니가 아들이 학업을 중단하고 돌아왔을 때
짜던 베를 칼로 잘라서 훈계한 고사로
어머니의 엄격한 자녀 교육을 말한다

맹자(孟子)는 공자(孔子)의 손자인 자사(子思)의 제자가 되어 가르침을 받았는데, 이보다 앞서 소년시절에 유학에 나가 있던 맹자가 어느날 학업을 중단하고 갑자기 집으로 돌아왔다. 그때 어머니는 베를 짜고 있다가 맹자에게 물었다.

"네 공부는 어느 정도 나아갔느냐?"

"아직 변한 것이 없습니다."

그러자 어머니는 짜고 있던 베를 옆에 있던 칼로 끊어버렸다. 맹자가 섬짓하여 물었다.

"어머니, 그 베는 왜 끊어버리십니까?"

그러자 어머니는 이렇게 대답했다.

"네가 학문을 그만둔다는 것은 내가 짜던 베를 끊어버리는 것과 마찬가지이다. 군자란 모름지기 학문을 배워 이름을 날리고, 모르는 것은 물어서 지식을 넓혀야 하느니라. 그러므로 평소에 마음과 몸을 편안히 하고, 세상에 나가서도 위험을 저지르지 않아야 한다. 지금 너는 학문을 그만두었다. 앞으로 너는 다른 사람의 심부름꾼으로 뛰어다녀야 하고, 재앙을 피할 길이 없을 것이다. 그러니 생계를 위하여 베를 짜다가 중간에 그만두는 것과 무엇이 다르겠느냐? 오래도록 양식이 부족하지 않겠느냐? 여자가 그 생계의 방편인 베짜기를 그만두고, 남자가 덕을 닦는 것에 멀어지면, 도둑이 되거나 심부름꾼이 될 뿐이다."

맹자가 두려워하여 자사를 스승으로 섬기고 아침 저녁으로 쉬지 않고 배움에 힘써 드디어 천하의 명유(名儒)가 되었다. 이것을 소위 '단기지교(斷機之教)'라고 일컫는다.

타증불고 墮甑不顧

깨진 시루는 돌아보지 않는다

☞ 지난 일을 깨끗이 단념함

잘못된 일에 얽매여 세월을 보내면 결국 자신에게 유익할 것은 아무 것도 없고, 자기도 모르는 사이에 정신적으로나 육체적으로 야금야금 자신을 좀먹게 된다.

후한(後漢) 때 맹민(孟敏)이란 사람이 있었는데, 가난하여 공부도 못하고 젊은 시절 시루 장수를 하며 살아갔다.

어느 날 시루를 팔기 위해서 이 동네 저 동네로 지고 다니다가, 그만 발이 걸려 넘어졌다. 그러자 맹민의 사업 밑천이던 시루가 다 깨어져 산산조각이 났다. 그의 전 재산을 날렸음은 물론이다. 보통 사람 같으면, 깨어진 옹기 조각을 끌어안고 울부짖으며 탄식하거나 다시 이리저리 맞추어 보거나 할 것인데도, 그는 뒤도 돌아보지 않고 훌훌 털고 가던 길을 그냥 가버렸다.

그 날 그 시간에 마침 그 당시의 대학자로 많은 사람들의 존경(尊敬)을 받던 곽태(郭太)가 산보를 하고 있다가 가까이에서 그 광경을 보게 되었다.

곽태는 그 청년의 모습을 보고 이상하게 여기기도 했지만, 대단하다 싶은 생각이 들어서 그 청년을 불러 세웠다.

"여보게! 자네의 시루가 다 깨어졌다네."

"알고 있습니다"라고 아무렇지도 않은 듯이 그 청년이 대답했다.

"자네 전 재산이 다 날아갔을 텐데, 왜 돌아보지도 않는가?"

"시루는 이미 깨어졌는데, 돌아보면 무엇 합니까? 그 시간에 다른 일을 해야지요" 하고는 그냥 가던 길을 가려고 했다.

곽태는 큰 학자로서 많은 사람들을 만나보았고, 또 자기를 따르는 제자들도 많았지만, 이 청년처럼 결단력(決斷力) 있는 사람은 처음 보았다. 나이는 젊었지만, 존경하는 마음이 저절로 생겼다. 그래서 그를 불러와 이야기를 나누었다.

이런 결단력이 있는 사람은 무슨 일이든지 할 수 있겠다 싶어서 그에게 공부할 것을 권유(勸誘)하였다. 맹민은 곽태의 권유를 받아들여 열심히 공부하여 후에 큰 학자가 되었다.

지금 고배(苦杯)를 마시고 좌절(挫折) 속에 나날을 보내는 사람이 있다면, 과감히 과거는 떨쳐버리고 희망을 갖고 적극적으로 새로운 앞 길을 개척(開拓)해 나가면, 반드시 지금의 실패가 자신의 성공(成功)의 밑거름이 될 것이다.

과하지욕 袴下之辱

한신이 굴욕을 참으며 기어서 남의 가랑이 밑을 빠져 나갔다

☞ 큰 뜻을 품은 사람은 쓸데없는 일로 승강이하지 않는다

'인욕'(忍辱), 그것은 '치욕(恥辱)을 참는다'는 뜻이다. 큰 일을 위해서는 목전의 작은 이익에 현혹(眩惑)되어서도 안되겠지만 굴욕(屈辱)또한 참고 견뎌낼 줄 알아야 한다.

주(周)의 문왕(文王)이 아들을 삶은 국을 주왕(紂王)으로부터 받아 마신 것이나, 와신상담(臥薪嘗膽)의 고사에서 월왕(越王) 구천(勾踐)이 스스로 부하 되기를 자청하고 말똥을 치우고 심지어는 오왕(嗚王) 부차(夫差)의 대변을 찍어 맛 보았던 것도 대사(大事)를 위해서는 인욕(忍辱)이 있어야 한다고 여겼기 때문이다. 만약 그 때 문왕(文王)이나 구천(勾踐)이 그렇게 하지 않았던들 아마 최후의 승자는 될 수 없었을 것이다.

인욕(忍辱)의 좋은 예에는 회음후(淮陰侯) 한신(韓信)도 있다. 유방(劉邦)이 항우(項羽)를 이기고 한(漢)나라를 세우는데 가장 큰 공헌을 한 이를 꼽는다면 그를 빼고는 이야기 할 수 없을 것이다.

그는 또한 우리도 잘 아는 배수진(背水陣)과 사면초가(四面楚歌), 토사구팽(兎死狗烹), 다다익선(多多益善), 필부지용(匹夫之勇)등 쟁쟁한 고사의 주인공이기도 하다. 이 점은 그의 활약이 매우 두드

러졌음을 의미한다.

하지만 젊었을 때 그는 밥을 빌어먹을 정도로 가난했다. 어머니가 죽었지만 장례식도 치를 수 없을 정도로 어려웠다. 그렇다고 뛰어난 재주나 언변(言辯)도 없어 그저 남의 집에 얹혀 얻어먹곤 했다. 따라서 그를 아는 사람은 누구나 싫어했다.

고향 회음(淮陰)에서 있었던 일이다. 어렵게 지내고 있었으므로 다들 그를 보면 업신여기거나 놀려대곤 했다. 한 번은 푸줏간 패거리들 가운데 한 사람이 한신(韓信)을 깔보듯 하면서 말했다.

"네 놈이 덩치는 큼직하게 생겨서 밤낮 허리에 칼은 차고 다니지만 사실 네 놈은 겁쟁이일 뿐이야."

구경꾼들이 모여들자 그는 더욱 신이 나서 말했다.

"네가 만약 사람을 죽일 용기가 있다면 어디 그 칼로 나를 한 번 찔러 보아라. 그러나 만일 죽기가 싫다면 내 바지가랑이 밑으로 기어나가야 한다!"

한신(韓信)은 잠시 생각하더니 묵묵히 그의 바지가랑이 밑을 기어서 나왔다. 이 일로 해서 온 장바닥 사람들은 다들 그를 겁쟁이라고 비웃었다.

하지만 그는 기개가 남달랐다. 후에 이 점을 정확하게 꿰뚫어 보았던 이가 소하(蕭何)였다. 그를 유방(劉邦)에게 적극 추천했을 뿐만 아니라 대장군(大將軍)에 임명토록 함으로써 한신(韓信)은 비로소 역사의 무대에 등장한다. '과하지욕(袴下之辱)'은 그가 가랑이를 빠져 나오면서 느꼈던 굴욕을 말한다.

잘못의 근원을 미리 없애는 결단이 필요하다

참초제근 斬草除根

화근(禍根)을 제거(除去)하여 후환(後患)을 없애다

춘추 시대, 위(衛)나라는 진(陳)나라와 연합하여 정(鄭)나라를 공격하였다. 정나라 장공(莊公)은 진나라의 환공(桓公)에게 강화(講和)를 청하였으나, 진나라 환공은 응하지 않았다. 진 환공의 아우 진오부(陳伍父)는 강화를 권하며 이렇게 말했다.

"사람들과 친하게 지내고 이웃 나라와 우호적으로 지내는 것은 가장 고귀한 일이며 잃어버려서는 안됩니다. 역시 정나라와 강화하는 게 좋을 것 같습니다."

아우에게서 이러한 말을 들은 진 환공은 크게 화를 내며 말했다.

"송(宋)나라와 위나라는 강대국이므로 그들이 우리나라를 어렵게 할까봐 두렵지만, 정나라는 작은 나라이므로 우리가 그를 공격한다 해도 그들이 우리를 당해낼 수 없을 것이다."

진 환공의 이러한 태도에 대하여 당시의 명사들은 이렇게 말했다.

"좋은 일은 놓쳐서 안되고, 악한 일은 커지게 해서는 안 된다. 악이 커짐에도 바르게 고치지 않으면 화가 자신에게 미치게 된다. 그런 후에 내 몸을 구해 내려고 한들 구할 수가 있을 것인가?"

결국 진 환공은 곧 정나라를 공격하였으나 화근을 제거하지는 않았다. 그러자 2년 후에는 정나라가 국력이 강해지자 진나라를 공격하여 크게 물리쳤다. 이웃 나라들은 진나라가 패하고 있는 것을 보고도 전혀 움직이지 않았다. 사람들은 이를 두고 진나라가 자초한 일이라고 했다.

이 일을 두고 주(周)나라의 주임(周任)이라는 대부(大夫)는 이렇게 말했다.

"나라의 군주 된 자는 나쁜 일에 대해서는 농부들이 잡초를 뽑아버리듯 그것이 다시 자라지 못하게 뿌리째 뽑아버려야 한다. 잡초를 모조리 뽑아 썩혀 그 뿌리를 없애어 번식하지 않게 한다면, 심어서 좋은 것은 잘 자라게 될 것이다."

절치부심 切齒腐心

원수를 갚기 위해 혹은 일의 성공(成功)을 위해 노력(努力)함

형가가 진왕을 속이기 위해 번오기(樊於期)를 만났을 때의 일이다. '이번 걸음에 믿게 하는 증거가 없으면 진나라와 친할 수 없다. 참으로 번오기(樊於期) 장군의 머리와 연나라의 독항의 지도를 얻어 받들고가 진왕에게 바치면 기뻐하며 나를 만나줄 것이다.'라고 생각한 형가는 번오기(樊於期) 장군에게 나아가 이렇게 말하였다.

"지금 번장군의 부모와 가족들은 모두 장군 때문에 진나라에 죽음을 당하였습니다."하니, 번오기가 말하기를 "이 일을 생각하면 가슴이 터지는 듯하나 아무리 생각해도 좋은 계책이 나오지 않습니다."하였다.

그러자 형가가 말하였다.

"지금 당장 연나라의 근심을 풀어주고 장군의 원수를 갚을 수 있는 방법이 있다면 어떻게 하시겠습니까? 소문에 의하면 진나라에서 장군의 목을 금 1천근과 1만 가호의 고을로 산다고 합니다. 원컨대 장군의 목을 얻어 진왕에게 바치면 진왕은 반드시 기뻐할 것이요, 왼손으로 진왕의 소매를 잡고 오른손으로 그의 가슴을 찌른다면 장군의 원수도 갚고 연나라의 모욕도 씻을 것입니다."하였다.

이 말을 들은 번오기는 "이는 내가 밤낮으로 이를 갈고〔切齒〕 마음을 썩히는〔腐心〕 바입니다." 하고 스스로 목을 찔러 자살하였다.

이 극적인 암살 사건은 실패로 돌아가고 천하는 결국 진(秦)나라에게로 돌아가게 된다. 진(秦)나라가 수많은 경쟁자들을 물리치고 천하의 주인이 된 데에는 여러 가지의 원인이 있었겠으나 특히 진시황(秦始皇)의 초인적인 식견과 능력 그리고 상앙과 이사로 대변되는 법가(法家)의 등용으로 나라의 질서를 바로잡고 기강을 굳건히 한데 있었다.

간담초월 肝膽楚越

마음이 맞지 않으면 간과 쓸개처럼 같은 몸안에 있어도
초나라와 월나라처럼 서로 등을 지고 만다

노(魯)나라에 왕태(王胎)라는 자가 있었다. 형벌을 받아 발이 잘렸지만 덕망이 높아 문하생이 많았다. 이상하게 생각한 상계(常季)가 공자에게 물었다.

"왕태는 죄를 지은 자인데도 불구하고 찾는 사람이 많고 그 명성은 마치 선생님과 노나라를 둘로 나눈 형세입니다. 그는 별로 가르치는 일도 없습니다. 그렇다고 의론을 하는 것도 아닙니다. 그런데도 그를 찾아갔던 사람은 반드시 흡족해서 돌아갑니다. 무언의 가르침이 있는 모양입니다. 몸은 비록 불구일지라도 덕이 넘치고 있는 것을 보면 참으로 이상한 사람입니다."

"아니다. 그는 성인이다. 한번 찾아가고 싶은데 아직 그 기회가 없었다. 나는 그를 스승으로 우러르고 싶을 정도다. 노나라만이 아니라 천하를 이끌고 함께 따르고 싶을 만큼 존경하고 있다."

"그럼 그분은 도대체 어떻게 마음을 다스리는 것일까요?"

"그는 사생을 초월하고 있다. 비록 천지가 무너지더라도 함께 떨어지지 않을 정도이고, 물(物)과 도(道)와의 관계를 잘 알고 있으며, 물과 함께 움직이지 않을 만큼 변화로부터도 초월해 있다.

게다가 자연의 변화에 순응하여 이에 거스르지 않고 도의 근본을 잘 지키고 있다."

"그것은 무슨 뜻입니까?"

"마음을 달리하는 자의 눈으로 보면 간담도 초월하고 마음을 같이하는 자의 눈으로 보면 만물은 하나이다. 그 사람은 귀나 눈으로 외물(外物 : 마음에 접촉되는 객관적 세계의 모든 대상을 말함)을 쫓지 않고 마음을 덕의 화합에 두고 있다. 사물의 같음을 보고 다름을 보지 않으며, 사생을 하나로 보고 있다. 비록 발을 잘렸지만 그것을 흙에 떨어뜨린 것처럼 조금도 마음에 두고 있지 않으니 정말 훌륭한 인물이다."

이 고사는 관계가 가까운 것일지라도 입장에 따라서는 멀어질 수도 있고, 또한 관계가 먼 것일지라도 입장에 따라서는 가까워질 수가 있음을 비유하는 말이다.

채미가 采薇歌

고사리 캐는 노래

☞ 절의 지사(節義之士)의 노래

백이와 숙제는 고죽국(孤竹國)의 왕자였다. 왕은 둘째 아들인 숙제로 하여금 자신의 뒤를 잇게 하였으나, 숙제는 백이에게 이것을 양여하였다. 그러나 백이는 아버지의 명을 따라야 한다며 나라를 떠나자 숙제도 그를 따라갔다.

백이와 숙제는 서백(西伯)의 창(昌)이 노인을 잘 봉양한다는 소문을 듣고 찾아가 의지하고자 하였으나, 그는 이미 죽어 문왕(文王)에 추존되어 있었다. 그리고 그의 아들 무왕(武王)이 문왕의 위패를 수레에 싣고 은(殷)의 주왕(紂王)을 정벌하기 위해 출진하려 하였다.

백이와 숙제는 무왕의 말고삐를 잡고 이렇게 간(諫)하였다.

"아버지의 장례도 치르지 않고 바로 전쟁을 일으키는 것을 효(孝)라 할 수 있는가? 신하된 자로서 군주를 시해하려는 것을 인(仁)이라고 할 수 있는가?"

그러나 무왕은 끝내 은을 평정하여 주(周)의 천하를 이루었다. 따라서 천하가 주 왕실을 종주로 섬겼으나, 백이와 숙제는 그 백성이 되는 것을 치욕으로 여겼다.

지조를 지켜 주나라의 양식을 먹으려 하지 않고, 수양산(首陽山)에 들어가 고사리(薇)를 꺾어 배를 채웠다. 그들은 굶주려 죽기 전에 이 노래를 지었다.

저 서산에 올라 산중의 고사리나 캐자.
포악함으로 포악함을 다스렸어도,
그 잘못을 알지 못한다.
신농(神農)과 우(虞), 하(夏)의 시대는 가고,
우리는 장차 어디로 돌아갈 것인가?
아! 이제는 죽음 뿐이다,
쇠잔한 우리의 운명이여!

이들에 대해 공자는, "백이와 숙제는 부정과 불의를 혐오하고 잘못을 미워했지 사람을 미워하지는 않았다. 또 지난 잘못을 생각하지 않았고 원망을 품은 일이 드물었다. 그들은 인을 구하여 인을 얻었으니 또 무엇을 원망하랴?" 하였다.

파천황 破天荒

이제까지 아무도 하지 못했던 일을 성취하거나 양반 없는 가문이나 시골에서 인재가 나와 원래의 미천한 상태를 벗어남

당(唐)나라 때 형주(荊州)에서는 매년 관리등용시험에 응시자는 있었으나 합격자가 없어 사람들은 형주를 '천황'의 땅이라고 불렀다. 그런데 유세(劉稅)가 처음으로 합격하자, 사람들은 천황을 깬 자가 나왔다며 유세를 가리켜 '파천황'이라고 일컬었다는 고사에서 비롯된 말이다.

당나라 때 과거의 주류는 시부(詩賦)의 창작 능력을 주로 한 진사과(進士科)였다. 시험자격은 각 지방에 설치한 국립학교의 성적이 우수한 자와 지방장관이 시행하는 선발시험에 합격하여 장관이 중앙에 추천하는 자의 두 종류가 있었다.

후자의 선발시험 합격자를 '해(解)'라고 불렀는데 모든 일에 통달해 있는 사람이란 뜻이다.

다음은 송나라의 손광헌(孫光憲)이 지은 《북몽쇄언》에 나오는 글로, 여기에 '해(解)'가 보인다. 당나라 때 형주는 학문한 사람들이 많이 모이는 곳으로 해마다 지방시험에 합격한 사람들을 중앙에 보냈지만, 급제하는 사람이 없었다. 그래서 형주는 '천황해(天荒解)'라고 불렸다. 그런데 뒤에 시종이 된 유세가 형주의 지방시

험 합격자로는 처음으로 중앙시험에 합격했다. 그래서 그를 일러 '파천황'이라고 했다.

유세의 급제가 얼마나 화제가 되었는가 하는 것은, 당시 형남군 절도사인 최현(崔鉉)이 '파천황전(破天荒錢)'이라고 하여 상금 70만 전을 유세에게 보낸 것에서도 알 수 있다.

오늘날 이 말은 '전대미문(前代未聞)', '전인미답(前人未踏)', '미증유(未曾有)'의 뜻과 같이 사용된다.

또, 벽성(僻姓)이나 무반향(無班鄕)에서 인재가 나와 본디의 미천한 처지에서 벗어나는 일을 뜻하는 '파벽(破僻)'의 의미로도 쓰인다.

회과자신 悔過自新

자신의 잘못을 새 출발의 기회로 활용한다

서한(西漢) 초기에 태창(太倉)의 고을 장관을 지내던 순우의(淳于意)라는 사람이 있었다. 그는 젊어서부터 의술에 관심을 가지고 좋아하였다. 그는 같은 고을에 살고 있던 양경(陽慶)이라는 사람을 스승으로 삼고 의술을 배웠다. 양경은 70살이 넘도록 아들이 없었다. 그리하여 양경은 순우의에게 이전에 배웠던 의술을 모두 버리게 하고 새로운 비법의 의술을 전수하여 주었다.

3년 후, 순우의는 훌륭한 의술로써 사람들의 병을 치료하여 주었다. 순우의는 항상 제후들을 찾아다니며 병을 치료하였으며, 어떤 때는 사람을 차별하여 병을 치료해 주지 않기도 해서 그를 원망하는 이들도 적지 않았다.

결국 그는 어떤 사람에 의해 고발되어 장안으로 압송되어 코를 베이고 발을 잘리는 형벌을 받게 되었다. 순우의는 아들이 없고 딸만 다섯이었는데 순우의가 압송되어 가는 수레에 달라붙어 울었다.

순우의는 큰 소리로 꾸짖었다.

"자식을 낳아보았자 아들이 없으니 급한 일을 당해도 아무 소용이 없구나."

이 말을 들은 막내딸 제영이 압송되는 아버지를 따라 장안까지 오게 되었다.

그리고 제영은 황제에게 간절한 글을 올렸다.

"저의 부친께서는 관리를 지내실 때 많은 사람들로부터 청렴하다는 말을 많이 들었습니다만, 지금은 법을 어기어 형벌을 당하게 될 형편입니다. 제가 곰곰이 생각하여 보니 사람은 죽으면 살아나지 못하고 손발을 잘린 사람은 다시 전처럼 될 수 없습니다. 원하옵건대 저는 조정의 종이 되어 아버지의 죄를 용서받고, 아버지는 죄를 뉘우치고 스스로 새로운 길을 갈 수 있도록 해 주십시오."

황제는 이 글을 읽고 제영의 뜻을 불쌍하게 생각하여 그 해에 손발을 자르는 법을 폐지하였다.

우사생풍 遇事生風

젊은 사람들이 눈치보지 않고 기개 있게 일을 처리함

☞ 지금은 사사건건 문제를 일으킨다는 뜻으로도 쓰인다

한(漢)나라 시절 탁군지방에 조광한(趙廣漢)이라는 사람이 있었다. 그는 말단 관리로 출발했지만 성실하고 청렴한 일처리로 능력을 인정받아 수도를 관리하는 행정관인 경조윤(京兆尹)까지 오를 수 있었다.

그가 경조윤 자리에 있을 때의 일이다.

마침 소제(昭帝)가 죽어 경성 근교 풍현이라는 곳의 경조관(京兆官)인 두건(杜建)이 소제의 능원(陵苑)을 관리했는데 그는 직위를 남용(濫用)하여 비행을 저질러서 백성들의 원성(怨聲)을 사고 있었다.

조광한이 이 사실을 알고 두건에게 사직할 것을 권유했지만 그는 들은 척도 하지 않았다. 조광한이 노하여 그를 감옥에 가두자 경성의 세도가들이 압력을 가해 왔다. 그러나 조광한은 그를 참형으로 다스렸다. 이 일로 경성관리들이 모두 조광한을 두려워하게 되었다.

그 자신이 강직한 성품을 지녔으므로 그가 관리를 임용할 때에도 기개 있고 유능한 젊은 인재들이었다. 이들은 일을 처리할 때 추진력이 있고 사리사욕(私利私欲)을 위해 비리를 저지르는 자들을 경멸(輕蔑)하고 정의를 위해서는 목숨을 아끼지 않는 정열을 지니고 있었다.

이것을《한서》에서는 다음과 같이 표현하고 있다.

"일을 보면 바람이 일고 회피하는 바가 없다."

그러나 조광한은 결국 칼 같은 성격 때문에 간신배들의 모함을 받아 죽고 말았다.

어느 시대, 어느 조직이나 부패의 남용은 늘 있어 왔던 모양이다. 하지만 이를 어쩔 수 없다고 눈감아 준다면 그 조직은 붕괴하고 말 것이다. 그러므로 높은 이상과 원리 원칙에 충실하고자 "우사생풍"하는 젊은이들의 기개야말로 언제나 조직을 새롭게 하는 활력소인 것이다.

그렇지만 어떤 조직에서든지 문제를 일으키기 좋아하는 사람이 있다. 그 사람의 눈에는 모든 것이 불만이다. 주위를 선동하여 자기가 하고자 하는 방향으로 나가려 한다. 그러나 그들의 성취는 묵묵히 일하면서 내일을 설계하는 다른 사람에게는 미치지 못한다.

걸해골 乞骸骨

늙은 재상이 벼슬을 내놓고 물러가기를 임금에게 청원하는 것

진(秦)나라가 멸망하자, 천하를 다투었던 크고 작은 군웅(群雄) 중에서 차츰 초나라의 항우와 한나라의 유방이 두각을 나타내기 시작했다. 그 중에서도 항우는 한때 천하를 통일하여 유방을 신하로 삼은 적도 있었다.

항우에게 쫓긴 유방이 고전하고 있을 때의 일이다.

유방은 군량 수송로가 끊겨 더 이상 지탱하기 어렵게 되어 항우에게 휴전을 제의했다. 항우는 이 제의를 받아들일 생각이었으나 범증(范增)의 반대로 이루어지지 않았다. 이를 안 유방은 전에 항우의 부하였던 진평(陳平)의 책략에 따라 항우 진영으로 간첩을 잠입시켜 유언비어를 퍼뜨렸다.

"범증이 유방과 몰래 내통하고 있다."

계략은 적중하여 성급하고 단순한 항우는 범증을 의심하게 되었다. 항우는 은밀히 유방의 진영으로 사신을 보냈다. 유방은 푸짐한 요리를 준비시키고 정중히 사신을 맞이하였다. 사자를 대면했을 때 짐짓 놀란 체하며 말했다.

"아니, 아부(범증을 말함)가 보낸 사자인 줄 알았더니, 초패왕이 보낸 사자로군."

그러고는 일부러 정성들여 차린 요리상을 물리고 초라한 밥상으로 바꾸게 하였다. 사신은 돌아가서 항우에게 이 일을 자세히 보고했다. 그 후부터 항우는 범증을 믿지 않게 되었다. 범증이 아무리 유방을 급습하라고 권해도 전혀 못 들은 체했다. 범증은 무슨 영문인지 알 수가 없었으나 결국 의심을 받고 있다는 것을 알게 되자 화를 냈다.

"이제 천하의 대세는 결정된 것이나 다름없으니, 이후로는 혼자서 처리하십시요. 이제껏 주군에게 바쳤던 해골을 돌려받아 고향으로 돌아갈까 합니다."

범증은 팽성으로 돌아 가던 중에 등창이 터져 75세의 나이로 죽었다.

유방과 항우의 싸움은 인간관리의 싸움이라 할 수 있다.

유방이 모신과 용장들을 잘 통솔한 반면, 항우는 어리석게도 진평의 책략에 말려들어 단 한사람의 현명한 신하를 잃고 결국 망하고 말았다.

대의멸친 大義滅親

대의를 위해서는 친족(親族)도 죽인다

☞ 나라와 민족을 위한 일에 사사로운 정은 끊어야 한다

춘추시대인 주(周)나라 환왕(桓王) 원년(元年)때의 일이다. 위(衛)의 장공(莊公)은 충의지사 석작의 진언에도 불구하고 환공(桓公)을 후계로 세웠다. 이복 형제인 주우의 성품이 과격하고 거침이 없었기 때문이다.

장공이 죽고 환공이 즉위하자, 석작은 은퇴하고 주우와 가까운 아들 석후(石厚)를 불러 주우와 가까이 지내지 말라고 하였지만 말을 듣지 않았다. 과연 얼마 후 석작의 예견대로 주우가 환공을 시해하고 스스로 군후의 자리에 올랐다.

반역에 성공한 주우는 민심을 달래기 위해 전쟁을 일으키고 영토를 넓혔지만 백성들은 여전히 그를 잘 따르지 않았다. 그러자 석후를 불러 이 문제를 해결하라고 하였다. 여러가지로 궁리하던 석후는 결국 아버지에게 도움을 청하였는데, 석작은 다음과 같이 대답했다.

"천하의 종실인 주 왕실을 예방하여 천자를 배알하고 승인을 받는 것이 좋지 않겠느냐?"

"어떻게 하면 천자를 배알할 수 있을까요?"

"먼저 주 왕실과 사이가 좋은 진(陳)나라를 찾아가 보도록 하여라. 그러면 진공(陳公)이 선처해 줄 것이다."

이리하여 주우와 석후가 진나라로 떠나자, 석작은 재빨리 진공에게 밀사를 급파하여 다음과 같은 내용의 밀서를 전달했다.

"주우와 석후 두 사람은 우리 군왕을 시해한 자들이니 바라옵건대 그 나라에 도착하면 곧바로 붙잡아 처형해 주십시오."

진나라에서는 석작의 부탁대로 그 두사람이 도착하자 바로 체포하여 위나라 관원의 입회하에 처형하였다.

석작은 군신간의 대의를 위해 아들까지도 죽인 것이다.

'대의멸친'이란 이와 같이 옳바르고 큰 일을 위해 자신의 자식까지도 희생시킨다는 말이다.

이판사판 理判事判

막다른 궁지에 몰린다는 뜻으로 뾰족한 묘안이 없음

한자말 이판(理判)과 사판(事判)이 붙어서 된 말이다. 그리고 이 이판과 사판은 불교 용어로서 조선시대에 생성된 말이다.

조선은 건국이념으로 억불숭유(抑佛崇儒)정책을 표방하였다. 이것은 고려 말에 불교의 폐해가 극(極)에 달했기 때문이며, 한편으로는 조선의 신흥 유학자 사대부 세력이 대거 참여했기 때문이기도 하다. 어쨌든 불교는 왕조의 교체와 함께 하루 아침에 탄압의 대상이 되었다.

그래서 천민계급으로 전락한 승려들 또한 활로를 모색(模索)해야 할 시점이 되었는데, 그 하나는 사찰(寺刹)을 존속(存續)시키는 것이었으며, 다른 하나는 불법(佛法)의 맥(脈)을 잇는 것이었다.

그래서 일부는 폐사(廢寺)를 막기 위해 기름이나 종이, 신발을 만드는 제반 잡역(雜役)에 종사하면서 사찰을 유지하였다

한편으로는 이와는 달리 속세를 피해 은둔(隱遁)하면서 참선(參禪)과 독경(讀經)으로 불법(佛法)을 이은 승려도 많았다. 이를 두고 전자(前者)를 사판승(事判僧 : 산림승(山林僧)), 후자(後者)를 이판승(理判僧 : 공부승(工夫僧))이라 하였다.

자연히 양자간에는 특징(特徵)이 있게 되었다. 일부 사판승에는

교리(教理)에 어두운 범승(凡僧)이 있었고, 이판승은 공부에만 치중함으로서 불교의 외형적 성장에는 그다지 큰 기여를 하지 못했다. 그러나 양자는 상호 보완의 관계에 있었다.

폐사를 막음으로서 사찰의 명맥(命脈)을 이은 것은 사판승의 공로이며, 부처님의 혜광(慧光)을 전하고 불법을 이은 것은 이판승의 공로였다. 결국 조선시대를 거쳐 지금의 현대 불교가 융성한 것도 이 두 부류의 승려들이 자신들의 소임을 다했기 때문에 가능했다.

그런데 이 이판사판의 뜻이 전이되어 부정적 의미로 쓰이게 된 데에는 시대적 상황이 크게 작용한 것으로 보인다. 조선의 억불정책은 불교에 있어서 최악의 상태였다. 승려는 최하계층의 신분이었으며, 성(城)의 출입 자체가 금지되어 있었다. 자연히 당시에 승려가 된다는 것은 막다른 상황에서 할 수 있는 마지막 선택이었다. 그래서 이판(理判)이나 사판(事判)은 그 자체로 '끝장'을 의미하는 말이 된 것으로 보인다.

조선시대 뿐만 아니라 일제와 8.15광복 후의 건국초기에도 불교를 정치적으로 이용하면서 더욱 더 부정적 이미지로 몰아 갔다. 이 두 부류를 정치적으로 이용, 서로 분열 반목케 하여 이판사판의 면목을 그대로 대중(大衆)에게 심어 주었다.

그래서 지금도 아무 것도 모르는 대중은 뾰족한 대안(代案)이 없을 때 무의식적으로 '이판사판(理判事判)'이라는 말을 쓴다.

장자(莊子)

세상을 넓게 보라

현실을 초월한다는 것은 현실에서 등지고 눈을 외면하는 것이 아니다. 장자는 이 세상의 모든 것에는 길이 관철되어 있다고 말한다. 도란 모든 존재의 근원이며 모든 존재를 지배하고 있는 근본원리임에는 틀림이 없다. 이러한 도에서 본다면 모든 사물에는 차별이 없는 것이 된다. 시인도 부인도 없으며 선도 악도 없다. 가치가 있는 것과 없는 것 등 이러한 구별도 있을 수 없다. 가령 차별이 있는 듯이 보인다 할지라도 그것은 일시적인 것에 불과하다. 그러므로 그런 차별에 구애 받는 것은 어리석은 일이라고 장자는 말한다. 그것을 말하는 것이 조삼모사(朝三暮四)란 유명한 이야기가 있다. 어느 날 원숭이 사육사가 원숭이에게 밤을 주면서 말하였다. 이제부터는 아침에 3개 저녁에 4개 주겠다고 하자 원숭이들은 일제히 성을 내기 시작하였다. 그래서 사육사가 미안하다면서 그러면 아침에 4개 저녁에 3개 주는 것으로 하겠다고 설득하자 원숭이들은 그 순간 매우 기분이 좋은 듯 날뛰었다고 한다. 아침에 3개 저녁에 4개와 아침에 4개 저녁에 3개 준다는 것은 실직적으로는 하등의 차이가 없다. 그것도 모르면서 눈앞에 일에만 구애하는 어리석음을 비웃는 이야기이다.

우리는 자칫하면 적은 이해관계에 마음을 빼겨 대국적인 판단을 그르치기 쉽다. 똑같이 시야가 좁은 세상을 제대로 볼지 모르는 태도를 훈계한 것이 '와우각상(蝸牛角上)의 싸움'이라고 하는 이것 또한 유명한 이야기이다.

옛날 위나라에 혜왕이라는 왕이 있었는데 제나라와 동맹을 맺고 있었는데 어느 날 상대방이 일방적으로 이것을 폐기하여 버렸다. 격노한 혜왕은 어떻게 해서든지 보복하고자 중신 회의를 개최하여 대책을 세웠다. 그런데 중신들은 즉각 개전을 주장하는 사람과 평화적인 해결을 주장하는 사람이 두 파로 분립하여 쉽게 결론이 나지 않았다. 이때 제진인이란 현자가 나와서 혜왕에게 물었다.

"혜왕께서는 달팽이를 아시나이까? 그 달팽이의 좌측에는 촉이란 나라가 있고 우측에는 반이라는 나라가 있어서 끊임없이 영토 전쟁을 반복하고 있습니다. 어느 때는 격전 15일에 쌍방의 사상자가 수만 명이나 나오는 등 심각해지자 겨우 퇴각한 형편입니다."

"아니야. 농담은 그 정도로 그쳐라."

"농담이 아닙니다. 그 증거로 지금부터 말씀드리는 것을 신중히 들어주십시오. 왕은 이 우주의 상하 사방에 궁극적으로 끝이 있다고 생각하십니까?"

"끝이 없겠지."

"그렇다면 자기의 마음을 그 무궁한 세계에 펼치는 사람 입장에서 이 지상을 본다면 거기 있는지 없는지의 존재와 같다고 말할 수 있지 않습니까."

"정말 과연 그렇게도 말할 수 있겠지."

"그 나라들 가운데 위나라가 있고 위나라 속에 도읍이 있고 그 도읍의 중심에 왕이 계십니다. 그렇다면 왕과 만국의 왕이 얼마나 차이가 있을까요."

"응. 다른 점은 없다는 말인가."

혜왕은 제진인이 퇴출한 후에도 잠시 어리둥절하여 어찌할 바를 몰랐다고 한다.

끝도 없는 대우주에서 본다면 이 지구상에서 일어나는 사건 등은 모두 미미하다. 그와 같이 적은 이해관계에 구애 받지 않는 태도 그것이 장자가 말하는 현실에서 초월한다는 것이다.

장자 어록

사람은 모두 유용의 쓰임새를 알고 나서 무용의 용을 알게 된다.

사람의 모습은 흐르는 물에는 비추어 볼 수 없어도
고요하고 정지된 물에는 비추어 볼 수 있다.

서로 보고 웃는 일에 마음이 거슬리는 일은 없다. 마침내는 서로서로 벗이 된다.

장수하면 오욕도 많다.

곧은 나무는 먼저 베이고 달콤한 우물은 먼저 메마른다.

궁(窮) 또한 낙이고 통(通) 또한 즐거운 것이다.

대웅변은 말하지 않으며 대인은 인이 될 수 없다.

시에 족하여 순리를 쫓으면 애락이 들어 올 수 없다.

4 정치와 병법

장수가 자기 부하의 종기를 빨아서 병을 치료한다

연저지인 吮疽之仁

윗사람이 부하를 극진히 사랑함을 비유하는 말이며
목적달성을 위한 가면적인 사랑을 뜻하기도 한다

전국시대 초기 병법가인 오기(嗚起)는 위(衛)나라에서 부자의 아들로 태어나 관리가 되고자 했으나 그 뜻을 이루기도 전에 재산을 탕진하여 고향에서 웃음거리가 되고 말았다. 오기는 자기를 비웃은 자 30여 명을 죽이고 딴 나라로 도망쳤다. 그때 그는 스스로의 팔꿈치 살을 물어 뜯으며 어머니에게 맹세했다.

"절대로 대신이나 재상이 되기 전에는 돌아오지 않겠습니다."

그리고 그는 노나라에 가서 공자의 제자 증삼(曾參)의 문하에 들어갔으나 모친이 죽었는데도 고향에 돌아가서 상복을 입지 않았던 일로 파문을 당하자 유학(儒學)을 단념하고 병법을 배워 이름을 날리게 되었다.

제나라 군사가 노나라를 공격해오자 노(魯)나라 군주는 오기를 장군을 삼고자 했으나 그의 아내가 제나라 사람이었으므로 반대에 부딪치자 오기는 손수 제 아내를 죽여 충성을 보여준 후 장군으로 기용되어 제를 물리친 후에 더욱 유명해졌다. 그런데 또 위(衛)나라 출신이라는 점 때문에 충의를 의심받자 노나라를 버리고 위(魏)나라로 갔다.

위의 문후(文候)가 현명한 임금이라는 말을 들었기 때문에 그를 찾아가 사관을 원했다. 문후가 재상 이극(李克)에게 상의하자 이극은 "오기는 탐욕스럽고 호색하지만 병법에 있어서는 그를 따를 자가 없습니다." 라고 천거했다. 문후는 이 말을 듣고 오기를 장군으로 임명해서 진(秦)의 다섯 성을 뺏는 데 성공했다. 성품이 간악했지만 장군으로서의 오기는 신분이 가장 낮은 사병과 함께 의식을 함께 하고 잘 때도 깔 것을 쓰지 않았다. 또한 말이나 수레를 타지 않고 식량을 손수 짊어질 정도로 검소했다.

한번은 사병 가운데 종기를 앓는 자가 있자 오기는 이를 보고 고름을 빨아 주었다. 사병의 어머니가 이 말을 듣고 통곡을 하자 어떤 사람이 이상히 여겨 연유를 물었다.

"사병의 신분을 가진 당신의 아들에게 장군이 입으로 고름을 빨아주었다는 데 어찌하여 그리 섧게 우시오?"

"그게 아닙니다. 지난 날에 장군은 저 아이의 아버지의 종기를 빨아주어서 그 때문에 저애 부친은 감격하여 전쟁에서 뒤로 물러설 줄을 모르더니 죽고 말았습니다. 이번에는 장군께서 또 저애의 종기를 빨아 주시니 나는 저애도 언제 죽을지 몰라서 우는 것입니다."

호의불결 狐疑不決

여우는 의심이 많아 결정을 제대로 하지 못한다

여우는 귀가 밝고 의심이 많은 동물이다. 호청(狐聽), 호의(狐疑)라는 말이 여기서 나왔다. 한문제(漢文帝)는 "짐의 마음은 호의(狐疑)"라고 말했다. 여우처럼 남을 믿지 못한다는 말이다. 여우는 얼어붙은 강물을 건널 때도 혹시 깨질까봐 얼음 밑에서 물소리가 나는지 엿듣는다고 한다. 여우는 무엇이든 물건을 땅에 파묻지만 안심을 하지 못하고 다시 파내고 또다시 묻는 습성이 있다.

맹진(盟津)과 하진(河津)은 모두 황하(黃河)에 있는 나루터이다. 맹진은 지금의 중국 하남성 맹현(孟縣)에 있었으며, 하양도(河陽渡)라고도 하였다. 하진은 중국의 산서성 하진현(河津縣)에 있었다. 이 두 곳은 양자강 보다는 좁고, 회하(淮河)나 제수(濟水)보다는 넓었다. 겨울이 되어 얼음이 얼면 두꺼운 곳은 몇 장(丈)에 달했으므로, 거마(車馬)들도 얼음 위로 통과할 수 있어 나룻배보다 편리하였다.

하지만 얼음이 막 얼기 시작할 때에 사람들은 선불리 건너지 못하고 먼저 여우들을 건너가게 하였다. 여우는 본시 영리한 동물로서 청각이 매우 뛰어났다. 여우는 얼음 위를 걸으면서도 이상한 소리가 나면 곧 얼음이 갈라지는 것을 예감하고 재빨리 강가로 돌아왔다. 사람들은 이렇게 여우가 강을 다 건너간 것을 확인하고 나서야 안심하고 수레를 출발시켰던 것이다.

의심 많은 여우의 성질을 이용한 사람들의 지혜. 이는 사람들이 여우를 의심하지 않았기에 가능한 일이었다. 사람들의 지나친 의심은 사회의 결집력을 약화시킨다.

교왕과직 矯枉過直

급은 것을 바로 잡으려다 오히려 더 나쁘게 됨

은(殷)나라를 멸망시킨 주(周)나라의 무왕(武王)은 하(夏)와 은나라가 멸망한 원인을 거울삼아 제후에게 작위와 토지를 주어 800여국으로 만들었다. 그 중에 왕족인 자가 50여명이나 있어 강력한 울타리로서 주 왕실을 떠받쳤다.

그러나 시대가 흐름에 따라 제후들간의 이해관계가 대립하여 내란이 계속되었다. 그 결과 천년만년 왕조를 지탱해 줄 것 같던 봉건제도는 주나라는 유왕(幽王), 평왕(平王)이후 차츰 쇠하여 난왕에 이르러 유명무실해 지고 말았다.

이러한 때 관중(關中)에 위치하고 있던 진(秦)나라는 지키기는 쉽고 공략하기에는 어려운 지세의 이점을 얻어 제후들의 싸움을 강 건너 불 보듯 했다. 그리고 부국 강병의 실속을 차려 잇달아 다른 나라를 공략했다. 드디어 천하를 통일하여 진 왕조를 세웠다.

시황제는 봉건제를 폐지하고 군현제(郡縣制)를 실시하여 강력한 중앙집권제를 폈다. 그러나 그 전제정치에 백성들이 반발하여 2대 황제에 이르러 진나라는 멸망하고 말았다.

한(漢)나라의 고조는 진나라가 멸망한 원인이 군현제를 실시하였기 때문이라고 보고, 봉건제를 부활시켜 공신들에게 토지를 주어 왕으로 봉했다. 이때 왕에 봉해진 자들은 태반이 고조와의 혈연관계가 없었다.

후에 이 왕들의 반란이 잇달았기 때문에 고조는 생각을 고쳐 혈족들을 왕후에 봉했다. 그 중에는 영토가 몇 주(州), 몇 군(郡)에 걸치고 수십 개의 성을 가져 궁실이나 제도가 중앙이나 진배없는 곳도 있었다. 게다가 이들은 황실과 혈족인 것을 기화로 차츰 교만해지고 황제의 자리를 넘보는 자가 생겼다. 봉건제의 부활은 굽은 것을 바로 잡으려다 오히려 반대방향으로 굽히고 만 것이다.

이에 조정에서는 추은령(推恩令)을 반포하고 큰 왕국은 자손에게 나누어 주어 몇 개의 소국으로 만드는 방법을 취했다. 그 결과 제후들의 권세는 줄어 들었고, 그 후로는 제후들의 반란이 자취를 감추게 되었다.

이이제이 以夷制夷

오랑캐로 오랑캐를 제어한다

☞ 자국의 이익과 안전을 위해 이간책을 구사하는 외교정책

원화 3년(기원 86년)에 노수호가 반란을 일으켜 황제는 등훈을 장액의 태수로 임명하였다. 기원 88년에 호강교위 장우가 소당종·강미오 등을 주살하여 강족 여러 부락의 노여움을 사게 되었는데 그들은 함께 복수할 것을 꾀하였다. 승상 공경은 등훈을 천거하여 장우와 바꾸게 하였다. 이에 강족들은 4만여 명을 모집하여 얼음이 얼면 황하를 건너 등훈을 칠 준비를 하였다.

그 지역에는 또 소월씨호라고 하는 소수 민족이 있었는데, 매우 용맹한 기병 2~3천 기가 있어 매번 강족과의 싸움에서 적은 수로 많은 수를 이기곤 하였다. 그들은 한조(漢朝)와 별다른 원한이 없었고 한조도 그들을 때때로 이용하곤 했다.

강미오의 아들 미당은 강족과 함께 1만여 명을 모아 산에서 내려왔지만 감히 등훈을 치지는 못하고 먼저 소월씨호를 쳤다. 등훈은 군대를 파견하여 소월씨호를 보호하여 주었기 때문에 미당은 뜻을 이룰 수 없게 되었다. 그러자 측근 막료가 주장했다.

"그들이 서로 싸우면 우리가 강족을 정벌하는 데 유리하므로 소월씨호를 보호하지 말아야 합니다."

즉 오랑캐로 오랑캐를 치자는 것이었다. 그 당시 한족 통치자들은 소수 민족을 모두 오랑캐로 보고 있었다.

그러자 등훈이 조용히 말했다.

"옳은 말이네. 그렇지만 소월씨호가 절멸하면 오히려 강족의 힘이 강대해지지 않겠는가. 그래서 균형을 잡아 주어 서로 싸우게 만들기로 하세."

고육지책 苦肉之策

제 몸을 상해가면서까지 꾸며내는 방책

☞ 어려운 상태에서 벗어나기 위한 수단으로 어쩔 수 없이 하는 계책

후한말(後漢末)에 오(嗚)나라의 손권(孫權)과 형주(荊州)의 유비(劉備)가 연합하여 위(魏)나라 조조(曹操)의 대군을 맞아 싸우는 적벽전투(赤壁戰鬪)가 벌어지기 직전의 일이었다. 조조의 백만 대군을 목전에 둔 연합군의 총사령관 주유(周瑜)는 걱정이 태산 같았다. 누가 봐도 정상적인 방법으로는 당해 낼 수가 없게 되어 있었다. 바야흐로 기상천외(奇想天外)한 방책이 필요한 시점이었다.

그의 진영에는 채중(蔡中), 채화(蔡和) 형제가 있었다. 조조가 주유의 계략에 빠져 그들의 형 채모(蔡瑁)를 참살하고 크게 후회한 나머지 두 사람을 달래 거짓으로 항복시켜 오나라로 밀파한 자들이었다. 물론 주유가 그것을 모를 리 없었지만 역이용하기 위해 일부러 모른척 하고 있었다. 자신의 거짓 정보를 조조의 군중에 전하기 위해서였다. 또 하나의 계략인 셈이다.

주유의 심복인 황개(黃蓋)가 찾아와 화공(火攻)을 건의했다. 사실 주유도 그것을 생각하고 있었지만 진중에는 조조의 첩자 채씨 형제가 있어 노련한 주유가 화공 같은 중요한 작전을 함부로 말할 수는 없는 노릇이었다. 그래서 나온 것이 먼저 거짓으로 항복하는

이른바 사항계(詐降計)를 생각해냈다.

문제는 그것을 행동에 옮길 사람이었다. 그러자 황개가 선뜻 자청(自請)하고 나섰다. 이 일은 살갗이 터지는 고통 없이는 할 수 없는 이른바 고육계(苦肉計)였다. 황개는 그것마저 감수하겠다는 것이었다. 둘은 치밀한 계획을 마련했다. 그것은 황개로 하여금 거짓 항복을 건의토록 한다는 내용이었다.

작전회의가 한창 열리고 있었다. 이때 황개가 "누가 보아도 조조를 꺾는다는 것은 계란으로 바위를 치는 것이나 다름없소. 이럴 바에야 차라리 항복하느니만……." 하고 말했다.

그 때 주유의 벽력(霹靂)같은 질책(叱責)이 떨어졌다. 물론 각본이었다. 즉시 황개는 끌려나와 형틀에 묶였다. 곧이어 곤장 소리와 함께 비명(悲鳴)소리가 들려왔다. 백여 대를 맞은 황개의 엉덩이는 허물어졌다. 그 동안 황개는 몇 번이나 까무러쳤다.

그날 밤 만신창이가 된 황개에게 심복 감택이 와서 걱정스런 눈초리로 물었다. 황개가 사실을 말하자 감택은 혀를 찼다. 그야말로 의표를 찌르는 계책이었던 것이다. 황개는 감택을 시켜 조조에게 투항서(投降書)를 작성해 밀사를 통해 조조에게 은근히 전달했다. 물론 황개가 곤장을 맞았다는 사실은 채씨 형제에 의해 조조의 진영(陣營)에 벌써 알려져 있었다.

밀사를 만난 조조는, "흥! 이것은 고육책이다." 하며 믿지 않았으나 직접 현장을 목격한 첩자 채씨 형제의 보고와 다방면에 걸쳐 접수된 간첩들의 정보가 일치한다는 것을 듣고 황개의 투항선(投

降船)을 받아들이기로 약속했다. 그리고 약속한 그날 밤, 황개는 기름을 잔뜩 실은 투항선단을 이끌고 조조의 대선단 앞에 나타나 빠른 속도로 거대한 전투함의 선단을 들이박고 기름에 불을 붙여 조조의 대함대를 모조리 불태워 버렸다.

황개의 투항선 앞에는 대못을 박아놓았으므로 부딪치기만 하면 못이 박혀 꼼짝달싹 못하고 같이 불에 타게끔 되었던 것이다. 이 때를 노려 연합군의 수군들이 총공격하여 조조의 군사를 닥치는 대로 살륙하여 적벽전투를 대승리로 이끌었다. 위와 같은 고육책은 첩자를 이용하여 역정보를 흘린 계책이었으므로 소위 반간고육계(反間苦肉計)라고 한다.

적벽대전의 승리로 손권은 강남의 대부분을 차지했고 유비는 파주(巴州)와 촉주(蜀州)를 얻었으며 촉왕조(蜀王朝)를 세우는데 기초가 되었다.

창주양사 唱籌量沙

없으면서도 많이 있는 척함

남북조 시대 때에 송(宋)나라 무제(武帝) 유유(劉裕)의 개국공신인 단도제는 위(魏)나라를 정벌하면서 30여 차례의 승리를 거두었다. 그런데 한번은 역성(歷城 : 지금의 산동 일대)지역을 공격하였는데 후방에서 군량이 제때에 보급되지 않아 어쩔 수 없이 철수하게 되었다.

이 당시 송나라 군사들 중에는 위나라에 투항하는 병사들이 일부 있었다. 그들은 위나라에 투항하여 송나라 군대에 식량이 부족하다는 사실을 알리고 이 틈을 노려 기습하도록 권하였다. 위나라 측은 신중을 기하기 위하여 첩자를 송나라 진영으로 침투시켰다.

그런데 단도제는 위나라의 첩자가 침투해 올 것을 예상하고 밤에 병사들을 시켜 자루에 모래를 채우게 하여 일부러 소리내어 자루를 헤아리도록 명령하였다. 병사들은 일부러 말(斗)로 대면서 그 수효를 헤아렸다.

"한 말, 두 말, ……, 한 석, 두 석, ……."

동이 틀 무렵까지 한 자루 한 자루씩 모래자루가 가지런히 쌓여갔다. 그리고 단도제는 사람들을 시켜 남은 쌀들을 여기 저기 뿌려놓도록 하였다.

위나라 첩자는 송나라 진영에서 진행되던 상황을 자세히 보고 듣고 난 후 곧장 돌아가 보고하였다. 위나라는 송나라 진영에 아직 군량이 충분하게 남아 있는 것으로 생각하고 감히 기습을 하지 못하였다. 뿐만 아니라 투항해 온 송나라 병사들을 송나라의 첩자로 단정하고 그들을 처형하였다.

이러한 상황을 이용하여 단도제는 무사히 군대를 철수시킬 수 있었다.

백락일고 伯樂一顧

아무리 현명한 사람도 그를 알아주는 자를 만나야 출세할 수 있다

'현자에게 능력을 인정 받음'을 뜻하기도 한다. 화씨벽(和氏璧)은 중국에서 국보중의 국보로 여겨 왔던 구슬이다. 변화(卞和)가 형산(荊山)에서 주울 때는 평범한 바윗돌 같았다. 이 때문에 왕(王)에게 바쳤다가 미치광이 취급을 받고 두 발을 잘려야 했다.

세상에 천리마(千里馬)는 꽤 있었다. 주목왕(周穆王)의 팔준마(八駿馬)나 항우의 오추마(烏騅馬), 여포의 적토마(赤兎馬)가 그것이다. 그러나 천리마(千里馬)는 그것을 알아 보는 사람이 있었기에 세상(世上)에 나타날 수 있었다. 그렇지 않았던들 아마 수레나 끌면서 마굿간에서 일생(一生)을 마쳤을는지도 모른다.

주(周)나라의 백락(伯樂 : 본명은 孫陽)은 말을 알아 보는 명수(名手)였다. 하루는 길을 가다 소금 수레를 끌고 가는 말을 만났다. 백락(伯樂)은 통탄했다. 용장을 태우고 천하를 누벼도 시원치 않을 천리마(千里馬)가 일개 필부(匹夫)의 수레를 끌고 있었기 때문이었다.

하루는 준마를 시장에 내다 팔려고 하는 자가 백락(伯樂)을 찾아와서 이렇게 말했다.

"저에게는 준마 한 마리가 있습니다. 이 말을 팔려고 아침마다

시장에 나간 지 사흘이 되었지만 누구 하나 관심을 보이는 자가 없습니다. 한 번 와서 저의 말을 봐준다면 사례하겠습니다."

그래서 백락(伯樂)은 준마를 보러 시장으로 갔다.

그 말은 백락의 생각보다 훨씬 준수했으므로 자신도 모르는 사이에 감탄하는 표정을 짓고는 말 주위를 둘러보았다. 그리고는 아깝다는 표정을 지으며 그 자리를 떠났다.

이 모습을 지켜본 사람들은 그 말이 구하기 어려운 준마라고 생각하고는 앞다투어 사려고 했다. 그래서 말의 값은 껑충 뛰었고 결국 말 주인이 처음 생각했던 값의 열 배나 받고 팔았다.

그래서 사람들은 말한다.

'백락(伯樂)이 있고 나서 천리마(千里馬)가 있게 되었다.'

이것이 바로 백락이 한 번 돌아봤다는 말이다.

또 한유(韓愈)는《잡설(雜說)》에서 다음과 같은 말을 했다.

"옛날에 손양(孫陽)이라는 자가 말을 잘 알아봤기 때문에 그를 백락이라고 했다. 천리마가 있어도 알아볼 수 있는 백락이 없다면, 하찮은 주인을 만나 천대받고 혹사당하다가 결국에는 허름한 마구간에서 죽게 될 것이다. 그러면 세상에 이름을 떨치지 못하여 천리마라고 불러 주는 자가 없을 것이다. 천리마라도 알아주는 사람이 없다면 그 재능을 발휘하지 못하고 보통 말 이하의 능력 밖에는 드러내지 못할 것이다. 이와 마찬가지로 세상에 훌륭한 인재가 있어도 그를 알아주는 현명한 군주나 재상을 만나지 못하면 재능을 발휘할 수 없을 것이다."

결국 천리마는 백락이 있음으로 해서 존재하게 된 것이고 현명한 인재는 현명한 군주가 있음으로 해서 있게 된다는 말이다. 이때부터 영웅호걸을 천리마에, 명군현상(名君賢相)을 백락에 비유하곤 한다. 아무리 훌륭한 인재도 그를 알아주는 사람을 만나지 못하면 재능을 발휘할 수 없다는 뜻이다.

시위소찬 尸位素餐

아무 능력도 없는 사람이 일은 하지 않고
자리만 차지하고 앉아 국민의 세금만 훔치는 사람

아주 옛날, 중국에서는 사람이 죽으면 시신(屍身)을 앉혀놓고 장례(葬禮)를 지냈다. 여기서 나온 글자가 시(尸)로 의자에 '걸터 앉은' 모습이다. 그러나 문제가 많았다. 그래서 고인(故人)의 친구나 어린이를 대신 앉혀 장례식을 거행하였는데 이를 시동(尸童)이라 했다. 그러나 그것마저 번거롭다 하여 후대에 오면서 더욱 간편하게 바뀌었는데 그것이 지금의 신주(神主) 혹은 위패(位牌)이며 그 약식(略式)이 지방(紙榜)이다.

또한 고인의 몸은 '죽었다'는 것을 확실하게 하기 위해 '사(死)' 자를 덧붙여 시(屍)라고 했다.

어쨌든 장례는 시(尸)가 있어야 치러지게 되었으므로 후에 시(尸)는 '주관(主管)하다'는 뜻도 갖게 되었다. 따라서 시위(尸位)라면 자리만 차지하고 앉아 주관하고 있을 뿐 아무 능력도 없어서 일을 하지 않는 것을 말한다.

한편 소(素)는 생백(生帛 : 갓 짜낸 비단)이다. 색깔이 희었으므로 '희다'라는 뜻을 가지게 되었다. 소복(素服)은 흰옷을 말하며 음양오행(陰陽伍行)에서 가을은 흰색에 해당되었으므로 소추(素秋)라면 가을의 별칭이 되기도 한다. 그런데 흰색은 모든 색의 바탕이다. 그것은 여타의 색이 없기 때문이다. 여기서 소(素)는 '없다'는 뜻도 가지게 된다. 따라서 소박(素朴)은 꾸밈이 없는 상태를, 소찬(素饌)이라면 고기나 생선이 빠진 나물반찬을 말한다.

소찬(素餐)이라면 아무런 공적도 없이 국가의 관록(官祿)을 먹거나 훔치는 사람을 말한다. 따라서 시위소찬(尸位素餐)이라면 직책은 다하지 않고 자리만 차지하고 앉아 국가의 녹(祿)만 받아먹는 것을 말한다. 줄여서 시소(尸素) 또는 시록(尸祿)이라고 했으며 그런 자를 시관(尸官)이라고 했다.

옛날에는 매관육작(관직을 돈으로 사고 팖)이 성행해 아무런 전문지식도 없이 관직(官職)을 받는 사람이 많았다. 자연히 업무에 어두운 것은 물론 백성의 고혈(膏血)을 짜내기에 급급해 민폐가 이루 말할 수 없었다.

상황이야 다를 수 있지만 요즘 행해지고 있는 '낙하산 인사'도 시위소찬(尸位素餐)이 될 가능성이 크다. 전문지식이 중시되는 업무에 전혀 관계 없는 사람이 앉게 되면 결과는 뻔하지 않은가. 적재적소(適材適所)는 그래서 중요하다.

효시 嚆矢

우는 화살 ☞ 시초 ☞ 최초의 선례

옛날에는 먼저 우는 화살을 쏘아 병사들에게 전쟁의 시작을 알렸다. 여기에서 사물의 시초 혹은 최초의 선례를 뜻하는 단어가 되어 시초와 유사어로 쓰이고 있다. 노자의 제자 최구는 천하를 다스리지 않는다면 어떻게 사람들의 마음이 좋아 지는지에 대해 노자에게 질문한 적이 있었다. 이 때 노자는 다음과 같이 말했다.

"자네는 공연히 사람의 마음을 묶지 않도록 삼가게. 사람의 마음을 억누르면 가라앉고 치켜올리면 올라가는데, 오르락 내리락 하다가는 쇠잔해지네. 부드러움으로 굳센 것을 유연하게 만들고, 날카로운 것으로 상처를 내지. 또 뜨거워지면 불길같이 타오르고 차가워지면 얼음처럼 꽁꽁 뭉친다네."

여기서 사람의 마음을 묶는다는 것은 유가(儒家)에서 말하는 인의(仁義)와 같은 것으로 구속을 뜻한다. 노자는 인간의 마음은 인위적인 방법으로 다스려지는 것이 아니라 자연 그대로 놓아두면 다스려지게 된다고 주장하고 있다. 이에 대해 장자도 동의하고 다음과 같이 말하고 있다.

"자귀나 톱 같은 처형 방법으로 사람을 억누르고 오랏줄이나 묵죄 같은 법률로 사람을 죽이며 망치나 끌로 사람 목숨을 끊게 되면서 세상은 더욱 더 어지러워졌다. 그 죄는 사람의 마음을 인의(仁義)로 묶는 데에 있다. 그러므로 어진 이는 높은 산이나 험준한 바위 아래에 숨어 살고 큰 나라의 군주는 조정의 훌륭한 건물에서 두려움에 떨게 되었다. 지금 세상에서는 처형된 자가 베개를 나란히 하고, 칼을 쓰고 차꼬를 찬 자가 비좁아 서로 밀치며, 형벌로 죽은 자가 멀리까지 바라보인다. 유가나 무가는 이렇게 되자 죄인들 사이에서 기세를 부리게 된 것이다. 아! 심한 짓이다. 그들이 반성을 모르고 부끄러움을 깨닫지 못하는 꼴이란 참 너무하구나. 나는 성인(聖人)이나 지혜가 칼과 차꼬를 죄는 쐐기가 되지 않는지, 인의(仁義)가 수갑과 차꼬를 단단하게 하는 형구가 되지 않는지 알 수 없다. 증삼〔효도로 이름 높음〕이나 사유〔강직하기로 유명〕가 걸왕〔폭군〕과 도척〔도둑〕의 효시(嚆矢)가 된 것이 아닌지 어찌 알겠는가? 그래서 성인을 근절하고 지혜를 버리면 천하가 잘 다스려진다."

이것은 난세를 산 장자다운 날카로운 경고이다.

이때 이후로 효시는 모든 일의 맨 처음을 가리키는 말로 흔히 사용되었다.

계륵 鷄肋

실속 없는 일에 끼어들 수도 없고 안 끼어들 수도 없는 진퇴양난의 심정

조조군이 한중에서 철수하기 얼마 전이었다. 그날 밤 조조가 저녁식사를 하려는데 음식이 닭갈비였다. 때마침 하후돈이 들어와 "오늘밤 군호를 무엇으로 할까요?" 하고 물으니 별다른 생각없이 방금 전에 먹었던 음식 생각이 나서 계륵이라고 했다.

하후돈이 전령하기를 오늘밤의 군호는 계륵이라 하였다. 이때 행군주부 양수가 하후돈의 군호를 듣고는 행장을 수습하여 돌아갈 준비를 하는 것이었다.

하후돈이 깜짝 놀라 양수에게 "그대는 어찌하여 행장을 수습하는 것이오?" 하니 양수가 대답하기를, "제가 군호를 듣고 위왕께서 곧 귀환하실 뜻이 있다는 걸 알았습니다. 계륵이란 것이 뭡니까. 그러니까 먹으려면 먹을 고기가 없고 버리려면 아까운 것입니다. 그것은 지금 우리가 처한 전황처럼 나아가도 이기지도 못하고 또한 물러가려 하나 남의 치소가 두렵고 여기에 있자하나 아무 이로운 점이 없는 형국과 똑같지 않습니까. 아마 내일이나 모레쯤 위왕께서 철수할 생각이라는 것을 밝힌 것이니 아예 미리 행장을 수습한 것입니다."

하후돈은 원래 똑똑하기로 소문난 양수의 말을 듣고 '과연 학문이 깊으면 위왕의 마음 속 깊은 곳까지 헤아리는구나' 하고 칭찬하며 자신도 행장을 수습하니 여러 장수들도 덩달아 돌아갈 준비를 하기 시작했다.

그런데 그날 밤 조조는 심신이 편치 못하여 밤바람이라도 쏘이려고 막사 밖으로 나왔는데 하후돈의 병사들이 제각기 돌아갈 준비를 하는 것을 보고 크게 놀랐다. 그래서 하후돈을 불러 물어보았더니 양수가 군호인 '계륵'을 풀이했다는 말을 듣게 되었다.

이 말을 들은 조조는 크게 노하였다. 마치 속마음이 들킨 기분이 드는데다가 평소 똑똑한 티를 내는 양수가 얄미웠던 것이다. 그래서 군심을 어지럽혔다 하여 양수를 처형하고 머리를 영문에다 효수했다. 바로 여기에서 계륵이 유래되었다.

건곤일척 乾坤一擲

흥망 성패를 걸고 싸울 정도의 큰 담판

한나라의 유방과 초나라의 항우는 한 때는 힘을 합쳐 진나라를 무너뜨렸으나 이제는 서로가 천하를 독차지하려고 피나는 싸움을 하게 되었다. 그러나 두 사람의 싸움은 일진일퇴를 거듭하면서 좀처럼 승부가 나지 않자 결국 그들은 천하를 둘로 나누기로 약속하고 유방은 홍구에서 서쪽을 항우는 동쪽을 차지하기로 했다.

항우는 강화 조약이 성립되자 군대를 이끌고 철수를 했으며 유방도 조약대로 군대를 철수하려는데 장량과 진평 등이 간언했다.

"지금 초나라는 군사들이 지쳐 있으며 식량도 떨어졌습니다. 이 기회야말로 초나라를 물리칠 수 있는 하늘이 주신 절호의 기회입니다."

이 말을 듣고 유방은 항우와의 약속을 어기고 말머리를 항우가 철수하는 쪽으로 돌려 항우를 쳐서 그를 대패시키고 한왕조를 세우게 되었다. 시인 한유는 장량과 진평이 유방을 도와 패업을 이룩한 사건이야말로 천지(乾坤)를 건 모험으로 생각하고 홍구를 지날 때 이 감회를 과홍구(過鴻溝)라는 칠언칠구 시로 회상했는데 이것이 그 내용이다.

"용은 지치고 범은 곤하여 천원(川原)을 나누니 억만 백성은 생명을 보존하였다. 누가 군왕으로 하여금 말머리를 돌리도록 권하여 참으로 하늘과 땅을 건 도박을 벌였던가."

이전투구 泥田鬪狗

볼썽사납게 서로 헐뜯거나 다투는 모양

이성계는 즉위초에 정도전에게 팔도 사람을 평하라고 한 일이 있다. 이에 정도전은 '경기도는 경중미인(鏡中美人), 충청도는 청풍명월(淸風明月), 전라도는 풍전세류(風前細柳), 경상도는 송죽대절(松竹大節), 강원도는 암하노불(岩下老佛), 황해도는 춘파투석(春波投石), 평안도는 산림맹호(山林猛虎)'라고 평하였다.

이 말은 경기도는 거울에 비친 미인과 같고, 충청도는 맑은 바람 속의 밝은 달과 같으며, 전라도는 바람 앞의 가는 버들과 같으며, 경상도는 송죽과 같은 절개를 가졌고, 강원도는 바위 아래의 늙은 부처님과 같고, 황해도는 봄 물결에 돌을 던지는 듯하고, 평안도는 숲속의 사나운 호랑이와 같다는 뜻으로 비교적 좋은 평들을 한 것 같으나 실은 모두 비아냥거리는 속뜻이 있었다 한다.

그러나 이상하게도 정도전은 태조 이성계의 출신지인 함경도에 대해서는 아무런 말을 하지 않은 채 입을 닫았다. 태조는 아무 말이라도 괜찮으니 어서 말해보라고 재촉했다. 이에 정도전은 '함경도는 이전투구(泥田鬪狗)'라고 말했다.

태조는 이 말을 듣고 이내 낯이 벌개졌는데 눈치빠른 정도전이 이어 말하길 "그러하오나 함경도는 또한 석전경우(石田耕牛)올시다"라고 했다. 함경도 사람은 진창에 뒤엉켜 싸우는 개와 같은 면도 있지만, 또한 자갈밭을 가는 소처럼 강인한 면도 있다는 말이다. 이성계는 설명을 마저 듣고서야 안색을 바로 했다고 한다.

글쎄, 태조는 그 설명으로 자신의 체면을 세웠다고 생각했는지 모르지만 아마도 정도전의 말장난에 놀아난 게 아닌가 싶다.

아무튼 이 말은 그 이후로 주로 '볼썽사납게 서로 헐뜯거나 다투는 모양'을 비유하는 데 쓰인다. 진창에 뒤엉켜 싸우는 개는 싸우면 싸울수록 서로의 몰골이 심하게 더러워 진다.

월시진척 越視秦瘠

어려운 사정을 가까운 사람이 더 무관심하게 보아 넘긴다

당(唐)나라 시대 사람인 한유(韓愈)는 일명 창려선생(昌黎先生)이라 일컬어지며 고문(古文) 부흥 운동에 힘썼던 인물이다. 같은 시대의 유종원(柳宗元)과 더불어 당송팔대가(唐宋八大家)에 꼽힐 정도의 뛰어난 문장가로서 당대(唐代)를 대표하는 시인인 이백(李白), 두보(杜甫)와 더불어 '한류이두(韓柳李杜)'라 일컬어질 정도이다.

한유는 〈쟁신론〉이라는 글을 통해 당시 간의대부(諫議大夫) 벼슬에 있던 양성(陽城)이라는 벼슬아치가 정치의 잘못에 대해 비판하고 의논해야 할 자기의 본분을 제대로 수행하지 못하는 점에 대해 신랄하게 비판하고 있다. 양성이 간의대부의 직책에 임명되었지만 벼슬에 있는 지 6~7년이 되도록 정치의 잘못에 대해 언급한 것이 한 두가지 정도 밖에 되지 않을 정도였다면서 이렇게 공격하고 있다.

"지금의 양성은 실로 보잘 것 없는 필부(匹夫)였다. 그런데 이제 간의대부의 지위에 있은 지가 오래지 않은 것이 아니요, 천하의 득실을 들은 것이 익숙하지 않은 것이 아니며, 천자께서 그를 대우하심이 특별하지 않은 것도 아닌데, 일찍이 정치에 대해 한 마디도 언급하지 아니하여 정치의 득실을 보기를 마치 '월나라 사람이 진나라 사람의 살찌고 수척함을 보듯' 소홀히 여기며 자기의 마음에 기쁨과 슬픔을 더하지 않는다. 그의 관직이 무엇인가 물어보면 간의대부라 하고 그의 녹봉이 어떠한가 물어보면 하대부(下大夫)의 계급이라 하는데 그의 임무에 대해 물어보면 나는 모른다고 하니 도가 있는 선비가 진실로 이와 같겠는가?"

여기에서 월나라와 진나라의 관계가 문제가 된다. 월나라는 중국의 동남쪽에 위치하고 진나라는 반대쪽인 서북쪽에 위치하는데, 두 나라 사이의 거리는 엄청나게 떨어져 있기 때문에 진나라 사람이 살이 찌든 비쩍 마르든 월나라 사람은 아무 신경도 쓰지 않는다. 한유는 양성의 직무 태만을 이 정도까지 심하게 나무라고 있는 것이다.

속담에 '강 건너 불구경이다'라는 말이 있다. 자신과는 상관없는 일이라고 남의 일에 무관심한 태도를 보일 때 쓰는 말인 것이다. 수수방관(袖手傍觀), 우이독경(牛耳讀經), 오불관언(吳不關焉), 대우탄금(對牛彈琴) 등의 말도 이와 상통되는 것들이라 할 수 있다.

파로대 罷露臺

지붕이 없는 정자 만들기를 그만둔다

☞ 바른 민정(民政)을 펼치는 것

전한 시대의 성군으로 효문황제가 있었다. 《사기(史記)》의 〈효문제기〉에 의하면 이런 말이 나온다. "황제가 지붕 없는 정자를 만들 마음으로 설계를 시켰더니 예산으로 백금(百金)이 들겠다고 하였다. 백금은 중산층 열 집의 재산과 맞먹는 돈이었다. 황제는 자신을 위해 그런 큰돈을 쓸 수 없다고 정자 짓는 공사를 포기했다."

이 이야기는 전한(前漢) 제4대 효문황제의 일화이다.

명군으로 통하는 효문황제는 23년간 왕위에 있으면서 임금의 호사스런 생활은 백성들의 부담이라고 생각하여 항상 검소하게 살았다. 자신이 검은 비단을 입음으로써 검소한 옷차림을 솔선했고, 부인도 옷을 땅에 끌지 못하게 하였다.

신하 중에 장무라는 자가 뇌물을 받았다는 말을 듣고 뇌물보다 더 많은 하사금을 내려 스스로 부끄러움을 깨닫게 하였고, 군문(軍門)을 찾았을 때 장군 한 사람이 군중에서는 수레를 달릴 수 없다고 하자 황제 스스로 말을 끌고 들어가 그 장군을 오히려 칭찬하고 상을 주는 등 마음을 부드럽게 하고 오로지 덕으로 백성을 교화했다.

이처럼 효문황제가 백성을 사랑하는 마음은 '파로대'의 일화를 통해 잘 알 수 있다. 이처럼 민정에 마음을 쓰는 것을 가리켜 '파로대'라고 하게 되었다.

미봉책 彌縫策

잘못된 것을 임시 변통으로 보완하는 것

춘추시대의 주(周) 환왕은 명목뿐인 주 왕실의 권위를 회복하기 위해 당시 한창 기세를 올리고 있는 정(鄭)의 장공(莊公)을 토벌하기로 하였다. 그리하여 우선 장공의 왕실 경사(卿士)로서의 정치적 실권을 빼앗았는데 이를 못마땅하게 생각한 장공이 왕실에 대한 조현(朝見)을 중지하자 이를 구실로 괵, 채, 위, 진, 네 나라 군대의 동원령을 내렸다.

왕명을 받고 네 나라 군사가 모이자 환왕은 자신이 총사령관이 되어 정나라를 징벌하러 나섰다. 이런 일, 곧 천자(天子)의 자장격지(自將擊之 : 천자가 남을 시키지 않고 몸소 군사를 거느리고 나가 싸움)는 춘추 시대 240여 년 동안 전무후무한 일이었다.

허난성 수갈(繻葛)이라는 곳에서 환왕의 군사를 맞은 장공은 "연합군의 좌군을 이루는 진은 어지러운 국내 정세로 전의를 잃고 있습니다. 그러므로 진나라 군사부터 먼저 공격하면 반드시 패주할 것입니다. 그렇게 되면 환왕이 이끄는 중군에 혼란이 올 것이며, 괵공이 이끄는 채, 위의 우군도 지탱하지 못하고 퇴각할 것입니다. 이때 중군을 공격하면 승리는 틀림없습니다."라고 하여 공자 원(元)의 진언을 받아들여 전차부대를 앞세우고 보병이 전차

부대의 틈을 연결시키는 오승미봉(俉承彌縫)의 전법으로 토벌군을 격퇴하였다.

군사들이 도망하는 연합군을 계속 추격하려 하자 장공은 "군자란 약자를 업신여겨서는 안 되는 법이다. 하물며 천자를 무시할 수 있겠느냐. 나라의 안전만 보전하면 그뿐이다." 하고 이를 제지하였다. 이로써 장공은 이름을 천하에 떨치게 되었으며, 미봉책이란 말이 사서(史書)에 실리게 되었다.

이와 같이 미봉이란 본래 모자라는 부분을 보완하는 조금도 빈틈없는 전투 포석이었는데, 오늘날에는 그 뜻이 변질되어 일을 근본적으로 해결하지 않고 순간의 결함만 때우는 경우에 쓰인다. 눈 가리고 아웅 하듯 아랫돌 빼어 윗돌 막는 식의 임시 변통으로 입막음하는 꾀라는 뜻으로 사용되고 있다.

각자위정 各自爲政

사람이 저마다 자기 멋대로 행동하며 전체와의 조화나 타인과의 협력을 고려하지 않으면 함께 망한다

춘추시대의 일이다. 송(宋)나라가 진(晉)나라와 서로 협력하였기 때문에 송나라와 초(楚)나라는 사이가 벌어졌다. 이에 초나라 장왕(壯王)은 실력을 과시하기 위해 동맹국인 정(鄭)나라에 명하여 송나라를 치게 했다.

결전을 앞두고 송나라의 대장 화원(華元)은 장졸들의 사기를 돋우기 위해 식사 때 특별히 양고기를 지급했다. 장졸들은 모두 크게 기뻐했지만 화원의 마차꾼 양짐(羊斟)에게는 양고기를 주지 않았다.

어느 부장(副將)이 그 이유를 묻자 화원은 이렇게 대답했다.

"마차부 따위를 먹일 필요는 없다. 마차부는 전쟁과 아무 관계가 없으니, 내가 한 일에 참견 말게."

이튿날 양군의 접전이 시작되었다. 화원은 양짐이 모는 마차 위에서 지휘를 했다. 송나라와 정나라의 군사가 모두 잘 싸워 쉽게 승패가 나지 않자 화원이 양짐에게 명령했다.

"마차를 적의 병력이 허술한 오른쪽으로 돌려라."

그러나 양짐은 반대로 정나라의 군사가 밀집해 있는 왼쪽으로

마차를 몰았다. 당황한 화원이 소리쳤다.

"아니 어디로 가려는 것이냐!"

"어제의 양고기는 당신의 뜻이며, 오늘의 이 일은 나의 생각이오."

양짐이 이렇게 말하며 곧바로 정나라 군사가 모여 있는 곳으로 마차를 몰았기 때문에 화원은 마침내 붙잡히고 말았다.

대장이 포로가 된 것을 본 송나라의 군사들은 전의를 상실했다. 그 결과 250여명의 군사가 적군에게 사로잡히고 사공(司空)까지 포로가 되었다. 정나라 군사는 도합 460량의 병거(兵車)를 포획하고 대승을 거두었다. 송나라의 대패는 바로 양짐이 화원의 지휘에 따르지 않고 "각자위정" 했기 때문이다.

비단 군사행동에서 뿐만 아니라 국가나 사회의 경영에 있어서도 조직 전체의 조화나 개개의 협력이 이루어지지 않으면 그 경영은 소기의 성과를 거둘 수 없을 것이다.

가정맹어호 苛政猛於虎

가혹한 정치는 백성들에게 있어
호랑이에게 잡혀 먹히는 고통보다 더 무섭다

춘추 시대(春秋時代) 말엽, 공자(孔子)의 고국인 노(魯)나라에서는 조정의 실세(實勢)인 대부(大夫) 계손자(季孫子)의 가렴주구(苛斂誅求)로 백성들이 몹시 시달리고 있었다.

어느 날, 공자가 수레를 타고 제자들과 태산(泰山) 기슭을 지나가고 있을 때 부인의 애절한 울음소리가 들려 왔다. 일행이 발길을 멈추고 살펴보니 길가의 풀숲에 무덤 셋이 보였고, 부인은 그 앞에서 울고 있었다. 자비심이 많은 공자는 제자인 자로(子路)에게 그 연유를 알아보라고 했다.

자로가 부인에게 다가가서 물었다.

"부인, 어인 일로 그렇듯 슬피 우십니까?"

부인은 깜짝 놀라 고개를 들더니 이렇게 대답했다.

"여기는 아주 무서운 곳이랍니다. 수년 전에 저희 시아버님이 호환(虎患)을 당하시더니 작년에는 남편이, 그리고 이번에는 자식까지 호랑이한테 잡아 먹혔답니다."

"그러면, 왜 이곳을 떠나지 않으십니까?"

"하지만 여기서 살면 세금을 혹독하게 징수 당하거나 못된 벼슬아치에게 재물을 빼앗기는 일은 없지요."

자로에게서 이 말을 전해 들은 공자는 제자들에게 다음과 같이 말했다.

"잘들 기억해 두어라. '가혹한 정치는 호랑이보다 더 무섭다'는 것을……."

논공행상 論功行賞

공로를 조사하여 크고 작음에 따라 서열을 매겨 상을 내린다

삼국시대 오(嗚)나라의 고담(顧譚)은 명장 고옹(顧雍)의 손자로, 어렸을 때부터 수재로 알려졌다. 그는 모든 일을 막힘없이 처리하며 사물을 보는 눈이 독창적이어서 사람들로부터 존경을 받고 있었다. 그는 꾸밈없는 인품으로 누구에게나 솔직하게 말하였다. 국왕인 손권(孫權)에게도 진언(進言)을 한 일이 있었다. 그 후부터 손권은 가끔 그를 불러 그의 의견을 들었다.

언젠가 노(魯)나라 왕 손패(孫覇)가 오나라 태자 손화(孫和)와 같은 대우를 해주기를 손권에게 요구해 왔다. 고담은 역사상 형제간 싸움의 사례를 들어 손패의 요구를 억제하도록 손권에게 진언하였다. 이 일이 있은 후 손패는 고담을 원망하게 되었다.

그 무렵 위(衛)나라 장군 전종(全琮)의 아들 전기(全奇)가 고담과의 교제를 청하였다가 거절당한 일이 있었다. 이런 일 등으로 해서 손패와 전기는 손을 잡고 고담을 실각시키기 위한 계략을 꾸미기 시작하였다.

그 무렵 손권은 전종을 대장으로 삼아 위(魏)나라의 회남(淮南)으로 출병하여 위나라 장수 왕릉(王凌)과 작피(芍陂 : 안휘성에 있음)에서 결전을 벌였으나 오나라 군사는 크게 패하여 진황(秦晃) 등

10여 명의 장수를 잃었다. 당시 고담의 아우 고승(顧承)과 장휴(張休)의 두 부장(部將)은 수춘(壽春 : 안휘성에 있음)에서 작전중이었는데, 작피의 패전 소식을 듣고 즉각 구원하러 가서 위나라 왕릉의 군사를 저지하였다.

전종의 두 조카 전서(全緖)와 전서(全瑞)도 오나라 군사의 부장으로서 종군하고 있었는데, 위나라 군사의 추격이 저지당하였다는 것을 알고는 반격으로 전환하였다. 그러자 위나라 군사는 반격에 견디지 못하고 패주(敗走)하였다.

전투가 끝난 후 오나라 수도 건업(建業)에서 공적을 조사하여 상을 주었는데 각각 차이를 두었다. 위나라 군사를 저지한 공을 갑, 반격한 공을 을로 하였으므로 고승과 장휴에게는 정장군(正將軍)의 칭호를, 두 전서에게는 편장(偏將)의 칭호를 내렸다. 이 일로 전종, 전기 부자의 고담 형제에 대한 원망은 더욱 가중되었다.

그들은 손패를 통하여 손권에게 상신(上申)하였다. "고승과 장휴는 전군(典軍) 진순(陣恂)과 친하기 때문에 전공을 그릇 보고하여 주군을 기만한 것입니다."

손권은 조사를 해보지도 않고 이 말을 믿고서 장휴는 체포하고 고승의 처분은 보류시킨 채 고담에 대해서는 사죄를 받고 용서하기로 했다.

다음날 고담에게 말하였다.

"계씨(季氏) 고승의 건은 어떻게 할 셈이오?"

고담은 사죄는 커녕 도리어 그릇된 상신을 믿는 손권을 책하였다. 손권은 노하여 고담, 고승 형제를 지방으로 좌천시켰다. 이 일로 인한 고담의 비분(悲憤)의 정을《신언(新言)》20편으로 엮어 썼는데 2년 뒤에 그 땅에서 죽었다.

이성계(李成桂)가 조선을 세운 데에는 개국공신들의 힘이 있었기 때문에 가능했다. 그래서 후에 그는 공적(功積)의 많고 적음에 따라 깍듯이 예우해 주었다. 논공행상(論功行賞)인 것이다.

중국의 경우 대표적인 논공행상하면 주(周)나라를 꼽을 수 있다. 낚시꾼 출신인 강태공(姜太公)의 도움이 결정적이었으므로 무왕(武王)은 그를 제(齊)에 봉했다. 또 많은 공신과 왕족을 제후에 봉함으로써 봉건제도(封建制度)를 실시하게 된다.

도움을 준 이상 보상이 없다면 실망과 분노가 생길수도 있다.

항우(項羽)는 진(秦)을 멸망시킨 후 논공행상이 공평하지 못했다. 총 18명의 왕을 봉했지만 불만을 품지 않은 자가 없었다. 그 중 가장 불만이 많았던 자(者)가 유방이었다. 결국 항우를 타도하고 한(漢)나라를 세우니 잘못된 논공행상으로 왕조가 바뀐 예다.

또 당태종은(唐太宗 : 李世民)은 아버지(李淵 : 唐高祖)를 도와 수(隋)를 무너뜨리고 당(唐)을 세우는데 가장 혁혁한 공을 세운 사람이다. 하지만 둘째 아들이었으므로 고조(高祖)는 왕위를 큰 아들 이건성(李建成)에게 물려주었다. 극도의 불만을 느낀 그는 마침내 변을 일으켜 형을 죽이고 아버지를 협박해 왕위를 물려 받았다.

위의 고사에서와 같이 논공행상이 공정하지 못하면 그 결과는 군신간의 신뢰가 떨어지고 신료(臣僚) 간에 암투(暗鬪)를 싹트게 하여 나중에 가서는 큰 분란(紛亂)을 초래하게 된다.

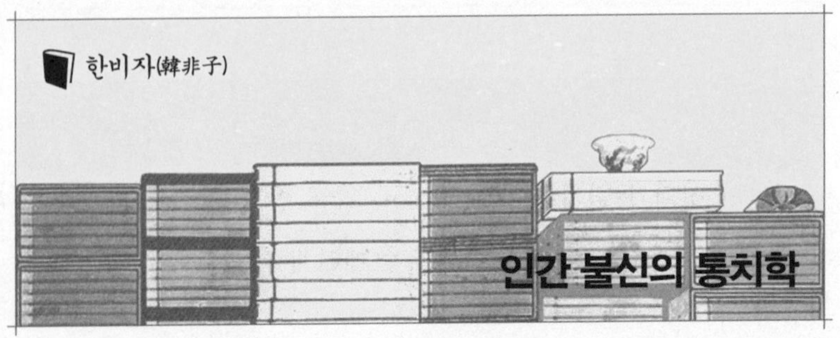

한비자(韓非子)

인간 불신의 통치학

인간을 움직이고 있는 동기는 무엇인가. 애정도 아니다. 동정도 아니고 의리도 아니다. 인정도 아닌 단 하나 이익이다. 인간은 이익에 의해서 움직인다. 이것이 한비자의 전권을 관통하는 냉철한 인식이다. 그는 이렇게 말한다. 뱀장어는 뱀에 가깝고 누에는 벌레와 닮아 있다. 뱀을 보면 누구나 놀라 몸을 사리고 벌레를 보면 누구나 징그럽게 생각한다. 그런데 어부는 손으로 장어를 잡고 여자는 손으로 누에를 기른다. 결국 이익이 된다고 보면 누구나 용자가 되는 것이다.

또 이렇게 말한다. 자동차를 만드는 사람은 모두 부자가 되어 차를 샀으면 좋겠다고 생각한다. 관을 짜는 사람은 모두가 빨리 죽는 사람이 오기를 기다리고 있다. 그러나 전자가 선인이고 후자가 악인이라고 말할 수는 없다. 부자가 되지 않으면 차를 살 수 없으며 사람이 죽지 않으면 관을 사는 사람이 없을 따름이다. 사람이 미운 것이 아니고 사람이 죽으면 자기가 이익을 얻기 때문이다.

이것이 한비자의 기본적인 인식이다. 처음으로 그의 드러내 놓은 인간 인식에 대하여 언급하는 사람은 혹은 반발을 느낄지도 모르지만 잘 생각해 보면 인간 사회의 있는 그대로의 진실을 예리하게 말하고 있는 것을 부인할 수 없다. 인간사회가 이익에 의해서 움직여 온다면 군신 관계도 결코 예외는 아니라고 한비자는 생각하였다. 부하는 항상 자기의 이익을 우선시 하여 생각한다. 때가 오면 임금의 신임을 얻어 자기의 이익을 확대하여 빈틈이 생기면 그 사람을 제치고 자기가 그 자리에 올라앉으려고 한다. 조금도 빈틈이 허용되지 않는 것이 톱을 다투는 자리라고 한비자는 판단하였다. 이러한 생각에는 눈썹을 찌푸리는 경향도 있겠지만 현실을 직시한다면 충분히 납득이 갈 것이라는 것은 부정할 수가 없다.

그렇다면 한비자류의 생각에 서서 윗사람이 부하를 부리고 조직을 관리하여 자기의 지위를 안전하게 보장하려면 어떻게 하여야 할 것인가. 한비자는 지도자란 다음 세 가지 점을 주의하지 않으면 안 된다고 말하고 있다.

제1은 법이다. 공적을 세우면 그것에 상응하는 상을 준다. 실패하면 벌을 가한다. 이러한 취지를 확실하게 선언해 놓은 후에 그대로 실행해 간다. 즉 신상필벌의 방침으로 부하를 대하라는 것이다.

제2는 술이다. 술은 법을 운용하여 부하를 통제하기 위한 기술이라고 보면 된다. 한비자의 설명에 의하면 술은 사람에게 까놓고 보여주는 것이 아니다. 군주가 가슴속 깊이 묻어 두고 이것 저것 비교하면서 비밀리에 신하를 조종하는 것을 말한다.

제3은 세이다. 권세라든가 권한이라는 뜻이다. 부하의 생살여탈(生殺與奪)의 권한을 장악하고 있기 때문이다. 그러므로 지도자란 권한을 방치해서는 안되며 일단 손에서 놓치면 부하에 대한 통솔력은 상실하게 된다는 것이다. 흔히 권한의 위임이란 말을 하지만 안이하게 그런 짓을 하면 이미 지도자로서의 지위를 유지할 수가 없게 된다는 것이 세의 의미가 아니고 무엇이겠는가.

한비자는 법, 술, 세의 세 가지를 지주로 해서 지도자의 본연의 자세를 해명하고 조직 관리 인간관계에 대처하는 길을 탐색하고 있다. 확실히 한비자의 이러한 시점에는 약간은 극단적인 면도 없지 않으나 정말 과연 그렇다고 수긍되는 점도 많다. 과연 전국 난세의 냉엄한 현실과 격돌하는 속에서 생겨난 주장인 만큼 강한 설득력을 갖고 있다.

한비자 어록

호랑이가 개를 복종시키는 것은 발톱과 이빨이 있기 때문이다.

소리(小利)를 뒤돌아 보는 것의 대리(大利)의 잔물(殘物)이다.

이웃나라에 성인이 있음은 적국의 근심이다.

일은 비밀을 유지하므로 성사되고 말이 새어나가므로 패배한다.

왕에게도 또한 역린(逆鱗)이 있다.

천 길의 제방도 개미구멍으로부터 무너진다.

먼데 있는 물은 가까운 불을 끄지 못한다.

교사는 절성에 미치지 못한다.

전진에서는 사위를 꺼리지 않는다.

5 배움과 학문

완석점두 頑石點頭

감지(感知) 못하는 돌이라도 감명을 받아 머리를 끄떡인다

감화(感化)를 깊이 받았을 때 쓰는 말

중국 진(晉)나라 때 유명한 스님이 있었는데 그를 도생법사(道生法師)라고 불렀다. 그는 어려서 스님을 따라 출가하여 불도를 닦아 불경을 암송하는 처지에 이르렀다.

그는 벌써 15세의 어린 나이에 불경을 강의하는 경지에까지 이르렀다. 그 후 그는 장안(長安)으로 가서 라집(羅什)에게 수업을 받고 여러종류의 불서(佛書)를 내었다.

그는 불경에 대해서 아주 심오한 깨침이 있어 때때로 새로운 경지를 발견하고 가르침을 받아온 구파스님의 이론을 배척하고 남으로 내려가 소주(蘇州)의 호구산(虎邱山)으로 들어갔다. 도생법사는 호구산에 입산(入山)하여 자기(自己) 혼자서 산위의 돌 바위만을 상대로 해서 불법을 강론(講論)하였다.

그는 늘 자기가 주장하는 바의 정묘(精妙)한 불법(佛法)을 강론하고 앞에 있는 돌바위에게 묻기를 "내가 말한 불법이 합리적이냐?"하고 말하니 모든 돌바위가 듣고서 함께 머리를 끄떡였다.

이 말이 곧 산아래로 퍼지자 열흘쯤 지나 각 지방의 스님들이 구름같이 호구산으로 모여 들었다. 그의 불법은 너무도 설득력(說

得力)이 있어서 돌바위 마저도 깊이 감화되어 움직였다. 지금도 호구산 위에 '생공석(生公石)'이라고 해서 도생법사가 설법하던 곳이 전해지고 있다. 도생법사는 원가(元嘉) 11년에 여산(廬山)에서 입적(入寂)하였다.

'우공(生公)'이란 도생법사(道生法師)의 경칭(敬稱)이다.

정중지와 井中之蛙

식견이 좁음

'정중지와'란 말은 《장자》 〈추수편〉에 다음과 같이 실려 있다. 황하(黃河)의 하신(河神)인 하백(河伯)이 흐름을 따라 처음으로 바다에 나와 북해까지 가서 동해를 바라보면서, 끝없는 넓음에 놀라서 북해(北海)의 해신(海神)인 약(若)에게 탄식하며 말했다.

그러자 북해의 신인 약이 이렇게 말했다.

"우물 안에 살고 있는 개구리에게 바다를 이야기해도 알지 못하는 것은 그들이 좁은 장소에서 살고 있기 때문이며, 여름 벌레에게 얼음을 말해도 알지 못하는 것은 그들이 여름만을 굳게 믿고 있기 때문이다. 식견이 좁은 사람에게는 도(道)를 말해도 알지 못하거니와, 그것은 그들의 상식이 가르침에 구속되어 있기 때문이다. 그러나 당신은 지금 좁은 개울에서 나와 큰 바다를 바라보고 자기의 추함을 알았기 때문에 이제 더불어 큰 진리에 대하여 말할 수 있을 것이다."

또한 장자는 이 장에서 하백과 약의 문답 형식을 빌어 "도(道)의 높고 큼이나 대소귀천(大小貴賤)은 정해진 것이 아니다. 따라서 사람들은 그 구별을 잊고 도에 따라야 한다"고 주장한다.

왕망(王莽)이 전한(前漢)을 멸하고 세운 신(新)나라 말경에 마원(馬援)이라는 인재가 있었다. 그는 관리가 된 세 형들과는 달리 고향에서 조상의 묘를 지키다가 농서에 웅거한 외효의 부하가 되었다.

그 무렵 공손술(公孫述)은 촉(蜀) 땅에서 성(城)나라를 세우고 황제를 참칭(僭稱)하며 세력을 키우고 있었다. 외효는 그가 어떤 인물인지 알아보기 위해 마원을 보냈다.

마원은 고향친구인 공손술이 반가이 맞아 주리라 믿고 즐거운 마음으로 찾아갔다. 그러나 공손술은 계단아래 무장한 군사들을 도열시켜 놓고 위압적인 자세로 마원을 맞았다.

그리고 거드름을 피우며 말했다.

"옛 우정을 생각해서 자네를 장군으로 임명하려 하는데, 어떤가?"

마원은 잠시 생각해 보았다.

"천하의 자웅(雌雄)은 아직 결정되지 않았는데 공손술은 예를 다하여 천하의 인재를 맞으려 하지 않고 허세만 부리고 있구나. 이런 자가 어찌 천하를 도모할 수가 있겠는가……"

마원은 서둘러 돌아와서 외효에게 고했다.

"공손술은 좁은 촉 땅에서 으시대는 재주밖에 없는 '우물 안 개구리〔井中之蛙〕' 였습니다."

그래서 외효는 공손술과 손잡을 생각을 버리고 훗날 후한(後漢)의 시조가 된 광무제(光武帝)와 수호(修好)하게 되었다.

타산지석 他山之石

쓸모 없는 것이라도 쓰기에 따라 유용한 것이 될 수 있다

옛날 중국에서는 거북이 배 껍질을 말린 다음 불에 달군 송곳으로 찔러 갈라진 금을 보고 국가대사(國家大事)를 결정했다. 또 청동 세숫대야에 물을 담아 자신의 모습을 비추어 보곤 했다. 그것을 각기 귀(龜)와 감(鑑)이라고 했는데 현재 "귀감을 삼는다"는 말은 여기에서 비롯되었다. 곧 거북이로 길흉화복(吉凶禍福)을, 거울로는 미추(美醜)를 판단하여 몸가짐을 바로 잡았던 것이다.

그런데 마음가짐을 바로 잡기 위해서는 어떻게 해야 할까. 우리는 성인(聖人)이나 위인(偉人)들의 언행(言行)에서 많은 교훈을 얻을 수가 있다. 그들의 좋은 점을 본받을 수 있기 때문이다.

그렇다고 교훈을 줄 수 있는 인물이 꼭 위대한 인물들만 있는 것도 아니다. 반면교사(反面教師 : 다른 사람과 사물의 부정적인 측면에서 가르침을 얻음)라는 말이 있다. 우리는 바르지 못한 사람에게서도 배울 수가 있다. 그들의 나쁜 점을 보고 피할 수 있기 때문이다.

공자는 다음과 같이 말한 적이 있다.

"세 사람이 걸어가면 그 중에는 반드시 내 스승이 될만한 인물이 있다."

"어진 이를 보면 그와 같게 되기를 생각하며, 그렇지 않은 이를

보면 안으로 내 스스로를 살핀다."

공자같은 성인도 장삼이사(張三李四 : 평범한 사람)로 부터 배웠던 것이다. 곧 좋은 점이 있다면 따라 배울 것이고 나쁜 점이라면 거울로 삼아 자신의 잘못을 고치겠다는 뜻이다.

비슷한 이야기가 《시경(詩經)》에서도 보인다.

'타산지석, 가이공옥(他山之石, 可以攻玉)'은 다른 산의 못 생긴 돌이라도 구슬을 갈 수 있다는 뜻이다. 하나의 구슬은 옥장(玉匠)의 갖은 정성과 노력이 빚어낸 결과이다.

먼저 거대한 원석(原石)을 정으로 쪼고 깨어 박옥(璞玉)으로 만든 다음 다시 이것을 갈고 닦아 빛을 내야 한다. 이때 필요한 것이 숫돌이다. 숫돌은 그저 평범한 돌에 불과하다. 구슬로 구슬을 갈 수는 없지 않은가. 이 말은 깊은 뜻을 담고 있다.

만약 값어치가 나가는 돌이라면 오히려 구슬을 가는 데 이용할 수가 없다. 다시 말해 그것으로 이용할 수 있는 것은 보잘것 없는 돌이기 때문이다. 노자(老子)나 장자(壯子)가 말한 무용지용(無用之用 : 쓰임이 없기 때문에 유용함)인 셈이다.

그렇다. 비록 모범(模範)이 되지 않는 남의 언행도 그것을 거울로 삼아 나의 지식과 인격을 갈고 닦는데 쓴다면 큰 도움을 받을 수 있을 것이다.

좌우봉원 左右逢源

모든 일이 순조롭거나 가까이에 있는 사물이 학문의 원천이 됨

원래는 자신의 좌우(左右), 곧 가까이에 있는 것을 취해 그 근원까지 파악한다는 뜻으로 쓰였으나 가까이에 있는 사물이 학문의 근원이 되거나 또는 모든 일이 순조로워짐을 뜻하는 말로 의미가 확대되었다.

맹자가 말하기를 "군자가 올바른 도리로 깊이 탐구하는 것은 스스로 그 도리를 얻고자 해서이다. 스스로 얻게 되면, 일에 대처하는 것이 편안하게 된다. 일에 대처함이 편안하게 되면, 그 일에서 얻는 것 역시 깊이가 있게 된다. 그 일에서 얻은 것이 깊이가 있게 되면 자신의 좌우 가까운 곳에 있는 것을 취해 그 근원까지 알게 된다. 그런 까닭에 군자는 스스로 얻고자 하는 것이다."

맹자가 학문하는 방법에 대해 말한 대목이다. 곧 학문을 하기 위해서는 올바른 방법으로 하되, 가까이에 있는 것부터 깊이 연구해 그 근원까지 탐구해야 한다는 것을 간곡하게 이른 것이다. 하나에서 열까지 차근차근 깊이 연구하다 보면 자연히 그 핵심에 이르게 된다. 여기서 '원(原)'은 '원(源)'과 같은 뜻으로 쓰였다.

'좌우봉원'은 곧 가까이 있는 것을 취해 쓰면서 그 근원과 만난다는 말이므로, 모든 일이 순조롭다는 뜻으로까지 확대된 것으로

보인다. 아무리 어려운 글이라도 계속 반복해서 읽다 보면 저절로 그 뜻을 알게 된다는 '독서백편의자현(讀書百遍義自見)'이나 글의 속뜻까지도 훤히 안다는 '철지배(徹紙背)'와도 일맥 상통한다.

노마식도 老馬識途

경험(經驗) 많은 사람의 지혜(智慧)

춘추전국시대에 제(齊)나라 환공(桓公)이 춘추오패(春秋伍覇)중 제일의 위치를 차지하자, 많은 제후들의 소국(小國)들은 제나라의 명을 받아들이고 제나라의 보호를 받고자 하였다. 당시 산융(山戎)이라는 소국은 제나라에 의지하고 있던 연(燕)나라를 침범하였다. 연나라의 구원 요청에 환공은 대군을 거느리고 산융을 공격하였다.

제나라가 산융을 크게 물리쳐 도읍을 점령하니 산융의 국왕 밀로(密盧)는 고죽국(孤竹國)으로 도망하였다. 고죽국왕 답리가(答理呵)가 그를 받아들여 숨겨주자, 환공은 계속하여 고죽국을 공격하였고 고죽국의 장군 황화(黃花)도 군사를 이끌고 응전하였다. 제나라 군대의 고죽국에 대한 공격은 봄부터 시작되었으나, 고죽국의 황화가 지형에 익숙한데다 힘을 다하여 제나라 군대를 포위하려 하였기 때문에 두 나라의 전쟁은 겨울이 되어서야 제나라의 승리로 끝이 났다.

제나라 군사들은 승리에만 급급하여, 주변 지형지물의 변화에는 주의를 기울이지 못했기 때문에 정작 전쟁을 끝내고 돌아오려는 시기에는 길을 잃고 귀로(歸路)를 알 수가 없었다. 이 무렵 함께 참전하고 있던 국상(國相) 관중은 한참을 생각하더니 다음과 같이 말했다.

"이럴 때는 늙은 말의 지혜를 써보는 것이 좋겠소."

그는 곧 늙은 말 몇 마리를 골라 고삐를 풀어주고 대열의 앞에서 마음껏 달리도록 하였다. 제나라 군대는 그 말들의 뒤를 따라 곧 출로(出路)를 찾아 귀환할 수 있었다고 한다.

위편삼절 韋編三絶

책을 엮은 죽간(竹簡)의 가죽끈이 세 번이나 끊어졌다는 말로
책을 여러 번 읽어 닳고 닳은 것을 말한다.

고대 중국에서는 책이 소위 몇십 장의 죽간(竹簡)을 가죽끈으로 철하여 만들었다. 그런데 그 끈이 몇 번이나 끊어지도록 책을 계속하여 읽는 것을 '위편삼절(韋編三絶)' 이라고 한다. '삼절(三絶)' 이란 딱 세 번에 한정된 수가 아니라 수없이 되풀이하여 끊어진다는 뜻으로 해석해야 할 것이다. 삼이라는 수를 옛날에는 많다는 뜻으로 쓰이기도 하였다.

이것은 고대 중국의 가장 위대한 역사가로 알려진 전한(前漢)의 사마천(司馬遷)이 쓴 사기(史記) 가운데 공자전(孔子傳)에 실려 있는 말로, 공자가 만년에 역경(易經)을 애독하여 위편삼절(韋編三絶)에 이른 데서 나왔다고 한다.

공자(孔子)가 만년(晩年)에 역경(易經)을 좋아하여 단(彖), 계(繫), 상(象), 설괘(說卦), 문언(文言)편을 서(序)하고 역경(易經)을 읽어 위편삼절(韋編三絶) 하였다.

공자가 말했다.

"만일 내게 몇 년의 시간을 더 준다면 나는 주역의 문사(文辭)와 의리(義理)에 통달할 수 있을 것이다."

죽간이 끊어질 정도로 책을 읽었다는 것은 그만큼 그에 빠지고 탐닉했다는 것이다. 이는 학문에 몰입하는 지극한 경지를 표현한 말이다. 독서를 권장하는 말에 개권유익(開卷有益)이란 것도 있다. 이는 책은 읽지 않고 펼치기만 해도 유익하다는 뜻이다.

공자천주 孔子穿珠

공자가 시골 아낙에게 물어 구슬을 꿰었다 ☞ 진리를 탐구하는 사람은 자기보다 못한 사람에게 묻는 것을 수치로 여기지 않는다

공자가 진(陳)나라를 지나갈 때였다. 공자는 전에 어떤 사람에게 얻은 아홉개의 구멍이 있는 구슬에 실을 꿰어 보려고 아무리 애를 써도 안 되는 것이었다. 그 때 문득 바느질을 하는 부인네들이라면 쉽게 할 수 있겠구나 하는 생각이 들어 뽕밭에서 뽕을 따고 있는 한 아낙네에게로 가서 그 방법을 물었다. 공자의 얘기를 들은 아낙이 말했다.

"찬찬히 꿀〔蜜〕을 생각해 보세요."

아낙의 말을 듣고 골똘히 생각하던 공자가 '그렇지'하며 무릎을 탁 쳤다. 그러고는 나무 밑에서 왔다갔다하는 개미 한 마리를 잡아 허리에 실을 매달아 한쪽 구멍으로 밀어넣고 구슬의 반대편 구멍에는 꿀을 발라 놓았다. 그랬더니 개미는 꿀냄새를 맡고 이쪽 구멍에서 저쪽 구멍으로 나오는 것이었다. 이렇게 하여 구슬에 실을 뀁 수 있었다.

배우는 일이란 나이나 상하, 귀천이 없다. 공자가 "세 사람이 길을 가면 그 중에 반드시 나의 스승이 있다."라고 한 말은 학문을 하는 자의 올바른 태도를 잘 나타내 주고 있다.

지이행난 知易行難

살아가는 도리를 머리로 이해한다고 해서
몸이 곧 뒤따르는 것은 아니다

다음은 열이 무정에게 나라를 다스리는 방법에 관하여 고한 말의 한 대목이다.

"나라가 잘 다스려지고 어지러워짐은 모든 관리들에게 달려 있사오니 벼슬은 사사로이 친한 사람에게 주어서는 아니 되오며 오직 능력 있는 이에게만 주어야 합니다. 작위(爵位)는 나쁜 덕을 가진 사람에게 주시지 말고 오직 현명한 이에게만 주십시오. 항상 선(善)을 하시며 행동하시고 행동은 그 때를 맞추어야 합니다. 모든 일마다 그 준비가 있어야 하는데 준비가 있으면 걱정할 것이 없습니다."

재상 열의 진언을 듣고 나서 무정은 다음과 같이 말했다.

"훌륭하오. 그대의 말은 내가 반드시 실행할 것이오. 그대가 말해주지 않았다면 나는 내가 행할 바를 듣지 못하였을 것이오."

열은 머리를 조아려 절을 하며 다시 아뢰었다.

"그것을 아는 것이 어려운 것이 아니라 그것을 행하는 것이 어려운 것입니다. 왕께서 정성을 다 하시어 어렵지 않게 된다면 진실로 선왕(先王)들이 이루신 덕과 어울리게 될 것입니다."

목탁 木鐸

세상 사람들을 각성시키고, 가르쳐 인도하는 사람

목탁(木鐸)이라면 누구나 사찰(寺刹)에서 사용하는 불구(佛具) 정도로 알고 있지만 사실 중국에서는 불교가 전래되기 수 천년 전부터 목탁을 사용했다.

옛날에는 달력이 귀했으므로 백성들이 절기(節氣)에 따른 농사일을 알기가 쉽지 않았다. 그래서 통치자는 그때 그때 해야 할 일을 백성들에게 알렸는데 이때 사용했던 것이 목탁이다. 그 일을 맡은 관리는 매년 봄만 되면 커다란 방울을 치면서 시내(市內)를 돌아다녔다. 그 소리를 듣고 사람이 모여 들면 "봄이 왔으니 씨를 뿌려라"고 알렸던 것이다.

그런데 그 방울 속의 혀가 나무로 돼 있었으므로 목탁이라고 했다. 물론 쇠로 된 것은 금탁(金鐸)이라고 했는데 주로 군대 내에서 명령을 하달할 때 사용하였다.

후(後)에 불교가 전래되고 절기도 어느 정도 익숙해지면서 목탁은 사찰에서만 사용되었는데 이 역시 식사(食事)나 염불 시간 등 공지 사항을 널리 알리기 위해서였다. 어느 경우든 목탁은 어떤 사실을 널리 알리는데 사용됐음을 알 수 있다.

후에는 백성들을 교화(敎化)시켜 인도하는 자를 목탁이라고 부르게 되었다. 그 대표적인 사람이 공자(孔子)였다. 공자가 노(魯)나라에서 벼슬을 그만 두고 자기의 이상을 실현시킬 나라를 찾기 위해 유세(遊說) 여행을 하고 있던 무렵이다. 한번은 위(衛)나라에 갔는데, 의(儀)라고 하는 국경을 지키는 관원이 찾아왔다.

"군자께서 여기에 오시면 저는 어떤 분이라도 반드시 찾아 뵙습니다."

그가 공자를 뵙고 싶다고 청하므로 종자가 면회를 시켰다. 잠시 후 공자와 몇 마디 이야기를 나누던 관원이 나와 제자들에게 말했다.

"여러분은 문(文)이 상실되는 것을 왜 걱정하시오. 천하에 도가 없어진 지가 이미 오래 되었습니다. 하늘은 장차 당신들의 선생님을 도(道)를 전하는 목탁으로 삼으실 것입니다."

한단의 걸음걸이라도 제대로 배워라

한단지보 邯鄲之步

제 분수를 잊고 무턱대고 남을 흉내내다가 이것저것 다 잃음

공손룡(公孫龍)은 중국 전국시대 조(趙)나라의 사상가로, 자신의 학문과 변론이 당대 최고라고 여기고 있었다. 그러던 차에 장자(莊子)에 관한 이야기를 듣게 되었다. 그는 자신의 변론과 지혜를 장자와 견주어보려고 위(魏)나라의 공자 위모(魏牟)에게 장자의 도(道)를 알고 싶다고 말했다.

장자의 선배인 위모는 공손룡의 의중을 알고는 안석에 기댄 채 한숨을 쉬고 웃으면서 하늘을 우러러 보았다. 우물 안의 개구리가 밖의 세상을 볼 수 없다라고 말하고, 가느다란 대롱구멍으로 하늘을 보고 송곳을 땅에 꽂아 그 깊이를 재는 꼴이라며 비웃은 것이다.

그리고는 이어서 다음의 이야기를 들려주었다.

"자네는 저 수릉(壽陵)의 젊은이가 조(趙)나라의 서울인 한단(邯鄲)에 가서 그곳의 걸음걸이를 배웠다는 이야기를 듣지 못했는가? 그는 한단의 걸음걸이를 제대로 배우기도 전에 본래의 걸음걸이마저 잊어버려 엎드려 기어서 돌아갈 수밖에 없었다는 걸세. 지금 자네도 장자에 이끌려 여기를 떠나지 않고 있다가는 그것을 배우지도 못할 뿐만 아니라 자네 본래의 지혜를 잊어버리고 자네

의 본분마저 잃게 될 걸세." 이 말을 듣고 공손룡은 입을 다물지 못한 채 도망쳤다고 한다.

이 고사에서 '한단지보(邯鄲之步)'라는 말이 비롯되었으며, 이는 자기 본분을 잊고 함부로 남의 흉내를 내는 지각없는 사람들을 신랄하게 비웃어준 이야기이다.

주공삼태 周公三笞

주공의 세 차례 매질 ☞ 스승의 엄한 교육

백금(伯禽)과 강숙봉(康叔封)이 성왕(成王)을 알현하고 주공(周公)을 만났다. 이들은 주공을 세 차례 만났는데 그때마다 매질을 당했다.

강숙봉은 놀라는 안색을 하고 백금에게 말했다.

"상자(商子)라는 자가 있는데 현명한 사람이라고 합니다. 그와 만납시다."

강숙봉은 백금과 함께 상자를 찾아가 이렇게 말했다.

"일전에 저희 두 사람은 성왕을 알현하고 주공을 만난 일이 있습니다. 세 번 만났는데 그때마다 저희를 매질했습니다. 그 까닭이 무엇인지 말씀해 주십시오."

상자가 말했다.

"두분은 남산(南山) 남쪽에 가 보지 않겠습니까? 그 곳에는 '교(橋)'라는 이름의 나무가 있지요."

두 사람은 남산 남쪽으로 가서 교라는 나무를 보았는데 위쪽으로 높이 솟아 있었다. 돌아와서 상자에게 그 나무의 모습을 말하니 상자가 이렇게 말했다.

"두 사람은 함께 남산의 북쪽에 가보지 않겠습니까? '재(梓)'라는 이름의 나무가 있습니다."

그래서 이들은 남산의 북쪽으로 가서 재라는 나무를 보았는데 아래쪽으로 낮게 향하고 있었다. 이들이 이 나무를 보고 돌아오자 상자는 이렇게 말했다.

"재라는 것은 자식의 도리입니다."

두 사람은 다음날 주공을 찾아갔다. 이들은 문을 들어서서는 삼가며 소폭으로 걷고 마루에 올라 무릎을 꿇었다.

주공은 그들의 머리를 쓰다듬고는 음식을 주고 이렇게 말했다.

"어떤 군자를 만났느냐?"

두 사람은 대답했다.

"상자를 만났습니다."

주공은 말했다.

"군자로구나, 상자여!"

교목(校牧)은 어버지의 도리이고, 재목(材木)은 자식의 도리를 뜻한다. 매맞고 자란 자식이 효자된다는 말이 있다. 그것은 아마도 엄격한 교육을 받고 자란 때문일 것이다.

위소회 葦巢悔

학문을 하는 자는 확고한 주관을 가져야 한다

순자는 전국시대 사람으로 그의 문하에서 한비(韓非)와 이사(李斯) 같은 훌륭한 학자들이 많이 배출되었다. 그는 학문이란 경전을 외우는 데서 시작하여 예(禮)을 실천하는 데서 끝난다고 하였다. 제일 먼저 학문을 하는데에 가장 중요한 것은 자기가 설 자리를 확고하게 다지는 것이라면서 다음과 같은 비유를 들었다.

'남쪽에 뱁새라는 새가 있다. 이 새는 깃과 털을 모아 머리카락이나 말총 같은 것으로 엮어 교묘하게 집을 만든 다음 갈대 이삭 끝에 매어둔다. 그러나 바람이 심하게 부는 날이면 갈대 이삭이 꺾이면서 알은 깨어지고 어린 새는 죽는다. 뱁새가 이런 참변을 당하는 것은 집을 허술하게 지었기 때문이 아니다. 집은 탄탄하게 지었지만 매어둔 자리, 곧 갈대 이삭 때문에 그렇게 된 것이다.'

이 말은 현대에 와서도 여전히 중요하다. 많이 배운 사람이 항상 존경받고 뛰어난 것은 아니다. 그것은 배움 자체가 중요한 것이 아니라 어떤 목표로 공부하였느냐에 있다. 즉 배움의 동기와 철학적 기초가 중요함을 말하는 것이다.

부와 명예와 권력을 목표로 공부한 사람과 인격도야와 사회발전을 위해 탐구하면서 배우는 사람은 처음에는 같을지 모르나 결과적으로는 정반대의 모습을 드러낸다.

사회 전체 구성원이 공부의 목적을 어디에 중점을 두느냐에 따라서 그 사회 전체의 모습 역시 달라진다. 출세와 명예만을 위해서 학문한 사람은 위기가 닥치면 '위소회'의 처지가 될 것이다.

현두각 見頭角

여러 사람 가운데 학문이나 능력이 유달리 두드러지게 드러나 보임

묘지명(墓誌銘)이란 고인의 덕을 칭찬하여 돌에 새겨서 관과 함께 묻는 문장이다.

《유자후묘지명》은 유종원(柳宗元)의 유언에 따라 한유가 쓴 것으로 조상의 일로부터 그의 아버지의 공적, 그리고 유종원에 대한 경력, 성격, 업적 등이 기록되어 있다. 다음은 《유자후묘지명》의 일부분이다.

"자후(子厚)는 젊어서 정민(精敏)하고 통달하지 않음이 없었다. 그의 아버지 때에 비록 소년이라 할지라도 이미 스스로 성인이 되어, 능히 진사에 합격하고 참신하게 두각을 나타냈다. 사람들이 말하기를 '유씨 가문에 아들이 있다'고 하였다."

자후(子厚)는 유종원의 자(字)이며, 유종원은 한유와 함께 중당(中唐)에 살던 당대를 대표하는 문장가였다. 한유와는 유종원이 관직에 있을 때 친교를 맺은 사이로 비록 한유가 나이는 다섯 살이나 연장자였지만 학문적으로나 인간적으로 지기지우(知己之友)의 사이였다. 한유는 이 묘지명에서 유종원이 젊은 나이에 일찍부터 재능이 남달리 뛰어났음을 일러 현두각(見頭角)이라고 표현하고 있다.

유종원은 21세 때 진사가 되고 26세 때 박사광사과에 합격하는 등 일찍부터 재능이 남달랐다. 그러나 혁신적 진보주의자로서 왕숙문(王叔文)의 신정(新政)에 참여하였다가 실패하여 변방으로 좌천되었다.

그의 나이 43세 때 호남성 영주의 사마로 좌천된 이후, 중앙으로 돌아오지 못하고 47세 때 다시 광서성의 유주자사로 명해져 거기서 생애를 마치게 되었다. 이러한 좌절과 오랜 변경 생활이 그의 사상과 학문을 더욱 원숙하게 하였다.

고문(古文)의 대가로서 그의 문장이 내용과 형식에서 미증유의 경지를 열게 된 것도 모두 그의 불우한 정치생활 중에 이루어진 것이었다.

한유와 함께 고문운동(古文運動)을 주도한 그의 문장은 《문장궤범(文章軌範)》의 중심을 이루고 있다.

형설지공 螢雪之功

여름 밤에는 반딧불로, 겨울 밤에는 눈빛으로 글을 읽는다

☞ 고생하면서 공부하여 얻은 보람

기원 4세기 동진(東晋)의 차윤(車胤)이라는 소년은 책 읽고 공부하기를 좋아했지만 집이 가난하여 등잔의 기름이 떨어지는 경우가 많았다. 그래서 차윤은 여름밤이면 명주 주머니에 수십마리의 반디를 잡아넣어 거기서 나오는 불빛으로 책을 비추어 가면서 읽고 또 읽었다.

그렇게 공부한 차윤은 마침내 상서랑(尙書郞)이라는 높은 벼슬까지 오를 수 있었다. 이 직책은 황제의 측근으로 조서(詔書)를 다루는 중요한 역할을 하는 자리였다.

또 같은 무렵 동진에는 손강(孫康)이라는 소년이 있었다. 그도 집안이 가난하기는 차윤과 같았다. 성품이 청렴결백하고 친구도 좋은 사람만을 골라 사귀었다. 공부는 해야겠는데 기름 살 돈이 없어 밤에는 책을 덮어 두어야 할 형편이었다.

그래서 그는 겨울이 되어 눈이 쌓이면 추위를 견디며 창으로 몸을 내밀고 쌓인 눈에 반사되는 달빛을 의지해 책을 읽었던 것이다.

그렇게 열심히 공부한 덕택에 뒷날 어사대부(御史大夫)가 되었다. 오늘날 검찰총장이나 감사원장쯤 되는 자리였다.

동량 棟梁

나라의 살림을 떠맡고 있는 요직에 있는 사람

마룻대와 대들보라는 뜻 이다. 모두 집과 지붕을 떠받치는 중요한 재료라는 점에서, 주석(柱石)과 마찬가지로 쓰인다.

부인 예용(曳庸)이 말하기를 "대부 문종은 나라의 동량(棟梁)이요, 임금의 조아(爪牙)이다"라고 했다. 여기서 조아란 범의 날카로운 발톱과 어금니처럼 임금을 든든하게 지켜주는 신하란 뜻이고 동량은 집의 마룻대와 들보처럼 매우 중요한 역할을 담당하는 신하를 뜻한다.

마룻대는 서까래를 지탱하며 집의 중앙을 횡으로 버텨주는 가로 막대이다. 산마루에서 알 수 있듯이 마루는 정상을 뜻하는데, 마룻대란 집의 정상에 해당하는 중요한 대이다. 이 마룻대가 옆으로 뻗어 올라 집의 풍채를 한껏 웅장하게 해 주는 것이 용마루이다.

들보는 기둥과 기둥 사이에 얹히는 굵은 막대로서 집의 상단부를 받쳐주는 중요한 역할을 한다. 여러 개의 들보 중에서도 가장 굵고 힘을 쓰는 것을 대들보라고 한다.

오늘날에 와서는 중요한 인재 또는 수령(首領) 등을 뜻하게 되었으며, 덕망 있고 능력이 뛰어난 사람을 동량지재(棟梁之材)라고도 한다.

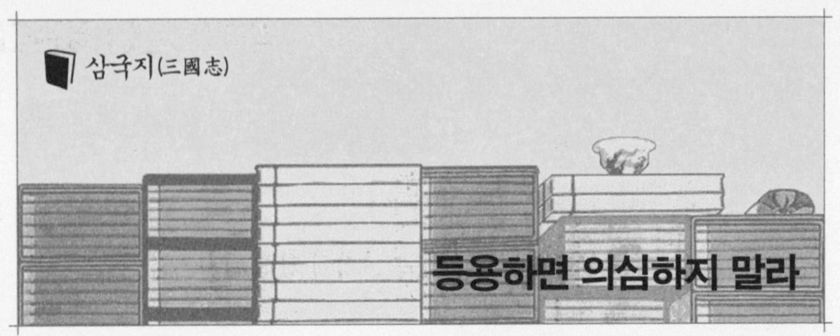

삼국지의 오나라를 섬긴 제갈근이라는 사람은 유명한 제갈공명의 친형으로 자는 자유라 하고 일찍부터 손권의 측근으로서 주로 외교 방면에 수완을 발휘했다. 형제가 따로따로 주군을 섬긴 셈이지만 그것은 당시로 봐선 기이한 일이 아니다. 두 사람은 나이 차이가 꽤나 있었던 것 같은데 제갈근이 손권을 섬긴 것은 공명이 유비의 휘하에 들어온 때보다 상당히 앞선 일이다. 또한 그들의 조카가 되는 제갈탄은 위나라의 녹을 먹고 있었다. 제갈탄은 대장군의 자리에까지 올랐지만 반란을 일으켜 실패하고 장렬한 최후를 마쳤다. 후세 사람들은 이 세 사람에 대해 다음과 같이 평하고 있다.

'촉은 용을 얻고 오는 호랑이를 얻었으며 위는 개를 얻었노라.'

그런데 적벽의 결전을 앞두고 유비와 손권은 동맹을 맺었는데 그 교섭사절로 제갈공명이 오나라로 들어왔다. 이 때 손권은 제갈근을 상대로 이런 대화를 나누었다.

"그대와 공명은 형제간이 아닌가 동생이 형을 따르는게 당연하니 공명에게 우리 오나라에 그대로 주저 앉도록 명하면 어떤가 유비에게는 내가 편지를 써보낼 테니."

"그것은 무리입니다. 동생은 그 쪽에 몸을 바쳐 주종의 계약을 맺었기 때문에 의리상 그것을 저버릴 수는 없는 것입니다. 제가 그 쪽으로 가지 않는 것과 같습니다."

이 말을 듣고 손권은 그 이상의 명답은 없다며 탄복했다고 한다. 제갈형제의 심경과 당시의 주종관계가 어떠했는가를 잘 알 수 있는 일화이다. 그런데 그런 제갈근에 대해서는 여러모로 의심하는 사람들이 있었던 것 같다. 그 때문에 그는 외교 절충을 하는 자리에서 동생 제갈공명과 얼굴을 맞대는 일이 있어도 공식석상 이외의 장소에서 형제가 만나는 일은 일절 하지 않았다.

촉나라의 유비가 맹우인 관우가 살해된 것에 격노하여 오나라를 공격하려고 결심했을 때 제갈근은 유비에게 편지를 보내 그 계획을 철회시키려 했다. '관우의 원수를 갚고 싶다는 마음은 알겠지만 오나라와 촉나라가 싸우면 위나라만 이롭게 할 따름이다'라는 취지이다. 이것이 소인배들의 터무니 없는 의심을 사게 되었다.

'제갈근은 오나라의 신하이면서도 측근의 사람을 유비에게 보내 연락을 취하고 있습니다.'

이런 식으로 손권에게 모함하는 자가 있었다.

'나와 자유는 서로 굳은 약속을 하고 평생 어기지 않겠다는 맹세를 한 사이이다. 자유는 나를 배신하지 않는다. 내가 자유를 배신하지 않는 것처럼.'

당시는 손권에게 있어 최대의 위기였다. 촉나라와의 전쟁에 전력을 기울인다면 위나라에 배후를 찌를 우려가 있어 이런 국면에 처한 리더는 아무튼 잡음에 정신이 혼미해지기 십상이지만 역시 손권이라 제갈근에 대한 신뢰감은 추호의 흔들림도 없었다.

'의심이 들면 등용하지 말고 등용하면 의심하지 마라'

제갈근

는 말이 있다. 신뢰할 수 없는 사람이면 처음부터 등용하지 말 것이며 일단 믿고 등용한 사람이라면 끝까지 신뢰하라는 말이다. 손권은 이것을 실천할 수 있는 리더였다. 오나라에서 인재가 많이 배출되어 각기 자기에게 부여된 역할을 충분히 다할 수 있었던 것은 손권의 이런 태도에 힘입은 바가 크다. 리더와 부하 사이에 이 정도의 신뢰관계가 확립되어 있으면 국난의 위기에 처하더라고 조직이 흔들릴 일은 없을 것이다. 또한 부하로서도 거기에 부응하지 않겠는가.

삼국지 어록

부하와의 약속은 반드시 지킨다.

치세의 능신 난세의 간웅이다.

시무를 아는 것은 준걸에 있다.

지혜는 화를 면하게 하는 것을 존중한다.

죽은 제갈공명이 산 중달을 쫓는다.

용병은 마음의 공격이 상책이고 성을 공격하는 것은 하책이다.

국궁진력하여 죽어도 후회하지 않는다.

교룡도 뇌운을 얻으면 마침내 연못의 왕이 아니다.

그 장점은 귀하게 하고 그 단점은 잊는다.

6

말의 힘과 배신

삼인성호 三人成虎

거짓말이라도 여러 사람이 하면 곧이 듣는다

전국 시대, 위(魏)나라 혜왕(惠王) 때의 일이다. 태자와 중신 방총이 볼모로서 조(趙)나라의 도읍 한단(邯鄲)으로 가게 되었다. 출발을 며칠 앞둔 어느 날, 방총이 심각한 얼굴로 혜왕에게 이렇게 물었다.

"전하, 지금 누가 저잣거리에 호랑이가 나타났다고 한다면 전하께서는 믿으시겠나이까?"

"누가 그런 말을 믿겠소."

"하오면, 두 사람이 똑같이 저잣거리에 호랑이가 나타났다고 한다면 어찌하시겠나이까?"

"역시 믿지 않을 것이오."

"만약, 세 사람이 똑같이 아뢴다면 그땐 믿으시겠나이까?"

"그땐 믿을 것이오."

"전하, 저잣거리에 호랑이가 나타날 수 없다는 것은 불을 보듯 명백한 사실이옵니다. 하오나 세 사람이 똑같이 아뢴다면 저잣거리에 호랑이가 나타난 것이 되옵니다. 신은 이제 한단으로 가게 되었사온데, 한단은 위나라에서 저잣거리보다 억만 배나 멀리 떨어져 있사옵니다. 게다가 신이 떠난 뒤 신에 대해서 참언(讒言)을 하는 자가 세 사람만은 아닐 것이옵니다. 전하, 바라옵건대 그들의 헛된 말을 귀담아 듣지 마시옵소서."

"염려 마오. 누가 무슨 말을 하든 과인은 두 눈으로 본 것이 아니면 믿지 않을 것이오."

그런데 방총이 한단으로 떠나자마자 혜왕에게 참언을 하는 자가 있었다. 수년 후 볼모에서 풀려난 태자는 귀국했으나 혜왕에게 의심을 받은 방총은 끝내 귀국할 수 없었다고 한다.

촌철살인 寸鐵殺人

촌철이란 손가락 한개 폭 정도의 무기를 말하는데 상대방의 허를 찌르는 한 마디의 말이 수천 마디의 말을 능가한다는 뜻

남송에 나대경이라는 학자가 있었다. 그가 밤에 집으로 찾아온 손님들과 함께 나눈 담소를 기록한 것이 《학림옥로》이다.

거기에 보면 종고선사(宗皐禪師)가 선(禪)에 대해 말한 대목에서 '촌철살인'이 나온다.

"어떤 사람이 무기를 한 수레 가득 싣고 왔다고 해서 살인을 할 수 있는 것이 아니다. 나는 오히려 한 치도 안 되는 칼만 있어도 사람을 죽일 수 있다."

이는 선(禪)의 본바탕을 파악한 말로, 여기서의 '살인'이란 물론 무기로 사람을 죽이는 것이 아니라 마음속의 속된 생각을 없애고 깨달음에 이름을 의미한다. 번뇌를 없애고 정신을 집중하여 수양한 결과 나오는 아주 작은 것 하나가 사물을 변화시키고 사람을 감동시킬 수가 있는 것이다.

단 한 마디 말로 좌중을 웃기기도 하고 청중을 제압할 수 있으며 죽음에서 건지기도 하고 죽게도 만드는 것이 '촌철살인'이다.

시오설 視吾舌

혀만 있으면 천하도 움직일 수 있다

전국시대 때 언변과 재능이 뛰어난 장의(張儀)라는 사람이 있었다. 합종책을 성공시켜 6개국의 재상을 겸임한 소진(蘇秦)의 친구이기도 한 그는 권모술수에 능한 귀곡자(鬼谷子)에게서 유세술(遊說術)을 배웠다.

장의는 학업을 마치자 제후들을 찾아가 유세하여 초(楚)나라의 재상 소양(昭陽)의 식객이 되었다. 어느날, 소양이 장의와 술을 마시던 중 초왕이 하사한 "화씨지벽(和氏之壁 : 귀족들이 제례시 사용하던 고리 모양의 옥그릇)"을 잃어버렸다. 그러자 다른 문객들은 장의를 의심하여 범인으로 지목했다.

"가난뱅이 장의가 훔친 게 틀림없어."

그리하여 자백을 강요 당하면서 수십대의 매질까지 당했지만 훔치지 않은 걸 훔쳤다고는 할 수 없었다. 모진 고초를 당하다 결국 풀려나 만신창이가 되어 집에 간신히 돌아온 장의에게 그의 아내가 눈물을 흘리며 말했다.

"어찌 이런 수모를 당하셨소. 글을 배워 유세하지 않았던들 이렇게까지 되었겠어요?"

그러자 장의가 다음과 같이 말했다.

"내 혓바닥을 보시게. 아직 있소, 없소?"

이 무슨 뚱딴지 같은 소리인가. 아내는 어이없다는 듯이 웃으며 대답했다.

"그래요. 혀야 붙어 있지요."

"그러면 된 거요. 아무 문제 없소."

장의는 유세가에게 중요한 것은 몸뚱이가 아니라 혀이니, 이 혀만 무사히 잘 있으면 자신의 포부를 펼칠 수 있다고 믿은 것이다.

그 후 장의는 진나라 재상이 되었을 때 소양에게 이런 격문을 써서 보냈다.

"지난날 내가 그대와 함께 술을 마실 때 내가 그대의 벽을 훔치지 않았는데도 내게 매질을 하였네. 이제 그대는 나라를 잘 지키도록 하게. 나는 그대의 나라를 훔칠 터이니."

유언비어 流言蜚語

아무 근거도 없이 널리 퍼뜨려지는 무책임한 소문

전한 경제(景帝)때의 일이다. 두태후(竇太后)의 조카로 대장군인 두영(竇瓔)은 오초칠국(嗚楚七國)의 난을 평정한 공으로 위기후(魏其侯)에 봉해졌다. 대신들도 존경하고 다수의 인물들이 그에게 식객으로 있었다.

그 무렵 황후의 아우 전분(田昐)은 신분이 낮은 출신으로 당시는 하급 시종이었는데, 두영의 권세를 보고 그에게 빌붙고자 술을 선물하곤 했다. 뒤에 전분은 누님인 황후의 덕택으로 차츰 황제의 마음에 들게 되어 태중대부(太中大夫)가 되었다. 얼마 후 경제가 병으로 죽고 무제가 즉위하자 그는 무안후(武安侯)에 봉해졌다.

두태후가 세상을 뜨자 두영은 차츰 후원을 잃어 위세가 저하했으나, 전분은 승상에 취임해 권세가 나날이 높아졌다.

전에 두영의 집에 모였던 사람들은 이번엔 전분의 저택으로 가기 시작했는데 장군 관부(灌夫)만은 두영을 저버리지 않았다. 두 사람은 항시 술을 같이 하고 서로 흉금을 털어 놓았다.

전분이 연(燕)나라 왕 유가(劉嘉)의 딸과 결혼했다. 두영은 내키지 않았지만 관부와 함께 전분의 저택으로 갔다. 전분의 저택은 왕후 귀족이 모여 대단히 떠들썩했다. 술이 거나해지고 득의만면

한 전분이 손님에게 술잔을 올리자 대신들도 부복하고 답례했다.

이윽고 두영이 술잔을 올렸는데, 몇몇 친구 외에는 모른 체하고 답례하려고 하지 않았다. 두영을 업신여기는 이 행위를 본 관부는 노여움을 참을 수가 없었다. 관부가 일어나서 전분 앞에 술잔을 바쳤다. 전분은 곁눈으로 "나는 이제 마실 수 없소." 하고 거절했다.

관부가 냉소지으며 다시 권했다.

"그러지 마시고 부디."

그러나 전분은 듣지 않았다.

관부는 다음에 임여후(臨汝侯) 관현(灌賢)에게 술잔을 바쳤는데 이도 옆사람과 이야기만 하고 받지 않았다. 참을 수 없게 된 관부는 마침내 큰소리로 관현의 무례를 꾸짖었다. 그러자 흥은 깨지고 손님들은 모두 허둥지둥 일어나서 돌아가 버렸다. 두영도 관부를 달래어 밖으로 나가려고 했는데 전분은 호위병에게 관부를 체포케 했다.

집에 돌아온 두영은 목숨을 걸고라도 관부를 구하려고 결심했지만 처자가 반대를 했다.

"관부장군은 왕태후에게 무례를 저지른 겁니다."

두영은 이 말을 듣지 않고 무제에게 상서했다.

"관부의 실례는 취중에 한 일인데 승상은 사적인 감정으로 관부를 체포했습니다."

무제는 이튿날 조정에서 이를 심리하기로 했다. 이튿날 심리때 두영과 전분은 자기 주장을 양보하지 않았고, 대신들의 의견도 둘로 갈렸다. 그리고 의사를 분명히 하지 않는 자도 많아 황제는 몹시 화를 냈다. 이 일이 왕태후의 귀에 들어갔다. 태후는 내전으로 돌아온 황제에게 화를 내며 말했다.

"모두가 우리 자제(姉弟)를 모욕하고 있소. 내가 죽어도 그들을 그냥 둘 작정이오?"

모친이 노하는 것을 본 무제는 일이 귀찮게 되었다고 생각하고 관부를 변호한 것은 주군을 기만한 죄가 된다 하여 두영을 체포하여 투옥시켰다.

한편 관부 일족에게는 사형을 결정했다. 관부 일족의 처형 소식을 들은 두영은 비분한 나머지 식음을 끊고 자살하려고 했으나 이듬해 여름에는 은사가 있다고 일러주는 사람의 말을 믿고 그만두었다. 그러나 "두영이 옥중에서 황제를 비난하고 있다."는 전분 쪽에서 흘린 유언비어(流言蜚語)로 인하여 살아날 가망이 없게 되었다.

얼마 후 유언비어를 전해 들은 무제는 격노하여 두영을 사형에 처하고 말았다.

교언영색 巧言令色

남의 환심을 사려고 교묘한 말로 아첨하고 보기 좋게 꾸미는 표정

☞ 겉치레만 할 뿐 성실하지 못한 태도에 비유하여 쓰인다.

교언(巧言)과 영색(令色)은 각각 시경에 나오는 말이다. 소아(小雅)의 교언편(巧言篇)에 "교언은 생황(生簧)과 같고 얼굴이 두텁다"라고 했다. 말을 잘하는 자는 장단에 맞추어 언사를 하고 낯가죽이 두텁다는 것이다.

또 대아(大雅)의 증민편(蒸民篇)에 "그 몸가짐과 용모가 아름답다"라고 했다. 여기서는 행동거지나 자태의 아름다움을 가리키는 말이지만 '교언영색'이라고 할 때는 겉보기만 있고 실제가 없는 자태를 말한다.

공자는 '교묘한 말솜씨에 꾸민 얼굴을 하고 있는 자 중에는 어진 사람이 적다'고 하였다. 이 글귀는 논어의 제일 앞 대목 학이(學而)편에도 나오는가 하면 뒤쪽의 양화(陽貨)편에도 글자 한 자 다르지 않게 똑같이 실려 있다. 공자가 이 말을 자주 했기 때문인지 아니면 실수인지 헤아릴 수는 없지만.

사람의 속마음을 움직이게 하는 것은 교묘한 그 무엇이 아니고 오히려 눌박(訥朴 : 말을 더듬거리고 순박함)하거나 말 없는데서 보여지는 그 무엇인 경우가 많다. 그것은 옛날이나 오늘이나, 동양이나 서양이나 마찬가지인 것 같다. '웅변은 은이요 침묵은 금이다(Speech is silver but silence is gold)'라는 서양 속담도 있지 않은가.

교묘하게 꾸며대는 말솜씨와 꾸민 얼굴빛으로 잘난 척, 착한 척하는 행동에서 무슨 성실성을 찾을 수 있겠는가. 그런 사람은 성실성의 빈곤을 스스로 광고하는 것에 다름아니다.

공자는 '의지가 굳세고 의연하고 질박하고 말이 매끄럽지 못한 사람이 어진 사람에 가깝다'라고 하였다. 이 말은 논어의 자로(子路)편에 나오는 말이다.그러니까 도시의 때가 묻지 않은 촌부(村夫)같은 사람, 말은 서툴러도 진정이 담긴 말을 하는 사람을 공자는 참된 인간으로 보았던 것이다.

제자인 자공이 군자의 자격을 물었을 때 "그 주장하는 것을 먼저 실천하고, 그리고 나서 입 밖에 내는 사람"이라고 했다.

이같은 생각을 나타내 주는 명언 몇가지가 있다.

군자는 변설에는 굼뜨되 실행에는 민첩하고자 한다

군자는 자기가 한 말이 실천보다 지나치는 것을 수치로 여긴다

덕이 있는 사람은 반드시 말에 나타나지만,

말이 있는 사람에게 반드시 덕이 있는 것이 아니다

결국 공자가 바라는 인간상은 '문질빈빈 연후군자(文質彬彬 然後君子)'라는 말에 집약되어 있다. '문(文)'은 인위적으로 세련되게 꾸며 나가는 것을 말하며 '질(質)'은 인간이 근본적으로 지니고 있

는 바탕을 말하고 '빈빈(彬彬)'은 이질적인 것이 균형이 잡혀 아름다운 모양을 말한다. 그러므로 꾸밈과 바탕이 잘 어울려야만 비로소 군자라는 말이다.

요즈음 정치의 이모저모를 알게 한다는 취지에서 매스컴에서는 멋지게 분장한 그들을 뻰질나게 등장시킨다. 이제 누가 더 세련되고 재치있게 말을 잘하는가 하는 재치문답의 경연장이 되었다. 정치인들이 어질고 성실함만이 전부일 수 없듯이 마찬가지로 순발력과 재치만이 전부일 수 없다. 이제 교언영색하는 정치인들은 국민을 그만 속이고 퇴출되었으면 한다.

궤변 詭辯

이치에 맞지 않는 사실을 그럴듯하게 둘러대는 말

이치에 맞지 않는 말을 우리는 "궤변(詭辯)"이라고 한다. 괴이한 말이다. 그래서 언뜻 듣기에는 그럴듯 하나 따지고 보면 도리나 상식에 맞지 않아 도저히 이해가 가지 않는 말을 뜻한다. 그런데 그런 궤변을 늘어놓기 위해서는 뛰어난 말재주가 있어야 한다. 그래야만 남을 현혹(眩惑)시킬 수가 있기 때문이다.

장의(張儀)라면 전국시대(戰國時代)의 뛰어난 변설가(辯說家)로 통한다. 일찍이 소진(蘇秦)이 주창한 합종책(合縱策)을 깨고 연횡책(連橫策)을 성공시킴으로서 후에 진(秦)이 천하를 통일하는 데 결정적인 공헌을 한 사람이다.

당시 초(楚)는 강대국인 진의 위협에 눌려 제(齊)와 합종(合縱)을 맺었다. 이를 두려워한 진의 혜왕(惠王)은 장의를 초에 보내 제와 절교(絶交)를 한다면 600리의 땅을 주겠노라고 했다. 물론 속임수였다. 멍청한 회왕(懷王)은 제와 절교한 뒤 땅을 받기 위해 진나라에 사신을 보냈지만 장의는 오리발을 내밀었다.

"600리가 아니라 단 6리의 땅을 주기로 했을 뿐이오."

화가 치민 회왕은 군사를 일으켰지만 결과는 초(楚)의 대패로 끝났다. 후에 제나라를 의식한 혜왕이 초와 화의(和議)를 위해 빼앗은 한중(漢中)땅을 되돌려 주겠다고 하자 회왕은 땅 대신 장의의 목을 요구했다. 이 말을 들은 장의는 자진해서 초로 가서 회왕의 측근들에게 뇌물공세를 펴는가 하면 애첩(愛妾) 정수(鄭袖)에게 예의 그 '세치 혀'를 놀려 정수의 마음을 사로잡아 놓고 말았다.

마침내 회왕은 정수의 건의를 받아들여 장의를 도로 풀어주고 말았다. 나중에 후회(後悔)한 회왕이 장의를 뒤쫓았으나 때는 이미 늦었다. 결국 초나라는 진에 의해 망하고 만다.

이를 두고 사마천(司馬遷)은 다음과 같이 짧게 기록했다.

"장의(張儀)가 정수(鄭袖)에게 갖은 궤변(詭辯)을 늘어놓았다."

사불급설 駟不及舌

네 마리 말이 끄는 수레도 혀에는 미치지 못한다

☞ 소문은 빨리 퍼지니 말을 삼가라

이 말은 위(衛)나라 대부 극자성(棘子成)과 언변과 이재(理財)에 뛰어난 자공(子貢)과의 대화에서 유래한다.

극자성이 자공에게 "군자는 그 바탕만 세우면 그만이지 무슨 까닭으로 문(文)이 필요한가요"라고 물었다.

이에 자공이 "안타깝습니다. 당신의 말은 군자답지만 네 마리 말이 끄는 수레도 혀에 미치지 못합니다. 문(文)이 질(質)과 같고 질이 문과 같으면, 그것은 마치 호랑이 가죽과 표범 가죽을 개 가죽이나 양 가죽과 같다고 보는 이치와 같지요."라고 대답하였다.

자공이 말한 사불급설(駟不及舌)은 극자성이 실언한 것이니 말을 조심해서 하라는 뜻이다.

동서고금(東西古今)을 박론하고 말을 신중히 하는 것은 미덕이었다. 특히 중국이나 우리나라처럼 유교윤리(儒教倫理)가 지배했던 국가에서는 사람의 말에 지나칠 정도로 의미를 부여했다. 죽음에 대해 내세(來世)를 제시했던 불교와는 달리 육신은 죽되 정신은 영원할 수 있는 세 가지 방법인 삼불후(三不朽)를 제시하면서 그 중 하나로 입언(立言 : 훌륭한 말을 남김)을 꼽았는가 하면 말 그 자체가 인격을 대신한다고 여겼다. '언여기인(言如其人 : 말은 곧 그 사람의 인격이다)'이라고도 했다.

이처럼 말이 중요했으므로 신중(愼重)에 신중을 기해야 했으니 이른바 '신언(愼言)'이 그것으로 군자(君子)의 필수요건이었다. 그렇지 않고 함부로 내뱉는 말을 '방언(放言)'이라 하고 시정잡배(市井雜輩)의 소행으로 치부했다. 이처럼 삼촌설(三寸舌)을 여하히 놀렸느냐에 따라 인격을 달리 평가받았으며 심지어는 일신의 영달과 망신이 극명하게 갈리기까지 했으니 우리는 그런 예를 어렵지 않게 찾을 수 있다.

전국시대 소진(蘇秦)과 장의(張儀)가 현하(懸河)의 달변(達辯)으로 제후를 요리해 부귀영화를 누렸다면 은(殷)나라 비간(比干)은 혀를 함부로 놀려 심장에 구멍이 일곱 개나 뚫려야 했고 한생(韓生)은 탕확(사람을 삶아 죽이기 위해 만든 커다란 가마솥)의 형벌을 받았으며 사마천은 거세(去勢)의 치욕(恥辱)을 감수해야 했다.

과연 선인들은 말의 중요함을 일깨워주고 있다.

'사불급설(駟不及舌)'의 사(駟)는 네 마리의 말이 끄는 수레다. 지금말로 하면 배기량 3000cc가 넘는 대형차라고 할 수 있다. 한 번 내뱉은 말은 네 마리가 끄는 빠른 마차로도 따라잡지 못한다는 뜻으로 '말을 삼가서 해야 한다'는 경구다.

'낮말은 새가 듣고 밤말은 쥐가 듣는다'라는 속담이 있다. 잘못 쓴 글은 지우면 그만이지만 말이란 한 번 내뱉으면 주워 담을 수 없으니 함부로 말하지 말라는 뜻이다. 명심보감(明心寶鑑)에는

"입은 사람을 상하게 하는 도끼요, 말은 혀를 베는 칼이다. 입을 막고 혀를 감추면 어디에 있든지 몸이 편안할 것이다."라고 되어 있다.

말을 잘못해 당하는 화를 설화(舌禍)라 하거니와 말은 신중(愼重)하게 해야 할 것이며 특히 지도층에 있는 사람이라면 자신의 말이 지니고 있는 영향력과 그에 따라 초래될 수 있는 결과에 대해 깊이 생각해야 할 것이다.

과하절교 過河折橋

목적을 이룬 뒤에는 도와 준 사람의 은공(恩功)을 잊어버림

원나라 순제(順帝)때, 대신(大臣) 철리첩목이(徹理帖木耳)는 수당(隋唐)시대부터 실시된 과거제도에 많은 폐해가 있어서 급제한 사람들 가운데에는 실제로 학식이 있는 사람들이 많지 않으므로 이를 폐지해야 한다는 내용의 글을 황제에게 올렸다. 이 상소문은 조정에 큰 반향을 불러 일으켰다. 태사(太師), 백안(伯顔) 등은 지지를 나타냈으나 참정(參政), 허유임(許有任)등 많은 관리들은 이를 반대하였다.

당시 어사(御使) 여사성(呂思誠)은 과거제도의 폐지를 적극 반대하였다. 그는 황제에게 글을 올려 철리첩목이에게 죄를 물을 것을 간청하였다. 그런데 썩 총명하지 못한 황제였지만, 순제는 과거제도의 폐지에 적극 찬성하고 어사 여사성을 광서(廣西)지방으로 좌천시켰다. 얼마 후 순제가 과거 제도 폐지에 관한 조서(詔書)를 기초하라는 명을 내리자, 대신들 사이에서 의론(議論)이 일어나기 시작하였다. 특히 허유임과 백안 사이의 논쟁이 심하였다.

허유임이 말했다.

"과거제도를 폐지한다는 조서가 일단 공포되면, 천하의 인재들이 벼슬에 나설 수 있는 길이 끊기게 될 것이며 그들의 원성은 그

치지 않을 것이오."

백안은 이렇게 반박했다.

"만약 과거제도를 계속 실시한다면 부정과 부패는 끊을 수가 없을 것이오."

허유임이 말했다.

"부정과 부패는 과거제도가 만들어 낸 것이 아니오. 과거제도가 없어져도 사람들은 여전히 부정부패를 일삼을 것이오."

백안이 다시 말했다.

"과거에 급제한 사람들 가운데 쓸 만한 인재는 거의 없소. 내가 보기에는 조정에 참정 한 분만이 재능이 있는것 같소이다."

허유임은 백안의 말에 승복하지 않고 원나라 때 과거를 통하여 관직에 진출한 고관(高官)들을 예로 들면서 반박을 계속하였다. 두 사람의 논쟁은 그치지 않았다.

황제가 이를 보고 말했다.

"그대들은 논쟁을 그치도록 하시오. 짐은 내일 조서를 정식으로 공포할 결심을 하였소."

다음 날 문무백관들이 소집된 가운데 황제는 허유임에게 조서를 읽게 하였다. 허유임은 마음이 내키지 않았지만 감히 거절하지 못하고 무릎을 꿇은 채 조서를 읽어 내려갔다. 조회(朝會)를 마치고 백관들은 모두 자기 부서로 돌아갔다. 허유임은 고개를 숙인 채 걸어가고 있는데, 시어사 보화(普化)가 그를 발견하고 일부러 그를 놀렸다.

"참정, 그대는 강을 건넌 다음에 다리를 부숴 버렸다고 말할 수 있겠군요."

허유임은 관부로 돌아왔으나 마음이 답답하였다. 이후 그는 병을 핑계로 조회에 참석하지 않았다.

무계지언 無稽之言

근거가 없는 말이나 터무니 없는 말이나 황당한 이야기

순임금이 우(禹)에게 말하였다. "홍수가 나를 다급하게 하였으나 믿음을 이루고 공을 이룰 수 있었던 것은 오직 그대가 현명하여 나라에서는 부지런하고 집 안에서는 검소하며, 스스로 만족하거나 뽐내지 않으니 그대는 오직 지혜로울 뿐이오. 사람의 마음은 위태롭기만 하고 도(道)를 지키려는 마음은 극히 미미(微微)하니 오직 정신을 하나로 하여 그 중심을 진실하게 잡아야 하오. 근거 없는 말은 듣지 말며, 상의하지 않은 계책은 쓰지 말아야 하오."

근거 있는 말을 하여 공연히 남의 심경을 어지럽히지 않는 것으로 이해를 하여야 한다. 특히 유언비어를 듣고 허상을 믿어 행동에 옮기게 되면 그 피해가 얼마나 크게 될지 아무도 모를 일이다.

하물며 한 나라를 다스리는 통치자가 그런 행동을 하게 되면 무수히 많은 신하들이 죄 없이 누명을 쓰고 죽어가게 된다. 고사를 통하여 우리의 삶에 비춰보는 거울로 삼아 그 주인공이 바로 '나'라는 사실을 깨달을 때, 비로소 참된 가치가 형성되는 것이다.

위의 글은 어진 신하가 선대 왕의 행적을 근거로 당시의 왕에게 바른 정치를 하시라는 간곡한 충언이었다. 우리는 새로운 나날을 맞이하여 위 구절을 가슴 깊이 새겨두면서 매사 신중을 기하고 확실한 언행으로 후회를 줄여야 한다.

언소자약 言笑自若

놀라거나 근심이 있어도 평상시와 같이 태연함

조조와의 전투에서 오른쪽 어깨에 화살을 맞은 관우는 진영으로 돌아와 화살을 뽑아냈다. 그러나 화살에 묻은 독이 이미 뼈 속 깊숙이 스며들어 오른쪽 어깨는 퍼렇게 부어 올랐으며 움직일 수가 없게 되었다. 여러 장수들은 서둘러 관우를 형주(荊州)로 옮겨 치료를 받게 하려고 하였다.

이에 관우는 크게 화를 내며 말했다.

"지금 우리 군대가 파죽지세로서 번성(樊城)을 점령하려고 하고 있다. 번성만 수중에 들어온다면 허창(許昌)까지 쉽게 진출하여 조조를 물리칠 수 있는데, 나의 작은 일로 어떻게 나라의 중요한 일을 그르칠 수 있겠느냐?"

장수들은 말을 못하고 물러 나와서 훌륭한 의원을 찾아보기로 하였다. 그러던 어느 날, 막사 안에 있던 관우는 오른쪽 어깨에 통증을 느꼈으나 소리를 지를 수 없었다. 그는 군사들의 동요를 염려하여 아픔을 내색하지 않고 마량(馬良)과 바둑을 두었다. 그때 화타라는 명의(名醫)가 찾아와 막사 안으로 들어왔다. 그는 관우에게 웃옷을 벗고 오른쪽 어깨를 자신에게 보여주기를 청하였다.

화타가 관우에게 말했다.

"독화살에 의해 이미 뼈까지 손상을 입어, 오른 팔을 못 쓰게 되실 지도 모르겠습니다."

관우가 물었다.

"선생께서는 어떤 방법으로 치료하실 겁니까?"

"제가 이제껏 써온 방법이 있는데 장군께서 두려워하실 것 같습니다."

관우가 웃으며 말했다.

"나는 죽음도 두려워하지 않는데 무얼 두려워하겠소?"

"그렇다면 좋습니다. 조용한 곳에 큰 기둥을 하나 세우고 그 위에 큰 쇠고리를 하나 달아야 합니다. 장군께서는 오른쪽 팔을 그 고리 안에 넣으시고 천으로 잘 묶으십시오. 그리고 이불로 장군의 머리를 싸주시기 바랍니다. 저는 날카로운 칼로 살갗을 베어내고 뼈에 있는 독화살을 깎아 내겠습니다. 그리고 나서 거기에 약을 바르고 봉하면 다 끝나게 됩니다."

관우는 담담하게 웃더니 이렇게 말했다.

"그건 간단한 일이오. 기둥과 고리는 어디 있느냐?"

관우는 명을 내려 즉각 술자리를 마련하고 화타를 대접하였다. 관우는 술을 몇 잔 마시고 계속하여 마량과 바둑을 두면서 태연하게 오른팔을 내밀었다. 화타는 날카로운 칼을 들고, 하급관리에게는 대야를 들고 관우의 어깨에서 흘러나오는 피를 받아내도록 하면서 관우에게 다시 당부하였다.

"장군, 이제 칼을 대겠으니 놀라지 마십시오."

“선생에게 치료를 맡기겠소. 내 어찌 속인(俗人)들과 같이 아프다는 소리를 할 수 있겠소?”

화타가 칼을 대고 관우의 오른팔 살을 가르자, 관우의 뼈가 드러났다. 뼈는 이미 푸른색으로 변해있었다. 화타는 힘을 다해 뼈를 깎아냈다. 막사 안의 모든 사람들은 이 모습을 보고 너무 놀란 나머지 얼굴이 하얗게 질려있었다.

얼마 후, 어깨에서 흘러내린 피가 대야에 가득 찼다. 그러나 관우는 여전히 술을 마시며 이야기하고 웃는 것이 너무 태연하여 전혀 아픔을 느끼지 않는 것처럼 보였다. 화타는 뼈 위의 독을 깎아내고 약을 바른 후 상처 입구를 봉하였다. 관우는 크게 웃으며 일어나 오른팔을 움직여 보며 사람들에게 말했다.

“팔을 움직이는 게 마음대로 되는 걸 보니 마치 다친 적이 없는 것 같소. 선생은 과연 신의(神醫)시군요.”

그러자 화타가 대답하였다.

“제가 평생 의원 노릇을 하고 있지만 이렇게 잘 참아내시는 분은 본 적이 없습니다. 장군이야말로 천신(天神)입니다.”

복마전 伏魔殿

악마가 숨어 있는 전당

☞ 나쁜 일이나 음모 등이 끊임없이 꾸며지고 있는 곳

북송(北宋) 인종(仁宗) 때의 일이다. 전염병이 유행하자 이를 걱정한 인종은 용호산(龍虎山)에 사는 장진인(張眞人)이라는 도사에게 한시 바삐 상경해 전염병을 퇴치하기 위한 기도를 시키기로 했다. 그 사자로 전의 태위(太尉) 홍신(洪信)을 임명했다.

홍신이 용호산에 도착하자 마침 장진인은 외출중이었다. 그는 도관(道觀 : 도교의 절과 같은 곳) 여기저기를 구경하던 중, 한 건물 앞에 멈춰 섰다. 그곳 문 위에 '복마지전(伏魔之殿)'이라는 간판이 걸려 있고, 문에는 커다란 자물통이 매달려 있었으며, 문짝의 틈새에는 10여 장의 봉함지가 붙어 있었다.

홍 태위가 이상히 여겨 안내자에게 물어 보았다.

"이건 무슨 신전이오?"

안내를 해주던 도사가 말했다.

"그 옛날에 노조천사(老祖天師)님이 마왕을 진압하신 어전입니다. 함부로 열어서 마왕을 달아나게 하면 큰일나니 결코 열면 안 된다고 금지되어 오늘에까지 이르고 있습니다."

홍 태위는 호기심이 생겨 꺼림직해 하는 도사를 위협해 억지로

문을 열게 했다. 들어가 보니 안은 텅 비어 있고 한복판에 돌비가 있었다. 그리고 그 돌비 뒷면에 "홍을 만나 연다"라는 글이 새겨져 있었다. 홍 태위는 그것을 보고 웃었다.

"봐라, 몇백 년 전부터 내가 여기 와서 이걸 연다는 것이 정해져 있었다. 생각건대 마왕은 이 돌에 있는 모양이다. 어서 마왕을 파내라."

도사는 할 수 없이 잔뜩 겁을 집어먹고 돌을 파내었다. 1미터쯤 팠을 무렵 2미터 사방쯤의 돌 뚜껑이 눈에 띄었다. 홍 태위의 재촉에 못 이긴 도사가 마지못해 그 뚜껑을 열자, 속에서 굉장한 소리와 함께 한줄기의 검은 연기가 솟아올라 천장을 뚫고 하늘로 뿜어 오르는가 싶더니, 몇백 줄기의 금빛으로 되어 사방팔방으로 흩어져 버렸다. 그때 장진인이 돌아왔다. 그는 넋빠진 사람처럼 멍청하게 홍 태위에게 말했다.

"당치 않은 짓을 하셨군요. 거기에는 36의 천강성, 72의 지살성, 도합 108의 마왕을 가두어 둔 것입니다. 이것을 풀어 놓았으니 마왕들은 머지않아 천하에 소란을 일으킬 것이 틀림없습니다."

홍 태위는 겁에 질려 허둥지둥 도성으로 돌아왔으나 마왕을 풀어 놓은 일은 단단히 입막음해 놓았다.

그로부터 약 50년 후 철종(哲宗) 때 장진인이 염려했던 대로 108의 마왕은 송강(宋江) 등 108명의 사나이로 환생하여, 운명의 실에 의해 양산박(梁山泊)으로 끌어들여져 《수호전(水滸傳)》의 이야기가 시작되는 것이다.

부정부패, 비리의 온상지를 “복마전”이라 한다.

이는 떳떳하지 못한 짓을 저지르고 이를 다른 사람들이 알지 못하도록 숨기기 위한 곳이다.

호사토비 狐死兎悲

마음속으로는 좋아하면서 겉으로는 슬픈 척함

남송(南宋) 때, 여진족들이 세운 금(金)나라가 송나라의 북방을 침입하여 넓은 땅을 차지하자 양안아(楊安兒)와 이전(李全)은 각각 의병을 일으켜 금나라에 대항하였다.

양안아가 전투 중에 죽자, 그의 누이동생 양묘진(楊妙眞)이 계속하여 군대를 이끌며 금나라에 항전하였으며, 후에는 이전의 부대가 여기에 연합하였다.

양묘진과 이전은 하나의 부대로 연합한 후 부부(夫婦)가 되었다. 이전은 남송(南宋)의 군대에 소속되어 초주(楚州)지역에서 금나라 군(軍)과 계속 싸웠다. 얼마 후, 남송의 태위(太尉) 하전(夏全)이 초주를 공격하였다. 양묘진은, 하전도 남송에 귀순한 의병들의 우두머리인 것을 알고 사람을 보내 그에게 말을 전하였다.

"여우가 죽으면 토끼가 슬퍼서 울게 되는데, 이는 필시 그들이 같은 무리이기 때문일 것입니다. 우리들은 모두 남송에 귀순한 의병들로서, 만약 그대가 이전의 군대를 공격하여 그들을 죽인다면, 그대 혼자의 힘으로 자신의 안전을 보장할 수 있을 것 같습니까? 장군께서는 다시 한 번 생각해 주시기 바랍니다."

하전은 양묘진의 말에 군대를 철수하여 돌아갔다.

부이세어 附耳細語

남의 장단점을 함부로 말하지 말라는 의미

황희 정승이 벼슬길에 오르기 전의 일이다.

어느 날 친구 집으로 가는 길에 들판을 지나다 잠시 쉬게 되었다. 들판에서는 농부들이 소를 몰며 논을 갈고 있었는데 황희는 그것을 보고 농부에게 말을 걸었다.

"노인장, 그 두 마리의 소 중에서 어느 소가 일을 더 잘하오?"

그러자 농부는 황희에게 가까이 다가와 옷소매를 잡아당기고 소가 보이지 않는 곳으로 가더니 귓속말로 속삭였다고 한다.

"누런 소가 검은 소보다는 훨씬 일을 잘 합니다."

"그런데 노인장, 어느 소가 일을 잘하던 그것이 무슨 큰 비밀이라고 예까지 와서 귓속말을 하십니까?"

이 말을 들은 농부는,

"젊은 선비, 모르는 소리하지 마시요. 말 못하는 짐승이라도 자기를 욕하고 흉을 보면 기분을 상하게 되는 것이요."

농부의 말을 들은 황희는 얼굴이 화끈해 옴을 느꼈다.

비록 그 소들이 사람의 말을 알아 듣지 못한다 해도 지금 열심히 일하고 있는 입장에서 잘한다 못한다 하고 흉보는 일은 나쁘다는 교훈이었다.

"저 노인장은 비록 농사를 짓고 있으나 학덕이 높은 선비인 것 같구나! 오늘 나는 저 노인장에게서 아주 값진 교훈을 얻었으니 평생 잊지 말아야지."

황희는 자기가 부리는 짐승에게 까지 세심한 배려를 하는 노인장에게 깊은 감명을 받고 크게 깨달은 바를 가슴 속에 깊이 간직하고 훗날 백성의 아버지로서, 뛰어난 명 재상으로서, 조선의 새 역사를 창조하는데 기둥이 되었다고 한다.

담하용이 談何容易

무슨 일이든지 입으로 말하는 것은 쉽지만
그 일을 실제로 해보면 쉽지 않다

전한(前漢) 때의 문인 동방삭(東邦朔)은 산둥성〔山東省〕 염차(厭次)출신으로 무제가 전국에 인재를 모집했을 때 수도 장안으로 나아가 황제에게 글을 올렸다. 그것이 계기가 되어 상시랑(常侍郎)으로 발탁되었다.

그는 막힘이 없는 유창한 변설과 유머에 능해, 무제(武帝)의 사랑을 받았다. 그리고 측근으로서 무제의 뜻을 받기만 한 것이 아니라 황실의 사치를 간하는 근엄함도 갖추었다.

무제가 장안 근처에 황실 전용의 사냥터 상림원(上林苑)을 만들려고 할 때 그는 국고를 비게 하고 백성의 삶의 터전을 빼앗는 것이라며 반대했지만 무제는 이를 듣지 않았다. 또 그가 부국강병책(富國强兵策)을 건의했지만 그것도 채택되지 않았다.

그러자 그는 '객난(客難)', '비유선생지론(非有先生之論)'등을 써서 무제를 간하였다. '담하용이'란 말은 비유선생지론에 나오는 말이다. 허구(虛句)의 인물이 담화하는 형식으로 이루어져 있다.

비유선생은 오왕을 섬긴 지 3년이 지나도록 자기 의견을 조금도 말하지 않았다. 오왕이 어이가 없어서 계속 의견을 말할 것을 요청했지만 선생은 여전히 말이 없었다.

오왕이 나중에는 안달이 나서 무슨 말이든지 해보라고 하자, 비유선생은 '좋습니다. 입을 여는 것은 간단한 일입니다." 하고는 역사이래 임금을 간하다가 죽은 충신 이름과 행적을 함께 풀어낸 후 "입을 열기가 어찌 그리 쉬운 일이겠습니까?" 하였다.

그리고는 다시 아부하고 아첨하여 등용된 인물, 임금이 포악했기 때문에 세상을 피해 산 인물의 행적을 들어 충신을 멀리하고 소인배를 등용한 어리석음을 말하였다.

"입을 열기가 어찌 그리 쉬운 일이겠습니까?'

선생은 또 현인이 밝은 군주를 만나 서로 도와 가며 나라를 일으키고 융성하게 한 사례도 들어 군주로서의 올바른 마음가짐을 말하였다.

이 말을 들은 오왕은 감동하여 이후부터 선생의 간언을 받아들이고 정치를 개혁하여 마침내 오나라를 융성하게 하였다.

'담하용이'란 이와 같이 입으로야 어떤 말이라도 할 수 있다는 뜻으로 스스로 말을 삼가고 행동을 근신하라는 의미가 담겨 있다.

강(剛)과 유(柔)의 조직관리

자산이 재상을 지낸 정 나라는 작은 나라로 지리적으로 대국 사이에 끼여 있어 살아남는 것을 도모하는 데에는 무엇보다도 체질을 강화하여 국력을 충실하게 기르는 것이 제일의 과제였다. 자산은 여러 가지 연구 끝에 가지각색으로 손을 써서 농촌의 진흥책을 강구하는 한편 국가의 군사비를 확보하기 위해 새로운 세금의 징수제도를 도입하였다. 이 때 국민은 부담의 무거움에 견디기 힘들어 자산 등은 죽여버려야 한다고 원망의 소리가 나라 안에 가득하였다고 한다. 그러나 자산은 다음과 같이 말하고 끝까지 정책의 관철을 도모하였다.

"나라의 이익이 되는 일이라면 내 한 몸을 희생하여도 상관없다. '선을 행하려면 끝까지 주장하거나 그렇지 않으면 모처럼 선도 쓸모가 없다'라며 국민의 비난을 샀다 해서 변경하는 이유는 안 된다. 나는 단호하게 계속 추진할 생각이다."

그렇게 3년, 5년 지나는 동안 농촌의 진흥책이 궤도에 올라 기세가 당당했던 국민들도 차차 자산의 시책을 선정으로 칭찬하게 되었다고 한다. 이와 같이 비난에 굴하지 않고 스스로 확신하는 정책의 관철을 기약한 방식을 강이라 한다면 유의 면은 결국

사마천

다음과 같은 학교대책에서 나왔다.

정나라에서는 예로부터 지도자의 양성기관으로서 각지방에 향교라고 부르는 학교가 설치되어 있었다. 이 향교가 언제인가 정부정책에 불만을 갖는 사람들의 정치활동의 거점으로서 이용되게 되었다. 방치하여 두면 반란 등 직접적인 활동으로 발전할 것 같은 형세인지라 걱정을 한 측근들이 향교의 폐쇠를 진언하였는데 자산은 이렇게 말하면서 반대하였다.

“아니 그럴 필요는 없다. 나는 그들의 의견을 참고하여 평판이 좋은 정책은 쉴사이 없이 계속해서 실행하고 평판이 나쁜 정책은 고치도록 마음 쓰고 있다. 그들은 말하자면 나의 은사나 다름없다. 물론 탄압하면 그들의 언론은 무리하게 막을 수는 있을 것이다. 그러나 그것은 강의 흐름을 막아버리는 것과 같은 것이다. 그런 일을 하면 얼마 안 있어 물은 둑을 뚫고 넘쳐흘러 대홍수가 되어 수많은 사상자를 내게 될 것은 틀림없다. 그렇게 되면 손 쓸 방법이 없어진다. 그것보다 조금씩 방수해서 수로를 만드는 것이 현명한 방법이다. 국민의 언론도 이것과 같은 것으로 탄압하는 것보다 들리는 것은 듣고 이쪽의 약으로 삼는 것이 좋다.”

이렇게 말하는 그의 태도는 정치에 대한 유연한 자세를 나타내는 것으로 전형적인 예라 하겠다. 자산은 강과 유 두 가지 방식의 균형잡힌 정치를 하고 명재상이라고 칭송이 자자한 이유이지만 강이냐 유이냐 하는 실제 문제에 부닥칠 때는 그 균형을 맞추기는 어렵다. 자산은 병을 얻어 죽음의 자리에 있을 때 후임인 자대수란 인물을 머리맡에 불러서 이렇게 충고하였다.

“나는 정치에는 두 가지 방법이 있다고 생각한다. 하나는 강의 정치이고 하나는 유의 정치인데 일반적으로는 강의 정치를 행하는 것이 좋다. 이 두 가지는 예를 들어 보면 불과 물 같은 것이다. 불의 성질은 격렬하고 보기에는 무섭기 때문에 사람들은 무서워하며 가깝게 가려고 하지 않는다. 그렇기 때문에 오히려 불에 의해서 죽는 자가 적다. 그런데 물의 성질은 대단히 약한 것이므로 사람들은 물을 무서워하지 않는다. 그 때문에 오히려 물에 의해서 죽는 자가 많다. 유의 정치는 물과 같은 것으로 일견 온순한 것 같이 보이지만 실은 대단히 어렵다."

사기 어록

결연히 단행하면 귀신도 이를 피한다.

봉숭화 받은 말 없어도 그 아래는 자연히 길을 이룬다.

큰일은 하려고 하면 작은 근심을 돌아보지 않으며
중요한 의식은 작은 실수도 용납되지 않는다.

시운은 얻기 힘들고 잃기는 쉽다.

왕후장상이 어찌 그 씨가 있으랴.

결단을 내려야 할 사항을 단행치 않으면 오히려 그 란을 받는다.

옛 군자는 교제를 끊어도 악성을 하지 않는다.

미색이 쇠퇴하면 사람도 느슨해진다.

7 위기 대처의 재치와 무상

구미속초 狗尾續貂

좋지 않은 것으로 좋은 것을 대신(代身)하여
앞뒤가 서로 어울리지 않음

삼국 시대 말기, 진(晉)나라 무제(武帝) 사마염(司馬炎)은 전국을 통일하고 진나라를 세웠다. 그는 한(漢)나라 고조(高祖)를 모방하여, 제후들을 봉하고 중앙 집권 통치를 공고히 하려 했다. 그러나 제후들의 권력다툼 등으로 내분이 발생하고 결국 팔왕지란(八王之亂)을 당하게 되었다.

진무제의 숙부인 사마륜(司馬倫)은 사마염(司馬炎)의 조부인 위장(魏將) 사마의(司馬懿)의 아홉 째 아들로서 조왕(趙王)에 봉해졌다. 사마염이 죽자 아들 사마충(司馬衷)이 즉위하였으니 곧 진혜제(晉惠帝)였다. 이 당시 진혜제의 부인인 가황후(賈皇后)가 정권을 장악하자 사마륜은 대신(大臣) 손수(孫秀)와 공모하여 조황후 등을 살해하고 황제의 자리를 차지하였다.

사마륜이 즉위하자 그의 친척들과 친구들도 덩달아 벼슬을 하게 되었으며 심지어는 종들과 심부름꾼들까지도 한 자리씩 떠맡게 되었다. 당시 관원들은 담비의 꼬리가죽으로 관모(官帽)를 꾸몄는데, 벼슬아치들이 갑자기 증가하게 되자 담비의 꼬리가 모자라게 되었다. 이에 하는 수 없이 비슷한 개의 꼬리를 사용하게 되자,

백성들은 이를 몹시 불만스럽게 생각하고 다음과 같이 비꼬았다.

"담비 꼬리가 모자라니 개꼬리로 이어대는군(貂不足, 狗尾續)."

즉, 조왕 사마륜의 무리가 득세하여 그 노비에 이르기까지 벼슬자리를 함부로 주다보니, 고관의 관모 장식용으로 쓰이는 담비의 꼬리가죽이 부족하여 보잘것 없는 개꼬리 가죽까지 동원하여 쓰게 되었다. 이 말에서 구미속초(狗尾續貂)라는 성어가 생겨났으며, 경상(卿相)에 인물이 부족하여 노복(奴僕)까지 몰아다가 입궐시켜 벼슬자리를 주는 실태를 조롱하는 말이다.

삼십육계주위상책 三十六計走爲上策

서른여섯 가지 계책 가운데 도망가는 것이 제일 좋은 계책

중국 남북조시대 제(齊)나라 제 5대 황제 명제(明帝) 때 일어난 일이다. 명제는 고제(高帝)의 사촌 형제인데 고제의 증손(제3, 4대 황제)들을 죽이고 황제위를 빼앗았다. 그는 황제에 즉위한 이후 반란과 보복이 두려워 자기를 반대한 형제와 조카 14명을 살해한 것은 물론 자기 주위 사람들마저도 자신에게 반대하면 여지없이 죽였다. 그 뿐만 아니라 와병 중에도 왕족을 10여 명이나 죽였다.

명제의 가차없는 살해 행위에 회계(會稽) 지방 태수(太守) 왕경칙(王敬則)은 개국 공신인데도 생명의 위협을 느껴 먼저 군사를 일으켰다. 왕경칙은 군사 1만 명을 이끌고 건강(建康 : 지금의 난징)을 향해 진격하였는데 도중에 명제의 학정(虐政)에 불만을 가진 농민들이 가세하여 군사가 10만 명으로 늘어났다. 왕경칙은 출정한 지 10여 일 만에 건강과 흥성성(興盛城)을 함락하는 등 그의 기세는 파죽지세였다.

이때 병석에 누워 있던 명제 대신에 정사를 돌보고 있던 태자 소보권(蕭寶卷)은 건강과 흥성성의 함락 소식을 듣자 피난 준비를 서둘렀다.

소보권의 피난 소식을 들은 왕경칙은 "단(檀) 장군의 36가지 계

책 가운데 도망치는 것이 제일 상책이니 너희 부자는 어서 도망가는 것이 좋을 것이다."라고 자신 있게 충고하였다.

그러나 이렇게 당당한 왕경칙도 결국 제나라 군사에게 포위되어 참수당하고 말았다.

승산 없는 싸움은 피하는 것이 병법의 기본이다. 2보 전진을 위한 1보 후퇴라는 말이 있듯이 상황이 불리하면 일단 후퇴하였다가 훗날을 기약하는 것이 지혜로운 군사적인 전략 전술이다. 삼십육계주위상책도 전세가 매우 불리하면 일단 작전상 후퇴하는 것이 가장 현명한 방책이라는 뜻이다.

단 장군은 남북조시대 남조 최초의 왕조인 송(宋) 무제(武帝)의 건국을 도운 명장 단도제(檀道濟)로, 북위(北魏)와 싸울 때 전세가 불리하면 잘 도망쳤다고 한다.

궁서설묘 窮鼠齧猫

막다른 골목에 몰린 쥐는 고양이를 문다

☞ 퇴로를 열어 주고 공격을 하라

한무제(漢武帝)는 흉노(匈奴)정벌에 따른 재정위기를 타개하고 또 재벌과 지방 호족(豪族)의 세력을 꺾기 위해 획기적인 경제조치를 취하게 되는데 소금과 철의 생산, 화폐의 주조 등을 국가 전매사업(專賣事業)으로 하는 것이었다. 그 결과 조정(朝廷)의 권력이 강화되었을 뿐만 아니라 국가의 재정도 넉넉해 졌고 백성들도 잘 살 수 있게 되었다. 그러나 막대한 이권(利權)을 빼앗긴 재벌이나 지방 호족들의 반발도 만만치 않았다.

한무제의 뒤를 이은 소제(昭帝)는 여론을 파악하기 위해 전국의 지식인 60여명을 불러 중앙 공무원과 이에 대해 논의해 보도록 자리를 마련했다. 중국 최초의 공개 토론회는 이렇게 시작되었다. 이 때의 토론을 대화형식으로 엮은 것이 환관의 염철론(鹽鐵論)이다.

먼저 공무원을 대표하는 어사대부(御史大夫 : 현재의 검찰총장) 상홍양(桑弘羊) 및 고관들은 다들 현재의 국가 전매제도를 적극 찬성했지만 지식인들은 격렬히 반대하고 나섰다. 토론은 갈수록 격렬해져 국가의 재정문제를 넘어 통치방법으로까지 발전하게 되었다. 상홍양을 비롯한 공무원들은 엄법(嚴法)을 통한 법치주의(法治主義)를, 지식인들은 예치(禮治)를 주장했다. 그러니까 전자가 법가(法家)에 속한다면 후자들은 공맹(孔孟)의 유가(儒家)에 속한다고 볼 수 있다.

상홍양 측이 과거 역사적 사례를 들어 엄한 법이야말로 최고의 통치방법이라고 역설하자 이에 맞서 지식인들은 진시황의 예를 들었다. 곧 당시 엄하기로 이름난 법을 가지고 있었지만 그 때문에 백성들은 도탄(塗炭)에 빠져야 했으며 마침내 엄법(嚴法)을 이기지 못해 도처에서 궐기했던 점을 들었다. 결국 이 때문에 진승(陳勝)과 오광(嗚廣)의 반란이 일어나 진나라는 불과 15년 만에 망했다고 했다. 곧 백성을 엄한 법으로 혹독하게 내몰기만 하면 결국에는 저항에 부딪쳐 사직(社稷)은 망하게 돼 있다고 주장했다. 그것보다는 인의(仁義)에 의한 통치가 더 낫다는 것이었다.

지식인들은 그것을 고양이와 쥐의 관계에 비유했다. 쥐는 고양이만 보면 무서운 나머지 오금을 못 펴지만 막다른 골목에 처하게 되면 고양이를 물 수도 있다는 말로 쓰이게 된 것이다. 궁서설묘(窮鼠齧猫)는 이를 뜻하는 말이다.

태평양 전쟁 당시 '가미카제' 특공대는 전세가 막다른 골목에 몰린 일본이 궁서설묘(窮鼠齧猫)의 승부수로 창안한 '막가파'적인 전법이다. 철없는 소년 항공병들을 조련시켜 '가미카제'호로 명명된 소형 전투기에 태워서 폭탄이 실린 기체와 함께 적함에 부딪쳐 자폭하게 한 기상 천외의 전법인 것이다.

'가미카제(神風)'는 그 옛날 일본으로 침공하던 몽고군이 해상에서 태풍을 만나 자파하는 이변이 생겼는데, 그 태풍을 '신이 일으킨 바람'이라고 믿은 고사에서 따온 이름이다. 그러니까 무구한 소년병의 목숨을 제물로 받쳐 인위적으로 '신풍(神風)'의 기적을 창출한다는 발상인 셈이다. 아무리 전쟁이라고는 하지만 이 상식의 의표를 찌른 비정의 전법에 세계는 아연 실색을 하였고, 일본에서는 원자탄을 능가하는 필승의 신무기를 개발했다고 전의를 고무했지만 지금은 그 일본에서도 '가미카제'가 '막가파'적인 행태의 대명사로 변해 버린 전쟁의 유물이 되었다.

계명구도 鷄鳴狗盜

닭의 울음 소리를 잘 내는 사람과 개 흉내를 잘 내는 좀도둑

☞ 천한 기능을 가진 사람도 때로는 쓸모가 있음

전국시대 중엽, 제(齊)나라의 맹상군(孟嘗君)은 왕족으로서 재상을 지낸 정곽군(靖郭君)의 40여 자녀 중 서자(庶子)로 태어났으나 정곽군은 자질이 뛰어난 그를 후계자로 삼았다.

이윽고 설(薛) 땅의 영주가 된 맹상군은 선정(善政)을 베푸는 한편 널리 인재를 모음으로써 천하에 명성을 떨쳤다. 수천 명에 이르는 그의 식객 중에는 문무지사(文武之士)는 물론 구도(狗盜 : 밤에 개가죽을 둘러쓰고 인가에 숨어들어 도둑질하는 좀도둑을 말함)에 능한 자와 계명(鷄鳴 : 닭 울음소리)을 잘 내는 자까지 있었다.

그는 그 사람들을 소중히 여겼으며, 그들의 이야기를 기록하게 하여 만일 그들 친척에게 곤란한 일이 생기면 사람을 보내어 도와주었다. 그의 명성은 점점 높아졌고 각국의 제후들도 그를 슬기롭고 재능이 있는 인물로 알게 되었다.

이 무렵 맹상군은 진(秦)나라 소양왕(昭襄王)으로부터 재상 취임 요청을 받았다. 내키지 않았으나 나라를 위해 수락했다.

그는 곧 식객 중에서 엄선한 몇 사람만 데리고 진나라의 도읍 함양(咸陽)에 도착하여 소양왕을 알현하고 값비싼 호백구를 예물

로 진상했다. 그것들은 천하에 둘도 없는 것이었다. 진나라 왕은 크게 기뻐하며 그것을 입고 애첩 연희(燕姬)에게 그 가치를 자랑했다.

그러나 소양왕이 맹상군을 재상으로 기용하려 하자 중신들이 반대하고 나섰다.

"전하, 제나라의 왕족을 재상으로 중용 하심은 진나라를 위한 일이 아닌 줄로 아옵니다. 필시 제나라를 위해 도모할 것이 분명하므로 위험합니다."

그래서 약속은 깨졌다. 소양왕은 맹상군을 그냥 돌려보낼 수도 없었다. 원한을 품고 복수를 꾀할 것이 틀림없기 때문이다. 그래서 그를 은밀히 죽여 버리기로 했다.

이를 눈치 챈 맹상군은 궁리 끝에 소양왕의 총희(寵姬) 연희(燕姬)에게 무사히 귀국할 수 있도록 주선해 달라고 간청했다.

그러자 그녀는 엉뚱한 요구를 했다.

"내게도 왕께 진상한 것과 똑같은 호백구를 주시면 힘써 보지요."

당장 어디서 그 귀한 호백구를 구한단 말인가. 맹상군은 맥이 빠졌다. 이 사실을 안 '구도'가 그날 밤 궁중에 잠입해서 전날 진상한 그 호백구를 깜쪽같이 훔쳐내어 맹상군에게 건네 주었고, 맹상군은 그것을 연희에게 주었다. 그녀는 기뻐서 어쩔 줄을 몰랐다.

그날 밤, 왕의 술자리에 나간 그녀는 맹상군과 같은 사람을 죽이면 대왕은 어진 사람을 죽인다는 평판이 나 현인이 진나라에 오지 않게 될 것이라고 말했다. 소양왕은 이 말을 듣고 맹상군의 석방과 귀국을 허락했다.

맹상군은 일행을 거느리고 서둘러 국경인 함곡관(函谷關)으로 향했다. 한편 소양왕은 맹상군을 놓아 준 것을 크게 후회하고 추격병을 급파했다. 한밤중에 함곡관에 닿은 맹상군 일행은 거기서 더 나아갈 수가 없었다. 첫닭이 울 때까지 관문을 열지 않기 때문이다.

일행이 안절부절못하고 있는데 '계명'이 인가(人家)쪽으로 사라지자 첫닭의 울음소리가 들려왔다. 이어 동네 닭들이 울기 시작했다.

잠이 덜 깬 병졸들이 눈을 비비며 관문을 열자 일행은 그 문을 나와 말(馬)에 채찍을 가하여 쏜살같이 어둠속으로 사라졌다.

추격병이 관문에 닿은 것은 그 직후였다고 한다.

위기에서 벗어난 맹상군은 감개무량하여 말했다.

"내가 살아 돌아온 것은 모두가 계명구도의 덕택이다."

맹인직문 盲人直門

장님이 문으로 바로 들어갔다

☞ 재간이 없는 자가 어쩌다 무턱대고 한 일이 뜻밖에도 꼭 들어맞음

우리 속담에 생각지도 않았던 일이 잘 이루어졌을 때 쓰는 말들이 많이 있다.

"소경 문고리 잡기", "움 안에서 떡 받는다", "공중을 쏘아도 알관만 맞힌다〔사공중곡(射空中鵠) : 허공에 대고 쏘았는데 과녁에 적중한다는 뜻으로 무턱대고 한 일에 성공하게 된다는 것을 비유〕", "여복(女卜)이 바늘귀를 꿴다"는 말들이 바로 그것이다.

아마 우리 속담에 특정인으로 소경만큼 많이 등장하는 인물도 드물 것이다. "소경 단청 구경(盲玩丹靑 : 맹완단청)"이라는 말은 속 내용은 전혀 모르면서 외형상의 형식만을 갖출 때 쓰는 속언이요, "소경 보고 눈 멀었다 하면 노여워 한다."는 말은 누구든지 제 결점을 지적하면 싫어한다는 뜻이다.

"소경이 개천을 나무란다"는 것은 제 잘못을 탓하지도 않고 오히려 남을 원망한다는 말이요, "소경이 저 죽을 날을 모른다"는 말은 남을 점치는 소경이 자신의 점은 못 친다는 말이니 사람이 남의 일에는 잘 아는 체 해도 정작 자신의 앞날은 알지 못한다는 뜻이다.

"소경 잠 자나 마나"란 속언은 일을 하나마나 마찬가지란 뜻이며, "소경 제 닭 잡아먹기"란 말은 자신이 얻은 이득이 알고보니 결국 자신의 손해가 되었다는 의미이다. 또 "소경 죽이고 살인 빚 갚는다"란 속담도 있는데 이것은 소경을 온전한 사람으로 간주하지 않아서 대단찮은 일을 저지르고 큰 책임을 지게 되었다는 뜻을 지니고 있다.

아무튼 우리 속담에서 흔히 소경과 승려가 온전치 못한 사람으로 취급되어 자주 등장하는 것도 하나의 특색이라고 할 수 있다.

할수기포 割鬚棄袍

정신없이 황망히 도망가는 경우

유비가 한중왕에 올랐을 때 오호대장을 임명하는데 그들은 관우, 장비, 마초, 황충, 조자룡이었다. 이들은 모두 용맹하고 힘센 장수들로 이들 중에서 조조로 하여금 스스로 수염을 자르게 하고 홍포를 벗게 만든 장수가 있었으니 그가 바로 서량태수 마등의 아들 '마초(馬超)'였다.

마등은 조조를 제거하려고 연서를 썼던 사람들 중 하나였다.

그러나 사전에 발각되면서 조조에게 참수를 당하였고 마등의 아들 마초(馬超)는 아버지의 원수를 갚기 위해 서량에서 군사를 일으켜 복수의 때를 기다리고 있었다.

마침내 원수를 갚을 기회가 왔으니 마초의 군사가 조조군의 장수인 우금(于禁)과 장합을 연파하여 그 패잔병을 쫓는 일이 생겼다. 마초는 부장인 방덕과 마대를 데리고 도망치는 조조를 잡으려고 혈안이 되었다.

겁에 질려 도망가는 조조의 등 뒤에서 고함소리가 들려왔다.

"홍포를 입은 놈이 조조다!"

황급히 도망치던 조조는 뒤에서 들려오는 소리를 듣고 깜짝놀라 홍포를 벗어 던지고 달아났다.

다시 누군가의 고함소리가 들려왔다.

"수염이 긴 놈이 조조다!"

조조는 자신도 모르게 검을 뽑아 수염을 자른 후 도망쳤다.

또 다시 고함소리가 그의 귀속으로 파고들었다.

"수염이 짧은 놈이 조조다!"

조조는 너무 놀라고 겁에 질린 나머지 엉겁결에 깃발을 찢어 목을 감싸고 달아났다.

이렇게 쫓기는 조조의 모습에서 할수기포란 유명한 고사성어가 유래되었다.

망매해갈 望梅解渴

조조의 뛰어난 임기응변술을 보여 준다는 것에서 비유한 말

위왕 조조는 '젊어서부터 기경, 권수가 있었다'고 그에 대한 각종 사료에 나타나 있다. '기경(機警)'이란 기지가 있고 영리하다는 것이며 '권수(權數)'는 '권모술수'를 줄인 말로 남을 기만하는 모사를 말한다. 한마디로 영특하여 여러 사람을 이끌만한 리더쉽이 있었다는 말이다.

다음과 같은 이야기가 대표적인 기경권수의 예로 전해지고 있다. 위왕 조조가 행군하던 중 물이 있는 곳을 찾지 못하여 모든 장병이 목이 말라 허덕이고 있었다. 이 모양을 바라보던 조조는 갑자기 소리쳤다.

"자! 저 너머에 커다란 매실나무 숲이 있다. 새콤한 열매가 가득 열려 있을 테니까 조금만 더 가면 목마름을 풀 수 있을 것이다."

장병들은 이 소리를 듣고 매실을 생각하자 절로 입안에 침이 고여 기운을 내서 샘이 있는 곳을 찾아갈 수 있었다고 하는데 이 고사를 '망매해갈(望梅解渴)'이라고 한다. 조조의 뛰어난 재치를 말하는 것이 되기도 하며 한편으로는 사람을 속인 예로써 지적되기도 한다.

이 때 매실이 있다고 한 장소는 안휘성 노강현 동남방의 매실나

무가 많은 누은산, 또는 안휘성 추보현 서남방이라고도 하지만 사실인지 아닌지 어느때 얘긴지 확실하지는 않다.

그러나 이 고사는 기경과 권수를 수단으로 정치력을 발휘한 위왕 조조의 단면을 잘 말해 준다고 하겠다.

화병 畵餠

실력없이 명성만 화려한 자

위제 조비는 위왕 조조의 법치주의를 계승하여 획기적인 '구품관인법'을 만들었다. 관리등용의 기준을 향론, 즉 후한 말 이래로 인물 평론에 의존하고 있던 것을 개선한 것이다.

당시 선비들 사이에는 말재주를 부리거나 화려한 언행만을 좋아하는 무리들이 득세하고 있었다. 소위 여론을 의식한 행동만이 만연하고 있었던 것이다. 철학적인 청담을 선구적으로 이끈 그룹들은 사총(四聰), 팔달(八達)이라 칭하고 무리를 지어 명성을 얻은 것도 이 무렵이었다.

다행히 당시는 유능하고 착실한 인물을 평가하는 조조시대의 풍조가 약간은 남아 있었다. 조비는 유능하고 착실한 인물들을 좋아했고 명성에 의존하는 자들을 극히 미워했으며 학문도 높고 덕행으로도 손꼽히는 노육(盧毓)을 이부상서로 기용했었다.

노육에게 '그대와 같은 자를 모아라'고 명령하고 특히 명성만 화려하고 실속이 없는 인물의 등용을 피하도록 지시하면서 말했다.

"관리임용을 할 때는 명성으로 판단하여 채용해서는 안된다. 명성은 마치 땅에 그린 떡과 같아서 쓸모가 없다."

노육은 이렇게 해서 우선 고과법(考課法)을 만들고 재능보다도 덕행을 중시하여 관원을 임명했다.

'화병'이란 말은 이 고사에서 나온 것으로 그림으로 그린 떡이니 먹을 수 없다는 뜻이다. 따라서 실제적으로 사용하지 못하는 것의 대명사처럼 쓰이게 되었다. 실질을 숭상했던 조조가문의 특성이 엿보이는 이야기다.

초두란액 焦頭爛額

대단히 낭패하고 곤경에 빠진 모양

서한(西漢)시대 대사마(大司馬) 곽광의 딸 성군(成君)이 한(漢) 선제(宣帝)의 황후가 되자 곽씨 일가는 국가의 대권을 휘어잡고 존귀함을 과시했다.

당시 서복(徐福)이라는 사람이 선제에게 글을 올려 이 일을 때에 맞추어 처리해야지 그렇지 않으면 수습할 수 없는 상태에 이르게 될 것이라고 했다. 서복이 연속 세 번 글을 올렸으나, 황제는 도무지 못들은 체하고 내버려두었다.

곽광이 죽은 지 3년이 되던 해에 곽씨 일가는 모반을 꾀하다 선제에게 몰살을 당하였다. 이 일에 공을 세웠던 사람들은 모두 상을 받았으나 선제에게 글을 올렸던 서복은 아무런 보상을 받지 못하였다. 당시 어떤 대신이 불공평함을 알리기 위하여 선제에게 글을 올려 다음과 같은 이야기를 했다.

"옛날 한 나그네가 어느 집을 찾아 들게 되었습니다. 그는 우연히 그 집의 굴뚝이 똑바로 서 있어서 불을 때면 불꽃이 위로 곧장 치솟아 오르는 것을 보게 되었습니다. 게다가 아궁이 옆에는 땔감이 수북히 쌓여 있었습니다. 나그네는 이 상황을 보고 주인에게 굴뚝을 꼬불꼬불하게 만들고 땔감은 다른 곳으로 옮기기를 권했습니다. 그러나 주인은 귀담아 듣지 않았습니다. 얼마 지나지 않아 이 집에 불이 났는데 다행히 이웃 사람들의 도움으로 큰 피해를 입지는 않았습니다. 그 일이 있은 후 집주인은 술자리를 마련하고 불을 꺼준 이웃 사람들에게 감사하였습니다. 그런데 굴뚝을 고치고 땔감을 옮기라고 충고했던 그 나그네는 그 자리에 초대받지 못했습니다. 어떤 사람이 집주인에게 말했습니다. '그 나그네의 말을 들었더라면 이런 술자리를 만들 필요도 없을 뿐더러 불도 나지 않았을 것이요. 정작 굴뚝을 굽게 하고 땔감을 옮기라고 했던 그 나그네에게는 아무런 상이 없고, 머리를 태우고 이마를 데며 불을 껐던 사람들만 귀빈 대접을 받았습니다. 이게 무슨 까닭입니까?'"

선제는 이 글을 읽고 나서 깊이 뉘우치고는 즉시 서복에게 상을 내리도록 명하였다 한다.

두우륙 杜郵戮

충신이 죄도 없이 죽임을 당하는 것

진(秦)나라 소왕(昭王) 때 무안군(武安君) 백기는 한(韓)과 조(趙)나라를 공격하여 많은 공을 세웠다.

후일 소왕이 다시 조나라를 공격하려 하자 무안군은 당시의 정세를 들어 이에 반대하였는데 소왕은 왕릉(王陵)을 시켜 마침내 한단을 치게 했다. 그러나 9개월에 걸친 포위전에도 불구하고 한단은 함락되지 않았고, 진나라 군사는 오히려 연합군의 공격에 많은 피해를 보게 되었다.

초(楚)나라의 춘신군(春申君)이 위(魏)나라의 신릉군(信陵君)과 함께 수십만 명의 군사로 진나라 군사를 공격한 것이다. 이때 무안군이 탄식하며 말하기를 "진나라가 나의 진언을 듣지 않고 전쟁을 일으키더니 이제 어떻게 될 것인가?"라고 탄식하였다.

진왕은 이 말을 듣고 화를 내며 억지로 무안군에게 출정을 명하였다. 그러나 무안군은 병을 핑계로 이에 응하지 않았다. 화가 난 왕은 무안군을 파면하여 졸병의 대오에 편입하고 음밀(陰密)에 옮기게 하였다. 그러나 무안군은 병을 얻어 옮기지 못하고 석 달을 그 곳에 머물렀는데, 그 사이 연합군의 공격이 심하여 진나라 군사는 패전을 거듭하였다. 그러자 진왕은 사람을 시켜 무안군을 함양에 머물러 있지 못하게 하였다.

무안군이 마침내 함양을 떠나 서쪽으로 10리쯤 되는 두우(杜郵)라는 곳에 이르렀을 때, 진왕은 응후(應侯)를 비롯한 군신들과 무안군에 관하여 상의했는데, 그들은 한결같이 "백기가 옮겨 가면서도 그 뜻은 오히려 원망하여 심복하지 않고 있다."고 하자, 진왕은 드디어 사자를 보내 무안군에게 자결을 명하였다.

무안군이 칼을 잡고 죽으려 하면서 "내가 하늘에 무슨 죄가 있어 오늘 이 지경에 이르는가?" 하고는 뒤에 다시 이렇게 말하며 스스로 자결하였다.

"내 본래 죽어야 마땅할 것이다. 장평(長平)의 싸움에서 항복해 온 조나라의 군사 수십만 명을 속여 죄다 구덩이에 생매장해 죽였으니 내가 죽지 않으면 누가 죽어야 하겠는가?"

무안군은 일찍이 장평의 싸움에서 포위전 끝에 굶주림에 지쳐 항복해 온 조나라 군사들을 '조나라 사졸은 믿을 수 없다' 하여 계책을 써서 생매장하고 어린아이들만 돌려보낸 일이 있었던 것이다.

두우륙이란 무안군이 두우에서 억울하게 죽었다는 위와 같은 내용에서 비롯된 말이다. 진나라 사람들은 그의 죽음을 불쌍히 여겨 향읍에서는 모두 그를 제사지냈다 한다.

마생각 馬生角

세상에 결코 있을 수 없는 것

☞ 오두백(烏頭白)이라고도 함

전국시대 연(燕)나라에 태자 단(丹)이라는 사람이 있었다. 일찍이 조(趙)나라에 인질로 가 있었는데, 그때 그 곳에서 출생한 진왕(秦王) 정(政 : 후의 진시황)과 가깝게 지냈다. 그 후 단은 인질에서 풀려 조나라로 돌아왔다가, 정이 진왕으로 즉위하면서 이번에는 진에 인질로 가게 되었다.

당시는 강력한 진을 필두로 전국 7웅이 합종(合從)과 연횡(連横)을 번갈아 하면서 힘의 균형을 유지하려 했기 때문에 태자가 인질로 가는 경우가 흔했다. 단은 진으로 가면서, 조나라에서 같이 불우한 시절을 보낸 진왕 정을 믿었는데, 진왕은 단을 좋게 대우해 주지 않았다. 진왕의 무례에 화가 난 단은 분개하여 본국으로 돌려 보내줄 것을 강력히 요구했다.

그러자 진왕이 말했다.

"그러지. 까마귀의 대가리가 희어지고, 말머리에 뿔이 나거든 돌려 보내 주지."

그런 일은 일어날 수 없으므로 태자 단은 하늘을 우러러 탄식했다 한다. 혹은 이때 정말로 까마귀의 대가리가 희어지고 말머리에

도 뿔이 났다고 하기도 한다.

그러나 후일 단은 진을 탈출하여 연나라로 돌아와 이때의 원수를 갚으려 하였다.

태자 단은 자객 형가(荊軻)를 보내 진왕을 죽이려 했으나 결국 실패하고, 이 일로 격노한 진왕의 침입을 자초하게 되었다. 결국 연나라는 수도 계성을 함락당하고 산둥으로 밀렸다가 진의 계속된 추격으로 결국 멸망하게 되었다. 진왕 정이 중국을 통일하고 진시황이 된 것은 연이 멸망한 이듬해이다.

오늘날에도 결코 일어날 수 없는 일을 비유할 때 까마귀의 머리가 하얗게 되고 말에 뿔이 난다고 한다.

오 리의 안개가 앞 길을 막는다

오리무중 五里霧中

사방 5리에 걸친 깊은 안개 속 ☞ 예측이나 방침이 전혀 서지 않은 상태로 마음이 헷갈려 생각이 갈팡질팡하는 경우

후한(後漢) 순제(順帝)때 장해(張楷)라는 성도(成都) 출신의 학자가 있었다. 평소 거느리는 제자만 해도 100여 명 이상이었고 귀족이나 황족들도 수레를 타고 줄지어 찾아왔다. 그는 그것이 싫어 이사하고 말았다.

그러나 먹지 않으면 곤란하므로 시장에서 한방약을 팔아 돈을 벌면 시골로 들어가서 한동안 나오지 않았다. 당시의 포도청장이 그것을 알고 고급 관원의 자격이 있다고 추천했는데 관원이 되기는 커녕 함곡관(函谷關) 근처의 홍농산(弘農山)으로 들어가 버렸다.

그 소문을 듣고 사람들이 모여들었다. 그러자 이번엔 그 반대쪽인 화음산(華陰山) 남쪽 기슭으로 숨었으나 그래도 몰려온 사람들로 인해 저자를 이루다시피 붐볐다. 나중에는 화음산 남쪽 기슭에 장해의 자(字)를 딴 공초(公超)라는 저잣거리가 생겼다고 한다.

이렇게 세상에 나오는 것을 싫어한 까닭은 학자였던 아버지 장패(張覇)가 후한 안제(安帝)의 고문으로 있을 때 실권을 마음대로 휘둘렀던 황족들과 사귐을 꺼렸던 것에 영향을 받았기 때문이었다.

장해는 학문 외에도 도가(道家)의 술법을 좋아해 그것을 연구한 끝에 5리 사방에 자욱하게 안개를 일으킬 수가 있었다.

사람을 만나고 싶지 않을 때는 그렇게 해서 모습을 감추었다.

그 당시 배우(裵優)라는 자가 3리 사방에 걸쳐 안개를 일으킬 수가 있어 자만하고 있었는데 장해에겐 당할 수 없다며 제자로 들어가겠다고 청했다. 그러나 장해는 몸을 피하고 만나려 하지 않았다. 그 후 배우는 안개를 일으켜 사람들을 헷갈리게 하고 도둑질을 하다가 체포되었다.

배우가 취조를 받을 때 안개를 일으키는 기술을 장해에게서 배웠다고 말해 장해도 2년간 감옥에 들어가 있었다. 그러나 장해는 옥중에서도 고전을 읽고 상고의 기록집 상서(尙書) 서경의 주석을 달았다.

이윽고 배우와 아무런 관계가 없다는 사실이 밝혀져 집으로 돌아갔다. 만년에 환제(桓帝)로부터 초빙을 받았으나 역시 병을 핑계로 거절하고 70세의 나이로 세상을 떴다고 한다.

또 정사 삼국지에는 없지만, 삼국지연의(三國志演義)에는 제갈공명이 사마중달(司馬仲達)과 오장원(伍丈原)에서 싸웠을 때 가끔 안개를 이용해 중달의 군사를 헷갈리게 했다고 한다.

'오리무중(伍里霧中)'이라는 말은 '오리무(伍里霧)'에 '중(中)'자를 더한 것인데 처음부터 '중'자가 붙어 있던 것은 아니라고 한다.

적반하장 賊反荷杖

죄를 지은 사람이 오히려 기세도 당당하게 남을 치죄하려 한다

순오지(旬伍志)에 나오는 기록에 의하면 도둑이 도리어 몽둥이를 든다는 말이 있는데 이는 '잘못한 자가 오히려 성내고 덤비는 것을 빗댄 것이다' 라는 뜻이다.

도둑이란 말은 우선 '훔친다'는 개념을 떠오르게 한다.

'오이는 씨가 있어도 도둑은 씨가 없다'는 속언과도 같이 도둑질은 그 조상 때부터 유전되어 오는 것이 아니므로 누구나 악한 마음만 갖게 되면 도둑이 되기는 쉬운 법이다.

그러기에 인류가 존재해 온 이래로 도둑이 없었던 적은 단 하루도 없었다. '피 다 뽑은 논 없고 도둑 다 잡은 나라 없다'는 속담처럼 도둑은 아무리 해도 없어지지 않는 묘한 존재이다.

'열 사람이 지켜도 도둑 한 사람을 못 막고 동생 줄 것은 없어도 도둑 줄 것은 있게 마련이다'라는 말도 있다. 그만큼 도둑 맞는 것은 어찌할 수 없다는 말이다.

''도둑질을 하고도 사모(紗帽)믿고 거들먹거린다'는 속담이 있다. 나쁜 짓을 하고도 권세만을 믿고 큰소리친다는 말이다.

도둑 가운데서도 가장 위험스럽고 파렴치한 족속들이 바로 이런 자들일 것이다. 관리라는 허명(虛名) 아래에서 이루어지는 도

적질이야말로 나라 도적과 조금도 다름이 없다고 할 수 있다.

본래 인간에겐 양심이라는 것이 있다. 그렇기 때문에 죄를 지으면 그것이 탄로날까 두려워 노심초사(勞心焦思 : 매우 애쓰며 속을 태움)하고 걱정하다가 도리어 자신도 모르는 사이에 그것을 드러내어 꼬리가 잡히게 마련이다. '`도둑이 제 발 저리다'라는 속담은 바로 이런 경우를 두고 하는 말이다.

그러나 권세만을 믿고 사는 도둑님네들은 그렇지도 않다. 오히려 도둑놈이 몽둥이를 들고 길 위에 오른다.

'적반하장'이란 바로 이런 상황을 지칭한 말일 것이다.

바늘도둑이 소도둑 되는 법이다.

처음에는 하찮은 것에 손을 대다가 차차 큰 것까지 도적질하게 되는 것이다. 그렇기에 나쁜 행실일수록 처음부터 바로잡지 않으면 점점 더 심하게 되어 갈 뿐이다.

도둑을 완전히 뿌리 뽑을 수는 없겠으나 최소한으로 줄어들 수 있는 사회, 그리고 특히 권세의 탈을 쓴 도둑들이 발을 붙일 수 없는 사회가 되기를 바라는게 우리들의 솔직한 심정이다.

누란지위 累卵之危

나라의 돌아가는 형세가 위태로움

전국시대, 세 치의 혀〔舌〕 하나로 제후를 찾아 유세하는 세객(說客)들은 거의 모두 책사(策士)나 모사(謀士)였는데, 그 중에서도 여러 나라를 종횡으로 합쳐서 경륜하려던 책사 모사를 종횡가(縱橫家)라고 일컬었다.

위(魏)나라의 한 가난한 집 아들로 태어난 범저(范雎)도 종횡가를 지향하는 사람이었으나 이름도 연줄도 없는 그에게 그런 기회가 쉽사리 잡힐리 없었다. 그래서 우선 제(齊)나라에 사신으로 가는 중대부(中大夫) 수가(須賈)의 종자(從者)가 되어 그를 수행했다.

그런데 제나라에서는 수가보다 범저의 인기가 더 좋았다. 그래서 기분이 몹시 상한 수가는 귀국 즉시 재상에게 '범저는 제나라와 내통하고 있다'고 참언(讒言)했다. 범저는 모진 고문을 당한 끝에 거적에 말려 변소에 버려졌다.

그러나 그는 모사답게 옥졸을 설득하여 탈옥한 뒤 후원자인 정안평(鄭安平)의 집에 은거하며 이름을 장록(張祿)이라 바꾸었다. 그리고 망명할 기회만 노리고 있던 중 때마침 진(秦)나라에서 사신이 왔다. 정안평은 사신 왕계(王稽)의 숙소로 은밀히 찾아가 장록을 추천했다. 어렵사리 장록을 진나라에 데려온 왕계는 소양왕

(昭襄王)에게 이렇게 소개했다.

"전하, 위나라의 장록 선생은 천하의 외교가이옵니다. 선생은 진나라의 정치를 평하여 '알을 쌓아 놓은 것처럼 위태롭다'며 선생을 기용하면 국태민안(國泰民安)할 것이라고 하였사옵니다."

소양왕은 이 불손한 손님을 당장 내치고 싶었지만 인재가 아쉬운 전국 시대이므로, 일단 그를 말석에 앉혔다. 그 후 범저(장록)는 '원교근공책(遠交近攻策)'으로 그의 진가를 발휘하여 진나라를 강대국으로 만들었다.

논어(論語)

군자의 조건

지도자는 다른 사람들이 지고 있지 않는 무거운 책임을 짊어지고 있다. 그 책임을 완수하기 위해서는 능력이나 인격이 공히 우수하지 않으면 안 된다. 지도자란 사람은 항상 자기의 능력이나 인격을 높이는 노력이 요망된다. 그것을 태만히 한다면 지도자로서는 실격이라고 말하지 않을 수 없다. 공자는 꽤 일찍부터 제자를 키워 교육을 하였으나 특히 정치 활동을 단념한 후의 만년은 제자의 교육에 전력을 다하였다. 그 교육의 내용은 국정을 담당하여야 할 엘리트 즉 지도자의 양성을 목표로 하였다. 그 엘리트 집단을 공자의 표현으로 군자라고 말한 것이다.

군자는 사물에 민첩하고 언행을 삼가 조심하여 도에 따라 바르게 한다. 즉 할 일은 빨리빨리 해치우고 발언에는 책임을 갖는 일이 가장 중요하다는 뜻이다.

공자

군자는 언에는 '어눌하나 행동은 민첩할 것을 바란다'라는 말이 있다. 공자는 말뿐인 사람은 싫어했다. 결국 변론을 경멸한 것은 아니지만 말은 어둔하나 필요할 때 필요한 말을 하면 그것으로 족하다는 것이 공자의 입장이다.

군자는 삼가 싸우지 않고 무리를 지어 파벌

을 만들지 않는다. 군자라고 하는 것은 자신 만만하지만 쓸데 없이 사람과 사물에 개의치 않으며 잘 협조는 하지만 파벌을 만들지 않는다. 군자는 태연하게 마음가짐을 갖고 있어 자신감에 넘치지만 사람을 가볍게 보지도 않는다는 것이다. 또 군자는 마음이 평온하며 언제나 여유가 있다. 즉 작은 일에 구애하거나 끙끙거리지 않고 언제나 여유만만하다는 것이다. 이 군자란 말은 리더와 바꾸어 놓으면 그대로 현대의 지도자에게도 잘 맞는다. 그런데 공자라는 사람은 전술한 바와 같이 은혜에 보답 받을 생각도 없이 은퇴하였으나 정치의 개혁에는 크나큰 정열을 불태웠다. 어떻게 해서라도 이상적인 정치를 실행하려고 악전고투한 것이 공자의 일생이었다고 말할 수 있다.

그 때문인가, 논어에는 정치에 관한 문답이 수 없이 많이 수록되어 있다. 그 중에는 정치가의 바람직한 자세에 대하여 말한 것이 적지 않은데 이것 또한 지도자론으로서 읽을 수가 있다. 예를 들면 제자의 질문에 공자는 이렇게 답하고 있다. 일을 아무렇게나 팽개쳐서는 안된다. 언제나 성실함을 잃지 않는 일이 중요하다. 충이란 성실을 기반으로 하여야 한다. 또 다음과 같이 말하고 있다. 부하가 충분히 능력을 발휘할 수 있도록 하게 한다. 또 작은 실패를 책망하지 않고 인재의 발탁에 마음을 쓸 일이다. 초조하게 서두르지 않고 그리고 작은 이익에 유혹당하지 않는다. 서두르면 실패하여 손해가 오기 쉽고 작은 이익에 유혹 받으면 크나큰 일을 해 낼 수가 없다. 이것은 어떤 사람에 대해서도 바라는 마음가짐이지만 특히 지도자에 대해서는 불가결의 조건이라고 하여도 좋다. 공자가 지도자의 바람직한 자세에 무엇을 기대하고 있었는가는 다음의 말에 요약된다고 할 수 있다. 즉 '처신이 올바르면 명령이 없어도 행한다. 또한 바르지 않으면 명령이 있어도 따르지 않는다' 이다.

결국 지도자로서의 설득력을 높이려고 생각한다면 인간으로서의 덕을 몸에 배게 하지 않으면 안 된다. 그 때문에 이를 위한 노력을 아깝게 생각하지 말라. 그렇게 공자는 말하고 있다.

공자 어록

교언영색(巧言令色) 하면 인이 적다.

배우고 생각하지 않으면 어둡고, 생각만 하고 배우지 않으면 위태롭다.

아침에 도를 깨달으면 저녁에 죽어도 여한이 없다.

덕은 외롭지 않다. 반드시 이웃이 있나니라.

사람이 정작 죽을 순간엔 그 언행이 선하다.

넘치면 오히려 미치지 못함과 같으니라.

군자는 화합하되 뇌동하지 않고, 소인은 뇌동하나 화합하지 못한다.

잘못하고도 고치지 않은 것 자체가 바로 잘못이니라.

단지 여자와 소인은 다루기 힘들고 어렵다.

탐욕의 만행과 아첨

곡학아세 曲學阿世

정도(正道)를 벗어난 학문으로 세상 사람들에게 아첨함

한(漢)나라 6대 황제인 경제(景帝)는 즉위하자마자 천하에 널리 어진 선비를 찾다가 산동(山東)에 사는 원고생(轅固生)이라는 시인을 등용하기로 했다. 그는 당시 90세의 고령이었으나 직언을 잘하는 대쪽 같은 선비로도 유명했다. 그러자 사이비(似而非) 학자들은 원고생을 중상비방(中傷誹謗)하는 상소를 올려 그의 등용을 극력 반대하였으나 경제는 끝내 듣지 않았다.

당시 원고생과 함께 등용된 소장(少壯) 학자가 있었는데 그 역시 산동 사람으로 이름을 공손홍(公孫弘)이라고 했다. 공손홍 역시 원고생을 늙은이라고 깔보고 무시했지만 원고생은 전혀 개의치 않고 공손홍에게 이렇게 말했다.

"지금은 학문의 정도(正道)가 어지러워져서 속설(俗說)이 유행하고 있네. 이대로 내버려 두면 유서 깊은 학문의 전통은 결국 사설(私說)로 인해 그 본연의 모습을 잃고 말것일세. 자네는 다행히 젊은 데다가 학문을 좋아하는 선비란 말을 들었네. 그러니 부디 올바른 학문을 열심히 닦아서 세상에 널리 전파해 주기 바라네. 결코 자신이 믿는 학설을 굽히어 이 세상 속물들에게 아첨하는 일이 있어서는 안 되네."

원고생의 말이 끝나자 공손홍은 몸둘 바를 몰랐다. 절조를 굽히지 않는 고매한 인격과 학식이 높은 원고생과 같은 눈앞의 태산북두(泰山北斗)를 알아 보지 못한 자신이 너무도 부끄러웠기 때문이다. 공손홍은 당장 지난날의 무례를 정중히 사과하고 원고생의 제자가 되어 학문에 더욱 정진하였으며 후세에까지 전해지는 대학자가 되었다고 한다.

대간사충 大姦似忠

아주 간사한 사람은 충신과 흡사하다

☞ 악한 사람이 본성을 숨기고 충신처럼 보인다

송(宋)나라 제5대 영종(英宗)은 제정 개혁에 힘썼다. 그러나 즉위한 지 겨우 4년만에 세상을 떴다. 그 뒤를 이어 신종이 19세의 나이로 즉위하여 아버지 영종이 이룩하지 못한 개혁을 진행시키기 시작했다.

어린나이의 신종을 도와 왕안석(王安石)이 개혁을 추진시켰다. 그는 신종의 신임을 얻어 조정 안의 보수 반동세력과 재야의 지주, 부상(富商)계급의 세찬 비난과 반대 속에서 잇달아 새로운 법을 공포했다. 왕안석이 재상에 취임하는 것을 가장 강하게 반대한 사람은 어사중승(御史中丞)의 여회(呂悔)였다. 여회는 왕안석을 탄핵하는 상소를 신종에게 올렸다.

그는 "아주 간사한 사람은 충신과 비슷하고, 큰 속임수는 사람들로 하여금 믿게 만든다."며 표면은 질박하게 보이면서도 흉중에는 간사한 음모가 있으며, 교만하고 황실을 업신여기며 음험하여 남을 해치는 대간이라하여 왕안석의 잘못을 조목조목 들고 있었다. 그러나 신종의 왕안석에 대한 신임은 변치 않아 여회에게 탄핵문의 취소를 종용했다.

대간사충은 여기서 나온 말로, 정말로 간사한 사람은 언사가 교묘하여 누구라도 충신이라고 믿게 만든다는 말이다. 그 후에도 신종은 왕안석에 대한 신임을 바꾸지 않고, 오히려 여회를 지방으로 좌천시키면서까지 개혁을 추진하려 하였다. 그러나 신종이 죽고, 왕안석도 물러나 은퇴하자 보수 반동 세력이 다시 득세하여 개혁은 결국 수포로 돌아갔다.

불수진 拂鬚塵

상사의 환심을 사려고 아첨하거나 윗사람에 대한 비굴한 태도

송(宋)나라의 진종(眞宗) 때 재상 구준(寇準)이 있었다. 그는 정의롭고 강직하며 청렴결백한 관리였다. 그는 유능하고 지혜롭지만 관운이 따르지 않은 젊은이들을 과감히 발탁하여 나라의 일꾼으로 만들었다.

참정(參政 : 종2품) 정위(丁謂)도 그런 젊은이 가운데 한 사람이었다. 정위는 비록 유능한 인재였지만 윗사람에게 비굴할 정도로 아부하는 못된 짓을 하여 주위의 따가운 눈총을 받았다.

한번은 다음과 같은 일이 있었다.

조정 중신들과 함께 회식하는데 구준이 국을 잘못 떠 그만 수염에 국 찌꺼기를 묻혔다. 이때 이 모습을 본 정위는 쏜살같이 달려와 자신의 소맷자락으로 공손히 구준의 수염에 묻은 음식 찌꺼기를 털어 주는 것이었다.

이에 구준은 때와 장소를 가리지 않고 아부하는 정위를 "참정이라면 한 나라의 중신인데 상관의 수염까지 털어줄 것까지 없지 않겠소."라고 냉정하게 꾸짖으며 그의 아부하는 버릇을 일깨워 주었다. 그러자 정위는 어찌할 바를 모르고 고개도 들지 못한 채 그 자리를 떠났다고 한다.

불수진은 구준이 정위의 아부하는 버릇을 비유한 말이며, 줄여서 불수라고도 한다. 보통 아첨을 받는 사람은 권력이나 재력을 갖춘 자이고 아첨하는 사람은 그와 정반대의 위치에 있는 사람이다.

자신의 진정한 실력이 아닌 아첨으로 입신양명한 자는 언젠가는 자신도 아첨을 받아야 한다고 생각하기 마련이며 여기에는 부정, 부패, 비리가 늘 함께 따라다닌다. 이리하여 아첨의 악순환이 계속되는 것이다.

구준의 강직하고 정의로운 모습은 다음과 같은 데서도 볼 수 있다. 나라에 환란이 생겨 왕이 그 대책을 묻자 구준은 "폐하의 형벌이 공평하지 못하였기 때문입니다."라고 대답하였다.

왕이 공평하지 못한 형벌이 무엇이냐고 묻자, 구준은 "조길(祖吉)과 왕회(王淮) 두 사람 모두 뇌물을 받았는데 조길은 사형에 처해진 반면 왕회는 아무런 문책도 받지 않았습니다."라고 대답하였다.

왕회는 참정 왕면의 동생이었다. 이에 왕은 재조사를 지시하여 결국 두 형제는 파면되었다

성호사서 城狐社鼠

성(城)에 사는 여우와 신전에 사는 쥐를 말하는데 여우와 쥐를 없애려고 하면 성(城)이나 신전을 허물거나 태우지 않으면 안되므로 손을 쓸 수가 없다 ☞ 간신의 무리

권위의 그늘에 있으면서 나쁜 일을 행하는 사람을 비유하기도 한다. 진(晉)나라 원제(元帝) 사마예(司馬睿) 때, 왕람(王覽)의 손자 왕도(王導)는 승상에 임명되고, 왕돈(王敦)은 진동대장군(鎮東大將軍)에 임명되었다. 두 사람은 각각 문(文)과 무(武)를 갖추어 조정을 좌지우지하였다. 뿐만 아니라 왕돈의 아내는 사마염(司馬炎)의 딸인 양성(襄城)공주였으므로, 당시 사람들은 왕씨와 사마씨가 천하를 차지하였다고들 말했다. 하지만 사마씨와 왕씨는 권력을 둘러싸고 첨예하게 대립하고 있었다.

처음 진나라 원제 사마예가 건강(建康 : 지금의 강소성 남경)에서 즉위하였을 때는, 서로 지지하며 도왔으므로 권력을 둘러싼 대립은 없었다. 사마예는 왕도와 왕돈의 도움으로, 신속하게 정국을 안정시켰다. 이러한 과정에서, 왕돈은 적지 않은 공을 세우고 통수(統帥)에 임명되어, 강주(江州) 등 여섯 군의 군대를 지휘하게 되었으며, 아울러 강주자사를 겸임하여 장강(長江) 상류 지역을 장악하였다. 이렇다 보니, 장강 하류에 있던 수도 건강에서 보면 잠재적인 위협이 아닐 수 없었다.

진나라 원제는 이 위험한 형세를 계속 주시하면서, 유외를 진북(鎭北) 장군에 임명하였다. 명목상으로는 북방 각국의 침입에 대비하는 것이었지만, 사실은 왕돈을 견제하기 위한 것이었다.

왕돈은 원제의 의도를 분명하게 알아차리고, 일을 일으킬 준비를 적극적으로 하였다. 그러나 군대를 동원하여 수도로 진격한다면, 이것은 분명 반역 행위가 되었으므로 왕돈은 이러한 모험을 감행하는 대신 구실을 찾았다.

그는 장사관(長史官) 사곤(謝鯤)을 불러서 물었다.

"유외라는 자는 매우 간악하여 나라에 해를 끼치고 있소. 나는 이 자를 황제의 신변에서 제거하여 나라에 보답하고 싶은데, 그대의 생각은 어떻소?"

사곤은 한참 생각하더니 이렇게 권하였다.

"유외는 진실로 재화를 일으킬 자입니다만, 성벽의 여우나 사당의 쥐와 같습니다. 여우굴을 뒤지려면 성벽이 무너질까 두려워하고, 쥐를 태워 죽이거나 물에 빠뜨려 죽이려면 사당이 무너질까 두려워해야 합니다. 지금 유외는 황제 측근의 신하로서 그 세력이 상당히 강대하여 황제께서는 그를 의지하고 있으므로 그를 제거하는 것이 쉽지 않을 것 같습니다."

차마 반역까지는 생각해 본적이 없던 왕돈은 사곤의 말을 듣고 마음이 불쾌했지만, 결국 군대를 동원하여 건강 근처까지 진격했다. 진나라 원제는 몹시 두려워하며 왕돈에게 화해를 요청했다. 왕돈은 자신에 맞섰던 대신들을 제거하고, 곧 호북(湖北)으로 돌아왔다.

사이비 似而非

진짜같이 보이지만 사실은 가짜

어느 날 맹자에게 제자 만장(萬章)이 찾아와 "한 마을 사람들이 향원(鄕原 : 사이비 군자)을 모두 훌륭한 사람이라고 칭찬하면 그가 어디를 가더라도 훌륭한 사람일 터인데 유독 공자만 그를 '덕을 해치는 사람'이라고 하셨는데 이유가 무엇인지요."라고 물었다.

맹자는 "그를 비난하려고 하여도 비난할 것이 없고, 일반 풍속에 어긋남도 없다. 집에 있으면 성실한 척하고 세상에서는 청렴결백한 것 같아 모두 그를 따르며, 스스로 옳다고 생각하지만 요(堯)와 순(舜)과 같은 도(道)에 함께 들어갈 수 없기 때문에 '덕을 해치는 사람'이라 한 것이다. 그래서 공자께서는 '나는 사이비한 것을 미워한다'라고 하셨다."

이렇게 사이비는 외모는 그럴듯 하지만 본질은 전혀 다른 사람으로 겉과 속이 다른 것을 의미하며 선량해 보이지만 실은 질이 좋지 못한 것을 말한다. 공자가 사이비를 미워하는 이유는 여러 가지이다.

말만 잘하는 것을 미워하는 이유는 신의를 어지럽힐까 두려워서이고, 정(鄭)나라의 음란한 음악을 미워하는 이유는 아악(雅樂)을 더럽힐까 두려워서이고, 자줏빛을 미워하는 이유는 붉은빛을 어지럽힐까 두려워서이다.

이처럼 공자는 인의에 뿌리를 내리지 못하고 겉만 번지르르하고 처세술에 능한 사이비를 '덕을 해치는 사람'으로 보았기 때문에 미워한 것이다.

원리 원칙과 상식이 통하지 않는 사회일수록 사이비가 활개를 치는 법이다. 그들은 대부분 올바른 길을 걷지 않고 시류에 일시적으로 영합하며, 자신의 본분을 망각하거나 말로 사람을 혼란시키는 사회의 암적인 존재들이다.

문정약시 門庭若市

방문객이 많은 것을 말하거나 또는 환심을 사려는 자가 많다

전국시대 제(齊)나라에 국상(國相)으로 추기(鄒忌)라는 호남자가 있었다. 그가 하루는 거울을 보고 생각했다.

"내가 미남자라고는 하나 유명한 서공(徐公)에는 미치지 못할 것이다."

그래서 아내에게 물어 보았다.

"나와 서공 중 어느 쪽이 호남자요?"

아내는 한마디로 잘라서 말했다.

"그야 물론 당신이 더 낫지요."

아내의 말을 믿을 수 없어 첩에게 다시 물어 보았다.

"물론 영감님이 위입니다."

이튿날 친구가 찾아오자 같은 것을 물어 보았다. 부탁할 일이 있어서 온 친구도 말했다.

"서공 따위, 자네에게는 어림도 없지."

친구가 칭찬하는 말도 추기로서는 납득할 수가 없었다.

하루는 서공이 추기를 찾아왔다. 추기는 요모조모 뚫어지게 서공을 훑어보고는 생각했다.

"역시 내가 그만 못해."

서공이 돌아간 뒤, 그는 자기와 서공을 비교해 보려고 거울을 들여다 보았다. 보면 볼수록 서공만 못했다. 아니 어림도 없다는 생각이 들었다.

그날 밤 그는 곰곰히 생각했다.

"왜 모두들 내가 더 낫다고 하는 것일까?"

그는 곧 깨달았다.

아내는 나를 사랑하기 때문이며, 첩은 나를 두려워하기 때문이며, 친구는 나에게 부탁할 것이 있기 때문이라고.

제(齊)나라 위왕(威王)은 추기의 이런 말을 듣고 일리가 있다고 여겨 온 나라에 직언(直言)과 직간(直諫)을 하는 사람에게 상을 내린다고 공고를 하였다.

이에 많은 신하들이 간언(諫言)하러 모여들어 궁의 문과 뜰은 시장과 같았다. 그러나 몇 달이 지나고 일 년이 지난 후에는 간언하러 오는 사람이 거의 없었다고 한다. 사람은 그만큼 아첨하기보다는 간언하기가 힘들다는 것을 시사해 주고 있다.

완물상지 玩物喪志

하찮은 물건에 대한 집착으로 큰 뜻을 이루지 못할 때 쓰는 말

은(殷)나라의 마지막 군주인 주(紂)는 성격이 포악하고 백성들에게 재화와 보물들을 거두어들여 호화로운 궁전을 세우고 유흥에 빠져 백성들의 원망이 높았다.

주(周)나라의 서백(西伯 : 은을 섬긴 서쪽 여러 민족 가운데 우두머리) 창(昌)은 겉으로는 은나라의 주왕을 섬긴 척 하였으나 머지않아 은이 망할 것을 예견하고 주(紂)를 칠 준비를 하고 있었다.

창이 죽고 발(發 : 무왕)이 뒤를 이어 즉위하여 체제 정비를 끝내고는 드디어 은의 수도를 목표로 군사를 일으켰다. 이 보고를 받은 폭군 주(紂)는 감옥에 가득찬 죄인들을 풀어 70만 대군을 편성하여, 주(周)의 군사를 목야(牧野)에서 맞아 결전을 치르기로 하였으나, 이미 민심을 잃은 그에게 충성을 바치는 군사는 없었다. 순식간에 대오가 무너지고 쫓기던 주왕(紂王)은 스스로 궁전에 불을 지르고 죽었다.

주(周)나라를 세운 무왕은 건국의 공신들에게 각지에 제후로 봉하고 더불어 먼 나라에도 사신을 보내어 자기의 문덕과 무공을 전하고 신하로서 자신을 왕으로 섬길 것을 요구하였다.

어느 날 서방의 먼 곳에 자리잡은 여(旅)나라의 사신이 와서 큰

개 한 마리를 헌상했다. 무왕은 이 진기한 선물을 기쁘게 받고 사자에게 큰 선물을 내렸다. 이것을 본 대보(大保) 소공(召公)이 글을 올려 다음과 같이 간언했다.

사람을 가지고 놀면 덕을 잃고[玩人喪德 : 완인상덕],
물건을 가지고 놀면 뜻을 잃습니다[玩物喪志 : 완물상지].

이 말을 듣고 무왕은 은나라의 멸망을 교훈삼아 큰 개는 물론 헌상품을 모조리 제후와 공신들에게 나누어 주고 정치에 전념했다.

오늘날에도 정치인들이 뇌물에 넘어가 정치의 본뜻을 잃고 마는 경우가 많다. 무릇 큰 뜻을 품은 사람은 물욕(物慾)에 초월한 태도를 익혀야 함을 말하고 있다.

이령지혼 利令智昏

이익(利益)을 탐하다 사리(事理)를 분별하지 못하고 일을 잘못함

전국(戰國)시대 때 진(秦)나라는 대장군 백기(白起)에게 대군을 주어 한(韓)나라를 공격하게 하여 한나라의 야왕(野王 : 지금의 하남성 심양현)을 점령하였다. 야왕은 한나라의 상당(上黨)에서 내륙으로 통하는 교통의 요지였는데 야왕이 점령 당하는 바람에 상당은 고립되고 말았다.

상황이 이렇게 되자 상당의 지방관인 풍정(馮亭)은 인접한 조(趙)나라 효성왕(孝成王)의 보호를 받고자 하였다. 이에 풍정의 의사를 전해 받은 효성왕은 대신(大臣)들에게 의견을 물었다. 먼저 평양군(平陽君) 조표(趙豹)가 반대하고 나섰다.

"아무런 연고도 없이 이득을 보면 재앙을 부를 수도 있으니 받지 않는 게 좋을 듯합니다."

그러나 국상(國相)인 평원군 조승이 이를 이용하여 영토를 넓히자고 주장하자 효성왕은 평원군의 견해에 따라 풍정을 화양군(華陽君)에 봉했다. 동시에 조나라는 조괄(趙括)을 대장군으로 임명하고 40여만의 대군을 동원하여 상당을 접수하였다.

상당을 조나라에게 빼앗겨버린 진나라는 다시 백기를 파견하여 조괄이 이끄는 조나라 군대와 일전을 벌였다. 이 전투에서 조괄이

죽자 조나라 병사 40여 만 명은 백기에게 투항하였지만 모두 생매장되었다.

사마천은 《사기(史記)》에서 이 사건에 대하여 다음과 같이 평가하였다.

"평원군은 공중을 높이 나는 새를 잡기 어려운 것처럼 뛰어난 인물로서 난세에는 얻기 어려운 멋있는 귀공자였지만 국가를 다스리는 요체를 살필 줄을 몰랐다. 속담에 이르기를 '이(利)는 지혜를 어둡게 한다(利令智昏)'라고 하였다. 평원군은 풍정의 간사한 말을 지나치게 믿고 탐욕스런 마음을 품어 40여 만 명의 조나라 군사들을 희생시키고 한단이 거의 함락되는 지경에 이르게 했다."

살처구장 殺妻求將

명성이나 이익을 얻기 위하여
흉악하고 잔인한 수단을 망설이지 않고 사용함

전국(戰國)시대, 병법에 뛰어난 오기(嗚起)라는 사람이 있었다. 그는 위(衛)나라 사람으로 여유있는 가정의 출신이었다. 그는 젊었을 적에 공명(功名)을 얻기 위하여 여러 곳을 돌아 다녔으나, 결국 아무 것도 이루지 못하였다.

고향 사람들이 자신을 비웃자, 오기는 자신을 조롱한 사람 30여 명을 죽이고 밤을 틈타 위나라를 도망쳐 나왔다. 그는 어머니와 이별하면서 대부나 재상이 되어 돌아오겠다고 말하면서 자신의 팔뚝을 물어뜯었다. 그 길로 그는 노(魯)나라로 떠났다.

오기는 노나라에서 증자(曾子)를 스승으로 모시고 열심히 공부하였으나, 모친의 사망 소식을 듣고도 가지 않았다는 이유로 스승에게서 배척을 당했다. 이 무렵, 제(齊)나라의 전거(田居)라는 대부가 노나라를 방문하였다. 그는 공교롭게도 오기가 살고 있는 곳과 가까운 여관에 묵게 되었다.

전거는 닷새 정도 묵으면서 매일 열심히 공부하는 오기의 모습을 창문을 통해 바라보게 되었다. 전거는 오기를 불러 여러가지 이야기를 나누어 보고는, 그가 필시 큰 인물이 될 것이라고 생각하여 자신의 딸을 그의 아내로 삼게 하였다. 전거의 딸은 미인이고 현숙(賢淑)한 여자였으므로, 오기는 매우 좋아했다. 두사람은 결혼 후 매우 사이좋은 부부가 되었다.

얼마 후, 제나라가 노나라를 침략하게 되자 노나라 목공(穆公)은 오기를 장군으로 임명하려 하였으나, 그가 제나라 대부 전거의 사위라는 점 때문에 결정을 내릴 수가 없었다.

이런 사실을 알아차린 오기는 공명을 얻고자 하는 마음에서 조금도 망설이지 않고 자신의 아내를 죽임으로써 제나라와 아무런 관계가 없음을 증명해 보였다.

그러나 목공은 오기가 너무 잔인하다고 생각하여 그를 해임하고 말았다. 이에 오기는 위(魏)나라로 향하게 된다.

아비규환 阿鼻叫喚

지옥 중에서도 고통이 가장 심한 곳

아비(阿鼻)와 규환(叫喚)은 모두 불가에서 말하는 8대 열지옥(熱地獄)의 하나이다. '아비(阿鼻)'는 범어(梵語) 'Avici'의 음역으로 '아'는 무(無), '비'는 구(救)로서 '전혀 구제받을 수 없다'는 뜻이다. 아비지옥은 불교에서 말하는 8대 지옥 중 가장 아래에 있는 지옥으로 '잠시도 고통이 쉴 날이 없다'하여 '무간지옥(無間地獄)'이라고도 한다.

이곳은 오역죄(伍逆罪)를 범한 자들이 떨어지는 곳이다.

즉 부모를 살해한 자, 부처님 몸에 피를 낸 자, 삼보(보물, 법보, 승보)를 훼방한자, 사찰의 물건을 훔친자, 비구니를 범한 자 등이 오역죄에 해당된다.

이곳에 떨어지면 옥졸이 죄인의 살가죽을 벗기고 그 가죽으로 죄인을 묶어 불수레의 훨훨 타는 불 속으로 던져 태우기도 한다. 야차(夜叉 : 악마)들이 큰 쇠창을 달구어 입, 코, 배 등을 꿰어 던지기도 한다. 이곳에서는 하루에 수 천 번씩 죽고 되살아나는 고통을 받으며 잠시도 평온을 누릴 수 없다. 고통은 죄의 대가를 치른 후에야 끝난다.

'규환(叫喚)'은 범어(梵語) 'Raurava'에서 유래한 말로 8대 지옥

중 4번째 지옥이다. 누갈(樓喝)이라 음역하며 고통에 울부짖는다 하여 '규환'이라 의역한다.

이곳에는 전생(前生)에 살생(殺生), 질투(嫉妬), 절도(竊盜), 음탕(淫蕩), 음주(飮酒)를 일삼은 자들이 떨어지게 된다. 이들은 물이 펄펄 끓는 가마솥에 빠지거나 불이 훨훨 타오르는 쇠로 된 방에 들어가 뜨거운 열기의 고통을 받게 된다. 너무 고통스러워 울부짖으므로 '규환지옥'이라고도 한다.

아비지옥과 규환지옥은 너무나 고통스러워 울부짖는 곳이다. 그래서 차마 눈뜨고 보지 못하는 참상(慘狀)을 두고 '아비규환'같다고 표현한다.

문전성시 門前成市

권세가나 부잣집 문 앞이 방문객으로 저자를 이루다시피 붐빈다

전한(前漢) 말, 11대 황제인 애제(哀帝) 때의 일이다. 애제가 즉위하자 조정의 실권은 대사마(大司馬 : 국방 장관) 왕망(王莽 : 훗날 전한을 멸하고 신(新)나라를 세움)을 포함한 왕씨 일족으로부터 역시 외척인 부씨(傅氏 : 애제의 할머니), 정씨(丁氏 : 애제의 어머니) 두 가문으로 넘어갔다. 그리고 당시 20세인 애제는 동현(董賢)이라는 미동(美童)과 동성애에 빠져 국정을 돌보지 않았다. 그래서 충신들이 간했으나 마이동풍(馬耳東風)이었다.

이때 상서복야(尙書僕射)로 있던 정숭은 황제의 인척으로 이름난 학자 포선(鮑宣), 중신인 왕선(王善) 등과 함께 매번 외척들의 횡포와 부패를 황제에게 직언하였지만 받아들여지지 않았다. 뿐만 아니라 이로 인해 황제의 눈에 난 것은 물론 아첨배들로부터는 경원의 대상이 되었다.

그 무렵, 조창(趙昌)이라는 상서령(尙書令)이 있었는데 그는 전형적인 아첨배로 왕실과 인척간인 정숭을 시기하여 모함할 기회만 노리고 있었다.

그는 어느 날 애제에게 이렇게 고했다.

"폐하, 아뢰옵기 황공하오나 정숭의 집 문 앞이 저자를 이루고

있사온데〔門前成市〕 이는 심상치 않은 일이오니 엄중히 문초하시옵소서."

애제는 즉시 정숭을 불러 물었다.

"듣자니 그대의 문전은 저자와 같다고 하던데, 그게 사실이오?"

"예, 폐하. 신의 문전은 저자와 같사오나 신의 마음은 물같이 깨끗하옵니다. 황공하오나 한 번 더 조사해 주시옵소서."

그러나 애제는 정숭의 소청을 묵살한 채 옥에 가뒀다. 그러자 사례(司隷)가 상소하여 조창의 참언(讒言)을 공박하고 정숭을 변호하는 목소리가 높았으나 애제는 그를 삭탈관직(削奪官職)하고 서인(庶人)으로 내쳤다. 그리고 정숭은 그 후 옥에서 죽고 말았다.

철면피 鐵面皮

쇠로 낯가죽을 하였다는 말로 파렴치한 인간

☞ 뻔뻔스럽고 염치를 모르는 사람

왕광원(王光遠)이란 자는 학문과 재능이 남달리 뛰어나 진사 시험에도 합격하였으나 출세를 하기 위해 갖은 수단과 방법을 가리지 않고 권문세가들에게 접근하여 아첨을 일삼는 지독한 출세주의자였다.

"아니! 이건 정말 대단합니다. 이렇게 훌륭한 시는 저 같은 건 열 번 죽었다 살아난다 해도 어림도 없겠습니다. 아주 후하신 인품이 엿보여 신운(神韻 : 신비롭고 고상한 운치)이 감돈다고 할까요? 이백도 아득히 따르지 못 할 것입니다."

곁에 있는 사람이 어떻게 생각하는 지는 조금도 아랑곳 없이 낯간지러운 소리를 천연덕스럽게 떠들어 댔다. 상대가 술에 취해서 아무리 무례한 짓을 해도 화를 내기는 커녕 너털웃음을 웃었다.

언젠가 술에 취한 상대가 취중(醉中)에 채찍을 집어들고 "그대를 때리고 싶은데 때려도 좋은가?" 하자 "선생의 채찍이라면 기꺼히 맞겠나이다." 하고 등을 돌려댔다.

"좋아, 그럼!"

술취한 사람은 정말로 광원을 때렸는데도 화를 내기는 커녕 여전히 그 사람에게 달라붙어 기분을 맞추었다.

그래서 그 꼴을 보다 못해 동석하고 있던 친구가 물었다.

"자넨 부끄러운 줄도 모르는가? 만좌중에서 그런 꼴을 당하고도 잠자코 있다니!"

그러나 광원은 조금도 개의치 않고 대답했다.

"하지만 그 사람의 마음에 들면 나쁘지는 않거든."

그때부터 사람들은 그를 가리켜 "광원의 얼굴 두께는 열 겹의 철갑같다"고 하였다. 이것은 철갑(鐵甲)이 부끄러운 줄 모르는 파렴치(破廉恥)란 뜻으로 쓰인 예이다.

그러나 철면(鐵面)의 경우 정정당당하고 굳센 태도를 칭찬하는 뜻으로 쓰인 예가 많다.

복건통지(福建通志)에 다음과 같은 기록이 있다.

"송나라의 조선(趙善)은 선교랑(宣教郎)이라는 관직에 임명되어 숭안현(崇安縣)의 지사가 되었는데 현의 법률을 엄격하게 지켰기 때문에 사람들은 그를 조철면(趙鐵面)이라고 불렀다"고 한 이야기는 인정사정이 없었다는 뜻으로 철면이 쓰인 예이다.

또 송사(宋史) 조변전(趙卞傳)에 보면 "조변이 전중시어사(殿中侍御史)가 되자 지위고하를 막론하고 가차없이 적발했기 때문에 그를 철면어사(鐵面御史)라고 불렀다."고 기록되어 있다.

이것은 철면이란 말이 권력에 굴하지 않는 강직한 뜻으로 쓰인 좋은 예이다.

방약무인 傍若無人

주위의 다른 사람을 전혀 의식하지 않은 채 마구 행동함

전국 시대도 거의 막을 내릴 무렵인 진왕(秦王) 정(政;훗날의 시황제)이 천하를 통일하기 직전의 일이다. 당시 포학 무도한 진왕을 암살하려다 실패한 자객 중에 형가(荊軻)라는 사람이 있었다. 그는 위(衛)나라 사람이었으나 위나라 원군(元君)이 써주지 않자 여러 나라를 전전하다가 연(燕)나라에서 축(筑 : 거문고와 비슷한 악기)의 명수인 고점리(高漸離)를 만났다.

형가와 고점리는 곧 의기투합(意氣投合)하여 매일 저자에서 술을 마시다 취기가 돌면 고점리는 축을 연주하고 형가는 노래를 불렀다. 그러다가 감회가 복받치면 함께 엉엉 울었다.

마치 '곁에 아무도 없는 것처럼……'.

여기서 원래 '방약무인(傍若無人)'은 아무 거리낌없이 당당한 태도를 말하였는데 변해서 천방지축으로 날뛰고, 무례하거나 교만한 태도를 표현할 때 인용된다.

고사를 좀더 소개하자면, 이후 진(秦)나라의 정(政 : 훗날 시황제)에게 원한을 품고 있던 연나라의 태자 단(丹)이 형가의 재주를 높이 평가하여 그에게 진시황제 암살을 부탁하였다.

형가는 단의 부탁으로 진시황제 암살을 기도하였지만 진시황제

의 관복만 뚫었을 뿐 암살은 실패로 돌아갔다. 결국 그는 진시황제에게 죽임을 당하였다.

암살하기 위해 진나라로 떠나기 전 그가 읊은 노래 "바람은 쓸쓸하고 역수는 찬데 장사 한 번 가면 다시 돌아오지 않는다"라는 구절은 유명하다. 이 노래를 들은 이는 모두 눈을 부라리고 머리카락이 하늘로 솟았다고 한다.

분서갱유 焚書坑儒

진나라 시황제의 가혹한 법과 혹독한 정치

춘추전국 시대는 제(齊)나라를 끝으로 6국을 평정하고 전국시대를 마감한 진나라 시황제 때의 일이다. 시황제는 천하를 통일하자 주(周)왕조 때의 봉건 제도를 폐지하고 사상 처음으로 중앙집권의 군현제도(郡縣制度)를 채택했다.

군현제를 실시한 지 8년이 되는 어느 날, 시황제가 베푼 함양궁(咸陽宮)의 잔치에서 박사(博士)인 순우월(淳于越)이 '현행 군현 제도하에서는 황실의 무궁한 안녕을 기하기가 어렵다'며 봉건제도로 다시 돌아갈 것을 진언했다. 시황제가 신하들에게 순우월의 의견에 대해 가부를 묻자 군현제의 입안자인 승상 이사(李斯)는 이렇게 대답했다.

"봉건시대에는 제후들 간에 침략전이 끊이지 않아 천하가 어지러웠으나 이제는 통일되어 안정을 찾았사오며, 법령도 모두 한 곳에서 발령(發令)되고 있나이다. 하오나 옛 책을 배운 사람들 중에는 그것만을 옳게 여겨 새로운 법령이나 정책에 대해서는 비난하는 선비들이 있사옵니다. 하오니 차제에 그러한 선비들을 엄단하심과 아울러 백성들에게 꼭 필요한 의약(醫藥), 복서(卜筮), 종수(種樹 : 농업)에 관한 책과 진나라 역사서 외에는 모두 수거하여 불태워 없애 버리소서."

시황제가 이사의 진언을 받아들임으로써 관청에 제출된 희귀한 책들이 속속 불태워졌는데 이 일을 가리켜 '분서'라고 한다. 당시는 종이가 발명되기 이전이므로 책은 모두 글자를 적은 댓조각을 엮어서 만든 죽간(竹簡)이었다. 그래서 한번 잃으면 복원할 수 없는 것도 많았다.

이듬해 아방궁(阿房宮)이 완성되자 시황제는 불로장수의 신선술법(神仙術法)을 닦는 방사(方士)들을 불러들여 후대했다. 그들 중에서도 특히 노생(盧生)과 후생(侯生)을 신임했으나 두 방사는 많은 재물을 사취(詐取)한 뒤 시황제의 부덕(不德)을 비난하며 종적을 감춰 버렸다. 시황제는 진노했다. 그 진노가 채 가시기도 전에 이번에는 시중의 염탐꾼을 감독하는 관리로부터 '폐하를 비방하는 선비들을 잡아 가뒀다'는 보고가 들어왔다. 시황제의 노여움은 극에 달했다. 엄중히 심문한 결과 연루자는 460명이나 되었다. 시황제는 그 들을 모두 산 채로 각각 구덩이에 파묻어 죽였는데 이 일을 가리켜 '갱유'라고 한다.

역경을 이겨내는 마음가짐

인생을 살아가는데 있어서 무엇보다도 필요한 것이 참을 인(忍), 결국 참고 견디는 것이라고 채근담에서 말하고 있다.

산을 오르는 것은 험한 길을 이겨 내야하고 눈길은 위험한 다리를 이겨 내 나아갈 수 있다는 말이 있는데 이 참고 견딘다는 것에 깊은 의미가 포함되어 있다. 인정은 험하고 인생의 길은 냉엄하다. 참아내는 것을 떠받고 살아가지 않으면 느닷없이 덤불속에 빠져들어 함정에 떨어져 버리고 만다. 여하튼 참고 견디는 것은 내 몸에 채찍질을 하면서 살아가는 것이 상책이라는 것이다. 그렇지만 인생이 참고 견디는 것뿐이라면 무슨 재미가 있겠는가. 도대체 무엇을 위한 고생인가 하는 의심도 생기는 것은 당연하다. 그런데 중국에는 행복과 불행은 순환하는 것이라는 사상이 있다. 즉 지금 불행하더라도 곧 좋은 시기가 돌아온다는 것이다. 그렇게 자기 자신에게 위안을 하면서 현재의 고통을 참고 견디는 것이다. 이러한 전도에 희망을 가진 고생이라면 고생한 보람이 있다. 반대로 지금은 모든 것이 잘 풀리더라도 언제 어느 때 밑바닥으로 굴러 떨어질지 예측할 수가 없다. 그렇기 때문에 경기가 좋을 때 나태하지 말고 한층 신중한 경영을 하지 않으면 안 된다.

채근담도 이러한 순환의 사상을 밟아 다음과 같이 말하고 있다. 경기가 하강하는 징조는 전성기에 나타나고 새로운 것의 태동은 쇠퇴의 극에 도달할 때 생긴다. 순탄한 때는 마음을 가다듬어 이변에 대비하고 난관에 부닥칠 때는 오로지 참고 견디면서 초지를 관철하지 않으면 안 된다.

채근담

또 다음과 같이 말한다. 하늘의 뜻은 예측할 수가 없다. 시련을 주는가 했더니 영달을 보장하고 영달을 보장 받았는가 하면 다음은 또 시련을 내린다. 그러나 훌륭한 인물은 역경에 처하더라도 달갑게 받아 따르고 평온 무사할 때도 만일의 경우의 대비를 소홀히 하지 않는다. 그렇기 때문에 그 대단한 하늘마저 마음대로 휘두를 수가 없는 것이 아닌가 생각된다.

역경이나 빈곤은 인간을 강하게 단련시키는 용광로와 같은 것이다. 이 속에서 단련 받으면 심신이 모두 강건해진다. 단련하는 기회를 갖지 않으면 제대로 된 인간으로는 길러지지 않는다. 또 이렇게도 말한다. 역경에 처해 있을 때는 자기 주위의 모든 것이 양약이 되고 지조도 행동도 알지 못하는 사이에 연마되어 간다. 뜻대로 잘 되어 가는 순경에 처해 있을 때는 눈앞의 모든 것이 흉기가 되고 체중이 줄고 뼈가 없는 사람이 되어가도 미처 눈치 채지 못한다. 사서 고생하는 필요까지는 없더라도 역경에 처한 경우에도 놀라지 않고 떠들지 않고 태연하게 대처하는 여유를 가졌으면 한다.

역경에 처했을 때는 침착하게 시간을 들여 정성으로 힘을 저축하면서 기회를 기다린다. 이것이 중요하다. 채근담에도 다음과 같은 충고가 기록되어 있다. 오랫동안 움츠리고 힘을 저축한 새는 일단 날면 반드시 높게 날아오른다. 다른 것 보다 먼저 일찍이 피어난 꽃은 꽃잎이 떨어지는 것도 빠르다. 이 도리만이라도 분별하고 있으면 도중에 지쳐 버리는 염려는 없으며 공을 초조하게 애태우는 일도 없다. 우리도 이러한 분위기로 긴 인생의 마라톤 경주를 완주 할 수 있도록 마음을 써야 할 것이다.

채근담 어록

처세에 있어서는 모나지 않고 난세에 임해서는 원만해야 한다.

소선을 남몰래 하고서 대세를 그르치는 일이 없도록 하라.

맹수는 항복 받기 쉬워도 인심은 바로 잡기 힘들다.

골짜기는 매울 수는 있어도 사람의 욕심은 채울 수가 없다.

오래 엎드려 있는 자는 나는 것도 반드시 높다.

화초도 가장 아름다운 때에 이미 시드는 징조가 나타나고
인생도 영화가 극에 달하면 영락의 기틀이 엿보인다.

꽃은 반쯤 피었을 때가 좋고 술은 얼근이 취했을 때가 좋다.

작은 일에 은혜를 베풀어 국가나 사회에 손상이 가게 해서는 안된다.

능력을 다 쏟으면 그 이하로 떨어질 수밖에 없다.

행실이 너무 아름다우면 소인들의 시샘을 받기 마련이다.

세상일이란 한편이 이득이 있으면 다른 한편에 손해가 있다.

우정과 충효

도리상영 倒履相迎

가까운 벗이나 반가운 손님이 찾아온다는 소식을 듣고
기쁜 나머지 신마저 거꾸로 신고 나가 마중한다
☞ 손님을 반갑게 맞이하는 것

동한(東漢) 헌제(獻帝) 때 조정에는 좌중랑장(左中郞將)을 지낸 채옹이라는 사람이 있었다. 그는 학식이 있는 사람으로 황제에게 중용되었다. 이 때문에 그의 집안에는 늘 손님들이 많았으며 대문 앞에는 오고가는 수레들로 붐볐다.

한번은 대문 앞에 왕찬(王粲)이라는 손님이 와있다는 전갈이 왔다. 채옹은 왕찬이라는 이름을 듣자 즉시 집안에 있던 손님들을 물리치고 달려나가 그를 맞아 들였는데 어찌나 급히 달려나갔던지 신발을 거꾸로 신었다.

잠시 후 채옹은 왕찬을 객청(客廳)으로 안내하였다. 그런데 사람들은 이 대단한 손님의 모습을 보고 놀라움을 감출 수가 없었다. 알고 보니 왕찬은 어린 아이였기 때문이었다. 사람들은 '고관대작인 채옹이 이런 아이를 보고 이처럼 황망하게 영접하다니 설마 자신의 신분을 망각한 것은 아닐까'하고 생각하였다.

채옹은 사람들의 놀라는 모습을 보더니 곧 해명하였다.

"이 분은 왕찬이라는 사람인데 저는 그보다 못합니다. 저희 집의 모든 책과 글은 마땅히 그에게 드려야 합니다."

채옹은 이어서 왕찬의 놀라운 이야기를 들려주었다.

"하루는 왕찬이 친구들과 함께 길을 가다가 비석 하나를 발견하였습니다. 그런데 비석 위에는 많은 글들이 새겨져 있었답니다. 그의 친구들이 그에게 그 글들을 외울 수 있겠느냐고 묻자 왕찬은 눈으로 비석을 한 번 훑어보더니 이내 한 글자도 틀리지도 않고 다 외우더랍니다."

왕찬은 기억력이 좋았을 뿐만 아니라 글도 매우 잘 썼다. 훗날 그는 위(魏)나라의 시중(侍中)을 지냈으며 41세에 세상을 떠났다. 또한 그는 60여 편의 시가(詩歌)를 남겼다.

간담상조 肝膽相照

서로의 가슴 속까지 이해하는 친구

당대(唐代) 유종원(柳宗元)과 한유(韓愈)의 친한 사이에서 비롯되었다. 중당(中唐) 문인 한유는 당송팔대가(唐宋八大家)로서 좋은 친구를 많이 사귀고 있었다. 생애에 여러번 직면했던 곤경 속에서 참된 우정과 거짓 우정을 구별할 능력을 몸에 익혔다. 그는 관료사회의 혁신을 위한 정책 수행에 온힘을 기울였으나 보수파에게 밀려서 두 번 째로 유주자사(柳州刺史)에 좌천되었고 그의 친구 유몽득(柳蒙得)도 변경인 파주자사(播州刺史)로 좌천되었다. 유종원은 울면서 말했다.

"파주란 변방지역으로 자네같은 사람이 살 곳이 못되네. 자네는 늙으신 어머니를 모시고 있는데 이 사실을 어떻게 모친께 말씀드릴 수 있겠는가? 차라리 자네 대신 내가 파주로 가겠다고 지원하겠네."

한유는 친구의 우정에 깊이 감동되어 훗날 《유자후묘지명(柳子厚墓誌銘)》에 유종원을 위해 다음과 같은 글을 썼다.

"아! 사람이란 어려움을 당했을 때 진정한 절의를 볼 수 있는 것이다. 평상시에는 서로 그리워하고 즐거워하며 사양하면서 간이나 쓸개도 드러내 보이고 하늘을 가리키며 눈물을 흘리면서 배반하지 않겠다고 맹세하지만 일단 이해관계가 생기면 언제 그랬냐는 듯 거들떠 보지도 않으려 한다. 함정에 빠진 사람을 구해주기보다 도리어 함정에 밀어넣고 돌을 던지기까지 하는 사람이 이 세상에는 참으로 많다."

관포지교 管鮑之交

친구 사이의 다정한 교제를 일컫는 말로
지금도 우정의 대명사로 쓰고 있다

춘추시대 초기에 제(齊)나라에 관중(管仲)과 포숙아(鮑叔牙)라는 두 관리가 있었다. 이들은 죽마고우(竹馬故友)로 둘도 없는 친구사이였다.

관중은 한때 소백을 암살하려 하였으나 그가 먼저 귀국하여 환공(桓公)이라 일컫고 노나라에 공자 규의 처형과 아울러 관중의 압송(押送)을 요구했다. 환공이 압송된 관중을 죽이려 하자 포숙아는 이렇게 진언했다.

"전하, 제(齊)의 한 나라만 다스리는 것으로 만족하신다면 신(臣)으로도 충분할 것이옵니다. 하오나 천하의 패자(覇者)가 되시려면 관중을 기용하시옵소서."

도량이 넓고 식견이 높은 환공은 신뢰하는 포숙아의 진언을 받아들여 관중을 대부(大夫)로 중용(重用)하고 정사를 맡겼다 한다.

관중은 훗날 포숙아에 대한 감사한 마음을 이렇게 술회하고 있다.

"나는 젊어서 포숙아와 장사를 할 때 늘 이익금을 내가 더 많이 차지했었으나 그는 나를 욕심쟁이라고 말하지 않았다. 내가 가난하다는 걸 알고 있었기 때문이다. 또 그를 위해 한 사업이 실패하여 그를 궁지에 빠뜨린 일이 있었지만 나를 용렬하다고 여기지 않았다. 일에는 성패(成敗)가 있다는 걸 알고 있었기 때문이다. 나는 또 벼슬길에 나갔다가는 물러나곤 했었지만 나를 무능하다고 말하지 않았다. 내게 운이 따르고 있지 않다는 것을 알고 있었기 때문이다. 어디 그뿐인가. 나는 싸움터에서도 도망친 적이 한 두 번이 아니었지만 나를 겁쟁이라고 말하지 않았다. 내게 노모(老母)가 계시다는 것을 알고 있었기 때문이다."

오늘날에도 진정한 친구의 우정을 말할 때는 관중과 포숙아의 관포지교를 최상의 친교로 꼽고 있다.

반면지교 半面之交

친분이 돈독하지 않은 사이를 이르는 말

허난성(河南城)의 유명한 학자 응봉(應奉)은 기억력이 매우 비상하여 한 번 보고 기억해 두거나 경험한 것은 절대로 잊어버리지 않는다고 한다.

응봉이 20세 되던 어느 날, 팽성(彭城)에 있는 원하(袁賀)를 찾아갔는데 외출 중이라 되돌아가려고 하였다. 이때 하인이 나와 차갑게 몇 마디 던지고는 귀찮다는 듯이 대문을 닫아 버렸다.

그 뒤 수십년이 흐른 어느 날, 응봉은 우연히 길 위에서 손수레를 만들고 있는 목수를 만났는데 원하(袁賀)의 집에서 자신을 차갑게 대한 그 사람임을 알아차리고 잘 아는 체 하였다. 그러나 그는 응봉이 어째서 자기를 알고 있는지 도저히 알 도리가 없어 그저 어리둥절할 뿐이었다.

그래서 응봉은 자기가 왜 기억하고 있는지 자초지종(自初至終)을 설명해 주니 그제서야 알아차린 것이다. 목수는 수십 년 전 딱 한번 만난 적이 있는 자신을 정확하게 기억하고 있는 사실에 그저 놀랄 뿐이었다

특출한 기억력을 말하는 것이 아니라, 인간관계는 자주 만나야 친분 관계가 두터워지는 것이므로 별로 친하지 않은 사이라는 뜻이다.

수어지교 水魚之交

친밀하여 떨어지기 어려운 우정이나 교제

유비(劉備)가 제갈량(諸葛亮)을 찾던 삼고초려(三顧草廬) 때의 이야기다. 두번이나 허탕치고 세번째에야 비로소 가까스로 만났는데 사실 관우(關羽)와 장비(張飛)는 처음부터 유비가 친히 찾아가는 것에 대해 내심 못마땅해 했다.

"일개 촌부에 불과한 것 같은데 사람을 보내 불러 오게 합시다." 장비의 말이었다.

결국 두번째도 허탕치자 이번에는 관우도 참을 수 없다는 듯이 한마디 했다.

"두 번이나 찾았다면 예를 다한 셈입니다. 보아하니 제갈량은 유명무실(有名無實)한 인물이라 일부러 피하는지 모릅니다. 너무 애착을 갖는 것은 아닌지요."

그러자 장비도 이때다 싶어 크게 말했다.

"이젠 정말 가실 필요가 없습니다. 놈이 안 오겠다면 제가 밧줄로 꽁꽁 묶어서라도 잡아 오겠습니다."

그러나 유비는 다시 찾아갔고 결국 유비의 정성에 감복한 제갈량은 하산해 그를 위해 견마지로(犬馬之勞)를 다한다.

유비에게는 관우와 장비와 같은 용장이 있었지만, 천하를 세울 만한 지략이 뛰어난 모사(謀士)가 없었다. 이러한 때에 제갈공명(諸葛孔明)과 같은 사람을 얻었으므로 유비의 기쁨은 몹시 컸다.

그리고 제갈공명이 금후에 취해야 할 방침으로, 형주(荊州)와 익주(益州)를 눌러서 그 곳을 근거지로 할 것과 서쪽과 남쪽의 이민족을 어루만져 뒤의 근심을 끊을 것과 내정을 다스려 부국강병(富國强兵)의 실리를 올릴 것과, 손권과 결탁하여 조조를 고립시킨 후 시기를 보아 조조를 토벌할 것 등의 천하 평정의 계책을 말하자 유비는 그 계책에 전적으로 찬성하여 그 실현에 힘을 다하게 되었다.

이리하여 유비는 제갈공명을 절대적으로 신뢰하게 되어 두 사람의 교분은 날이 갈수록 친밀해졌다. 후에 유비는 제갈량을 사부(師父)로 모시면서 침식을 같이 할 정도로 극진히 모셨다.

물론 관우와 장비는 여전히 불만이었다. 신예인데다가 나이 또한 젊은 제갈량이 더 중요시되고 자신들은 업신여김을 받고 있다는 생각이 들었기 때문이다. 그때 공명은 27세로 유비보다 20세나 연하였다. 이것을 알아챈 유비(劉飛)가 관우와 장비를 달래어 말했다.

"나에게 공명(孔明)이 있는 것은 마치 물고기가 물을 만난 것과 같다. 너희들의 불만은 알지만 대의를 생각한다면 두말없기를 바란다."

이처럼 수어지교(水魚之交)는 본디 군신(君臣)간의 관계가 친밀한 것을 비유했던 것이 후에는 친구나 심지어 부부간의 관계에도 사용하게 되었다. 따라서 이 말은 '극도로 가까운 사이'를 뜻한다.

인비목석 人非木石

사람은 감정을 지닌 동물로 나무나 돌과는 다르다

이 말은 《사기》의 저자 사마천(司馬遷)의 편지에 있는 '신비목석(身非木石)'이란 말과 육조시대(六朝時代)의 포조(鮑照)가 지은 《의행로난(義行路難)》이란 시에 있는 '심비목석(心非木石)'이란 말에서 온 것이라 볼 수 있다.

"집이 가난해서 돈으로 죄를 대신할 수도 없고 같이 교유하던 사람들도 구해 주려는 이 없다. 지금까지 친한 사람들도 한마디 말이 없다. 몸이 목석이 아닐진데 이렇게 홀로 옥리들과 짝을 지어 깊은 감옥에 갇히게 되었다."

인간은 목석이 아니기에 희로애락의 감정이 있다.

이것은 한(漢)나라 무제(武帝)의 노여움을 사 궁형(宮刑)이라는 치욕적인 형벌을 선고받고 하옥된 사마천(司馬遷)이 임소경에게 보낸 편지의 일부이다. 그가 말하는 '몸이 목석이 아니다'라는 말은 생명이 있는 인간으로서는 견디기 어려운 고통을 말한다.

포조(鮑照)의 시 《의행로난》 중의'심비목석(心非木石)'이라는 구절도 같은 의미로 쓰였다.

평평한 땅에 물을 쏟으면 제각기 동서남북으로 알아서 흐른다. 인생 또한 운명이 있거늘 어찌 다니며 탄식하고 앉아서 수심하리오. 술을 부어 스스로 위로하며 잔을 들어 삶의 길이 험하다고 노래하는 것을 멈추리라. 마음이 목석이 아닌데 어찌 느낌이 없으랴. 소리를 머금고 우두커니 서서 감히 말을 못하누나.

여기서는 분명히 목석이 아닌 마음이 어찌 감정이 없겠느냐고 말하고 있다. 우리들이 쓰고 있는 '인비목석'이란 말은 이 '심비목석'에 가까운 뜻으로 쓰고 있다. 몸과 마음을 합친 것이 사람이므로 '인비목석'이란 말이 우리에게 더 가까이 다가온다.

도원결의 桃園結義

뜻이 맞는 사람끼리 한 목적을 위해 행동을 같이 할 것을 맹세한다

후한(後漢) 말 환관의 발호로 정치가 어지럽게 되자 생활고에 시달리던 농민들은 새로운 살길을 찾게 되었다. 신흥 종교인 태평도(太平道)의 교주 장각(張角)은 이러한 틈을 이용해 세력을 넓히고 난을 일으켰다. 이것이 후한을 멸망시킨 황건적의 난이다. 조정에서는 하진을 대장군으로 삼아 이를 진압하려 했으나 미치지 못하자 각 지방에 병사를 모집하는 방을 붙이게 되었다.

유주(幽州) 탁현(褶縣)에 살던 유비(劉備)는 이 방문을 보자 가슴이 뛰었다. 그는 평소에 큰 일을 하고 싶었으나 기회를 잡지 못했다. 유비는 일찍이 뤄양에 차를 사러 갔다가 황건적 무리의 횡포를 직접 체험하기도 했던 것이다. 그러나 의욕만 앞설 뿐 어찌해야 할 바를 몰라 한숨만 쉬고 있었다.

그러자 옆에 있던 거한이 유비 곁으로 다가와 한숨만 쉬는 것을 꾸짖었다. 장비(張飛)였다. 둘은 뜻이 같음을 알고 이야기를 나누기 위해 가까운 주막으로 자리를 옮겼다. 그곳에는 또 범상치 않은 얼굴의 거한이 있어 서로 마음이 통하였다. 그가 관우(關羽)였다.

서로 의기가 투합되자, 장비의 제안으로 다음날 장비의 집 후원

복숭아 밭에서 의형제 결의를 맺고 피를 나누었다.

'유비와 관우, 장비는 비록 성은 다르다 할지라도 이미 의형제가 되었으니, 곧 마음을 하나로 하고 힘을 합쳐 곤란함을 구원하고 위태로움을 도와 위로는 나라에 보답하고 아래로는 만민을 편안케 할 것이다. 비록 같은 해, 같은 달, 같은 날에 태어나지는 않았으나 한 해, 한 달, 한 날에 죽기를 원하니 하늘과 땅의 신령께서는 이 뜻을 굽어살피소서. 만일 우리들 중에 의리를 배반하고 은혜를 저버린 자가 있다면 하늘과 사람이 함께 죽여 주소서.'

나관중이 삼국지에서 도원결의를 책 첫머리에 삽입한 것은 정당하고 큰 의리를 부각하려는 것이었는데 오늘날에는 목적과는 상관없이 의리를 맺는 데 이 말이 자주 쓰이고 있다.

자형화 紫荊花

형제가 화목하고 협심하여 잘 산다

옛날 경조(京兆)에 전진(田眞)이라는 사람이 있었다. 그는 두 명의 아우와 함께 살았는데 어느 날 형제 셋이서 분가하자고 상의해 재산을 평등하게 분배했다. 그런데 뜰에 있는 한 그루의 박태기 나무만은 나눌 도리가 없었다. 그래서 삼형제가 여러 가지로 상의한 결과 그 나무를 셋으로 잘라서 분배하기로 결정했다.

이튿날 그 박태기 나무를 자르려고 하자 웬일인지 나무가 순식간에 말라 죽고 말았다. 전진이 이것을 보고 매우 놀라며 두 아우에게 말했다.

"나무는 원래 한 그루로 자란다. 그런데 그것을 우리가 자르려고 하자 말라 죽고 말았다. 우리도 역시 그렇다. 형제는 서로 사이좋게 지내야만 한다. 형제가 뿔뿔이 헤어져 버리면, 저마다 망해 버릴 수 밖에 없다. 재산을 분배해 뿔뿔이 헤어지려고 했던 우리는 인간이면서 이 나무보다 못하다."

그는 이렇게 말하며 대단히 슬퍼했다. 그리고 나무를 자르는 것을 그만 두었다. 그러자 놀랍게도 나무가 싱싱하게 활기를 되찾고 다시 파랗게 무성해졌다. 이것을 본 형제는 감동이 되어 분배한 재산을 다시 전과 같이 하나로 모으고, 세 사람이 힘을 합해 집안을 위해 일했다.

그리고 전진은 얼마 뒤에 벼슬길에 올라 태중대부(太中大夫)라는 관위에까지 오르게 되었다.

예로부터 형제 또는 자매, 남매등을 표현할 때는 흔히 나무에다 비유하기를 즐긴다. 이것은 나무가 한 뿌리에서 나고 본줄기를 거쳐 가지가 무성해지기 때문이다.

이같은 표현은 신라의 월명사(月明師)가 지은 제망매가(祭亡妹歌)에서 "한가지에 나고서 가는 곳을 모른다"와 조식(曹植)의 칠보지시(七步之詩)에서 비유한 "콩과 콩깍지"등을 그 예로 들 수 있다.

좌단 左袒

누구에게 편들어 가세하거나 동의하는 것

한나라 제1대 황제 고조(高祖 : 유방)가 죽자 황후인 여태후가 차츰 실권을 장악하게 되었다. 그녀는 여씨 일족을 요직에 앉히고 유씨 일족을 몰아냈다. 이에 목숨을 걸고 유방과 함께 한(漢) 제국을 쌓아올린 부하들은 불만이 대단했지만 상대가 황후이므로 어찌 할 도리가 없었다.

이윽고 기원전 180년 여태후(呂太后)가 죽자 이제까지 그녀의 위세에 눌려 숨도 제대로 못 쉬고 살았던 유씨 일족과 진평, 주발 등 고조의 유신들은 상장군이 되어 북군(北軍)을 장악한 조왕(趙王) 여록(呂祿), 남군을 장악한 여왕(呂王) 여산(呂産)을 비롯한 외척 여씨(呂氏) 타도에 나섰다.

그간 주색에 빠진 양 가장했던 우승상 진평은 태위 주발과 상의하여 우선 여록으로부터 상장군의 인수를 회수하기로 했다.마침 어린 황제를 보필하는 역기가 여록과 친한 사이임을 안 진평은 그를 여록에게 보냈다. 역기는 여록을 찾아가 황제의 뜻이라 속이고 상장군을 인수해 왔다.

그러자 주발은 즉시 북군의 병사들을 모다 놓고 이렇게 말했다.

"원래 한실의 주인은 유씨이다. 그런데 무엄하게도 여씨가 유씨를 누르고 실권을 장악하고 있으니 이는 한실의 불행이 아닐 수 없다. 이제, 나 상장군 주발은 천하를 바로잡으려고 한다. 여기서 여씨에게 충성하려는 자는 오른쪽 어깨를 드러내고, 나와 함께 유씨에게 충성하려는 자는 왼쪽 어깨를 드러내도록 하라."

그러자 북군의 병사들은 모두 좌단하고 유씨에게 충성할 것을 맹세했다. 이리하여 천하는 다시 유씨에게로 돌아갔다.

요즈음 돌아가는 우리의 정세를 볼 때 좌장이니 우장이니 하는 이야기가 만연하고, 최고의 권력자에 아부하는 세력이 많아지는 현실이다. 한(漢)나라 시절 좌단과 우단은 지금의 주류, 비주류라고 하는 말과 상통한다.

유유상종 類類相從

비슷한 부류의 인간 모임을 비유한 말

유유상종의 근원은 알 수 없으나, 《주역(周易)》의 〈계사(繫辭)〉 상편에서 나오는 이야기로 그 뜻을 찾아 볼 수 있다.

"삼라만상은 그 성질이 유사한 것끼리 모이고, 만물은 무리를 지어 나뉘어 산다. 거기서 길흉이 생긴다" 하였다.

이후로 이 말이 연관되어 생성된 듯하며, 이 말과 춘추전국시대의 순우곤과 관련한 고사가 전한다.

제(齊)나라의 선왕(宣王)은 순우곤에게 각 지방에 흩어져 있는 인재를 찾아 등용하도록 하였다. 며칠 뒤에 순우곤이 일곱 명의 인재를 데리고 왕 앞에 나타나자 선왕이 이렇게 말하였다.

"귀한 인재를 한 번에 일곱 명씩이나 데려 오다니, 너무 많지 않은가?"

그러자 순우곤은 자신만만한 표정으로, "같은 종의 새가 무리지어 살듯, 인재도 끼리끼리 모입니다. 그러므로 신이 인재를 모으는 것은 강에서 물을 구하는 것과 같습니다" 라고 하였다.

현대에 와서는 이러한 인재의 모임보다 배타적 카테고리라는 의미가 더 강하며, 비꼬는 말로 주로 쓰인다. '끼리끼리' 또는 '초록은 동색'과 통하는 경우가 많다고 할 수 있다.

왕형불형 王兄佛兄

왕의 형과 부처의 형

☞ 세상을 살아가는 데 아무 거리낌이 없음

조선(朝鮮) 태종의 맏아들 양녕대군(讓寧大君)은 술만 마시고 미치광이처럼 방탕의 길을 걸어 왕위를 아우 충녕대군〔忠寧大君 : 세종(世宗)〕에게 물리었으나 타고난 자질이 고상하고 또한 능히 때를 따라 도회(韜晦)하였다.

일찌기 둘째 아우 효령대군(孝寧大君)은 산속에 들어가 부처가 되어 불사(佛事)를 베풀어 형을 불렀다.

양녕은 일부러 여우와 토끼를 죽이고 술단지를 갖추어 가지고 산사로 찾아갔다.

효령대군이 부처에게 절을 하며 불경을 외울 때 양녕은 옆에서 고기를 굽고 술을 마시자 효령이 화를 내며 "오늘만은 술과 고기를 삼가하십시요." 하고 간청하니 양녕대군이 웃으면서 "평생에 후복을 받았기 때문에 살아서는 왕형(王兄)이요, 죽어서는 불형(佛兄)이 될 것인데 무엇을 구하려고 소식(素食)을 먹으며 고생을 하겠느냐!"하며 태연하였다고 한다.

그래서 양녕은 왕의 형도 되고, 부처의 형도 된다고 해서 '왕형불형'이란 말이 나온 것이다.

단사표음 簞食瓢飮

구차하고 보잘 것 없는 음식

단사표음(簞食瓢飮)에서 식(食)은 '먹다'일 때는 '식'으로, '밥'일 때는 '사'로 읽는다. 이 말은 안회(顔回)에게서 유래된 고사로 우리 나라 과거 역사에서 선비의 이상적 정신 자세를 가늠하는 척도로 작용할 정도로 그 가치를 높이 평가할 수 있는 성어였다. 아울러 현대를 살아가는 우리들 역시 자신의 삶에 조그마한 의미라도 부여한다면 마음가짐을 어떠한 자세로 지녀야 하는지를 되새기는 계기로 삼을 수 있을 것입니다.

공자는 일생동안 무려 3천 명의 제자를 두었는데 그 중 안회를 가장 총애했다. 안회는 수제자 중의 수제자였던 셈이다. 그는 하나를 들으면 열을 깨우쳤으며, 워낙 학문을 좋아해 나이 29세에 벌써 백발(白髮)이 되었다고 한다. 또한 덕행(德行)이 뛰어나 스승인 공자 자신도 때로는 그로부터 배울 정도였다고 한다. 그러나 조물주는 그에게 뛰어난 재능과 함께 가난을 안겨 주었다.

그는 찢어지게 가난해 끼니 거르기를 밥먹듯 했으며 평생 지게미 조차 배불리 먹어본 적이 없을 정도였다. 그 뿐인가. 나이 서른하나에 요절하고 말았으니 공자가 오죽했으면 그의 죽음을 두고 '하늘 탓'이라고 통탄했을까. 그러나 그는 가난을 운명인양 받아들이고 늘 낙천적으로 살았으며 덕(德)을 닦기를 게을리 하지 않았다. 그래서 공자는 늘 그를 찬탄해 마지 않았다.

"장하구나 안회여! 단사표음(簞食瓢飮)과 누추한 뒷골목에 살면서도 불평이 없구나. 그럼에도 성인(聖人)의 도를 추구하기에 여념이 없으니 이 얼마나 장한가."

망운지정 望雲之情

객지에 나온 자식이 고향의 부모를 그리는 정

당(唐)나라 때 적인걸(狄仁傑)은 고종(高宗) 때 대리승(大理丞)이 되어 1년 동안 1만 7000명을 올바르게 재판하였다. 그 뒤 강남순무사(江南巡撫使)가 되어서는 음란하거나 민심을 미혹하는 사당 1,700개소를 없애고 예주자사(豫州刺使)로 있을 때에는 무고한 죄로 사형을 선고받은 사람 2,000명을 구제해 사람들로부터 칭송을 들었다.

그러나 후일 내준신(來俊臣)의 모함으로 측천무후(則天武后)에 의해 투옥되었다가 지방으로 좌천되었다. 그가 병주(并州)의 법조참군(法曹參軍)으로 임명되어 부임하였을 때의 일이다. 그때 그의 부모는 하양(河陽)의 별장에 머물고 있었다.

어느 날 적인걸이 태행산(太行山)에 올라 주위를 돌아보니 한 조각 흰 구름이 두둥실 떠 있었다. 그것을 본 그는 옆에 있는 사람을 돌아보며 말했다.

"우리 부모님은 저 구름 아래 살고 계시겠지."

그리고는 흰구름을 쳐다보며 부모님을 생각하고 비탄에 잠겼다.

망운지정이란 이렇게 타향에 살면서 고향의 부모를 그리는 자식의 정을 가리키는 것이다. 후일 그의 평판이 높다는 말을 들은 측천무후는 다시 그를 재상으로 등용하였고, 재상이 된 후 그는 장간지(張柬之), 요승(姚乘) 등을 추천하여 부패한 정치를 바로잡아 측천무후의 신임을 얻었다. 어느 날 측천무후가 상서랑(尙書郞)으로 합당한 인물을 추천하라고 하자, 서슴없이 아들 광사(光嗣)를 추천하는 등 일 처리에 사사로움이 없었다 한다.

지음 知音

자기 마음을 알아주는 친구

춘추시대(春秋時代) 진(晉)의 대부(大夫)에 유백아(兪伯牙)라는 사람이 있었다. 그는 본디 초(楚)나라 사람으로 거문고의 달인(達人)이었다.

한번은 조국(祖國) 초(楚)나라에 사신으로 가게 되어 오랜만에 고향을 찾았다. 때마침 추석(秋夕) 무렵이라 그는 휘영청 밝은 달을 배경으로 구성지게 거문고를 뜯었다.

그때 몰래 그의 연주를 엿듣고 있는 사람이 있었다. 허름한 차림의 젊은 나무꾼이었다. 놀랍게도 그는 그 음악을 꿰뚫고 있었다.

백아는 깜짝 놀랐다. 그가 산(山)의 웅장한 모습과 격류(激流)의 우렁찬 기상을 표현하자 나무꾼은 정확하게 맞추었다. 백아는 무릎을 치면서 말했다.

"당신이야 말로 진정 소리를 아는 분이군요."

그는 종자기(種子期)라는 사람이었다. 두 사람은 의형제를 맺고 내년에 다시 만나자는 약속을 하고서 헤어졌다.

이듬해 백아가 종자기의 집을 찾았을 때 그는 이미 죽고 없었다. 종자기의 묘를 찾은 백아는 너무도 슬픈 나머지 최후의 한 곡을 뜯었다.

그리고 나서 거문고 줄을 끊고 산산조각 냈다. 종자기같은 지음(知音)이 없으니 더 이상 거문고를 연주하고 싶은 생각이 없었기 때문이다. 백아가 거문고 줄을 끊었다는 '백아절현(伯牙絶絃)'의 고사가 여기서 생겼다.

이때부터 '지음(知音)'은 마음까지 통할 수 있는 '절친한 친구'를 뜻하게 되었다.

호접지몽 胡蝶之夢

'나비의 꿈'

☞ 물아일체(物我一體)의 심경(心境)

우리들은 가끔은 복잡하고 삭막한 이 세상을 벗어나 자연(自然)과 호흡해 보려는 욕구를 가지게 되곤 한다. 집착과 고집, 욕심을 버리고 '무(無)'의 깨끗한 자유(自由)를 얻고 싶은 욕망이 싹튼다고 보아도 될 것이다. 이럴 때 연상되는 고사(故事)가 바로 호접지몽(胡蝶之夢)이다.

장자(莊子)가 어느날 낮잠을 자면서 꿈을 꾸었다. 꿈속에 나비가 되어 신나게 날아다니며 자연을 만끽했는데 잠시 쉬려 나뭇가지에 앉았다가 잠이 들었다. 그런데 잠에서 깨어보니 인간 장자라는 것을 알았다.

이때 장자는 고민에 빠지게 되었는데, 도대체 본래 인간이 꿈속에서 나비가 되었던 것인지 아니면 본래 나비가 꿈속에서 인간이 되어 이렇게 있는 것인지 구별이 안되었던 것이다.

그러나 장자(莊子)는 여기에서 바로 도가사상의 본질(本質)을 깨달은 것이다.

현실주의(現實主義) 바탕에서 인간(人間)이 만물(萬物)의 영장(靈長)이라고 생각하는 공맹(孔孟)의 유가(儒家)의 입장에서 본다면 사람이 꿈속에서 나비가 된 것은 별 상관이 없지만 본래 나비가 꿈속에서 인간이 되었다는 것은 모든 것의 끝과 종말을 의미할 것이다.

그러나 장자는 인간도 역시 모든 우주(宇宙) 만물 속의 하나의 객체(客體)로 인정한다면 나비이든 사람이든 아무런 관계가 없는 것으로 깨달은 것이다.

이것이 바로 모든 만물(萬物)을 가지런하게 생각하는 도가(道家)의 '만물제동(萬物齊同)'사상인 것이다. 이것은 또한 장자가 주장한 '제물론(齊物論)'의 핵심이기도 하다.

곧 장자는 인간이 가지고 있는 편협된 사고의 틀에서 벗어나 모든 우주 만물(萬物)이 저절로 그러한 상태인 도(道)를 따르라는 흔히 이야기하는 '무위자연(無爲自然)'을 주장한 것이다.

차별적(差別的)이고 유한적(有限的)인 인간의 세계에서 벗어나 참된 자유의 무한적(無限的) 세계에서 노닐 수 있는 '소요유(逍遙遊)'의 단계에 도달하면 '무위자연(無爲自然)'의 진리를 얻는다고 본 것이다.

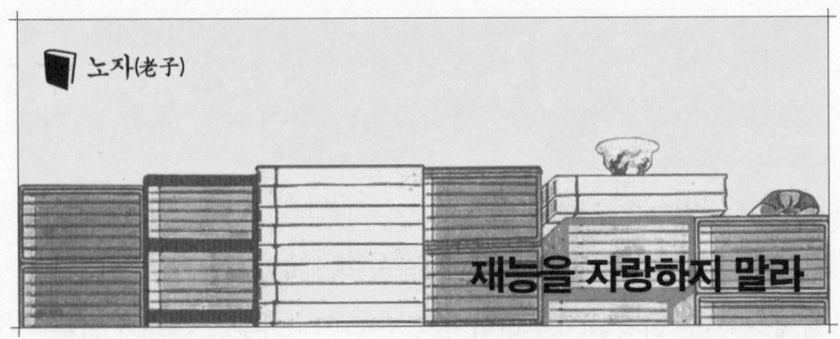

노자(老子)

재능을 자랑하지 말라

젊은 날의 공자가 노자를 찾아가 가르침 받기를 원했다고 한다.그 때 노자는 이와 같이 말하면서 공자를 훈계하였다.

"총명하고 통찰력이 풍부하면서도 죽음의 위험에 빠지는 사람이 있는데 이것은 타인을 너무 비판하기 때문이다. 웅변에 능하고 박식하면서도 그 자신은 위태롭게 하는 사람이 있는데 그것은 다른 사람의 결정을 폭로하기 때문이다. 당신도 자기 주장은 삼가는 것이 좋을 것이다."

결국 남의 눈에 띄지 않게 몸가짐을 하고 주제넘게 참견은 하지 말라는 것이다. 또 노자는 이 때 군자란 훌륭한 성덕이 있고 용모는 멍청한 듯 함과 같다고 말하였다고 한다. 즉 군자란 내면은 훌륭한 재능을 가지고 있으면서도 언뜻 보기에는 멍청한 사람 같은 얼굴을 하고 있다는 것이다. 이 말은 코 끝에 재능을 늘어뜨리고 걷는 것과 같은 삶의 방식은 결코 하지 말라는 충고하고 있는 것이다.

또 장자에 의하면 양자라는 학자가 가르침을 청하였을 때 노자는 다음과 같이 훈계하였다.

"조금 더 여유 작작하여 바보 같은 시늉을 하는

것이다. 대체 그렇게 기를 쓰고서 누구하고 더불어 살아갈 생각인가. 나는 그대의 잘난 체 하는 점에 언동이 아니꼽고 천해서 보고 듣기가 역겹다."

이처럼 노자는 기회가 있을 때마다 후배들에게 가르침을 주고 있다. 당연히 이 일은 노자의 책 속에서도 계속 반복해서 강조하고 있는 점이다.

겸허하다던가 남에 눈에 띄지 않게 삼가한다고 하면 무엇인가 소극적인 덕목과 같이 생각되지만 결코 그런 것이 아니다. 노자의 경우는 그 이면에 '겸허하면 사람들로부터 칭찬 받는다. 사양하는 듯한 태도를 취하면 사람들로부터 추앙 받게 된다'고 하는 본시 만만찮은 계산이 깔려 있다는 것을 놓쳐서는 안 된다.

가령 노자는 이렇게 말한다.

"자기 스스로 앞서가면서도 우쭐대지 않으면 오히려 다른 사람들로부터 추앙 받게 된다."

자기를 도외시하고 생각하기 때문에 도리어 사람들로부터 중히 여긴다. 이러한 계산을 미리 치밀하게 짜놓은 점이 노자의 치세 철학의 강점이라고 보아도 좋다.

노자는 또 이렇게 말한다.

"자기 주장만을 하지 않기 때문에 오히려 사람들로부터 인정 받는다. 자기의 공적을 자랑하지 않기 때문에 오히려 사람들로부터 존경 받는다. 같은 말을 역으로 말할 수도 있다. 발돋움해서 서려고 하면 도리어 발 밑이 정처 없이 흔들린다. 자기만을 자화자찬하면 도리어 무시당한다. 또 자기를 과시하면 도리어 배척 받는다. 자기의 공적을 자랑 삼으면 도리어 비난 받게 된다. 자기의 재능을 믿고 재주부리면 도리어 자기 모순에 빠지기 쉽다. 겸손하라. 삼가라고 하는 것은 인간 누구에게나 바람직스럽다."

그러나 노자의 경우 특히 이것을 사람 위에 서는 인간 조직의 리더로서 불가결의 조건이라고 생각하였던 것이다.

훌륭한 지도자는 국민을 통치하려고 할 때는 겸허한 태도로 자기는 낮춘다. 국민을 지도하려고 할 때는 자기는 뒤로 물러서서 조금도 잘난 체를 하지 않는다. 상좌에 앉아 있어도 어색하게 생각하지 않고 선두에 서더라도 국민들은 귀찮다고 생각지 않는다. 이와 같이 국민들로부터 기꺼이 환영받는 것은 재능이나 공적은 내세워 다투지 않기 때문이다. 그러므로 국민들은 스스로 지도자에 순종 하는 것이다.

이것이 노자의 진정한 철학이라고 할 수 있다.

노자 어록

하늘은 영원하고 땅은 구원(久遠)하다.

최고의 참다운 선은 물의 작용과 같은 것이다.

언제나 기(器) 가득히 채주려 하지 말라.
공을 이루고 몸을 물러서는 것은 하늘의 도이다.

진실의 도가 쇠퇴하면 인애와 정의가 덕으로서 살아난다.

스스로 자만하는 사람은 오래가지 못한다.

훌륭한 선행은 자국을 남기지 않는다.

대기는 만성이다.

위대한 형상은 보통의 모습으로 보이지 않는다.

진실로 아는 사람은 침묵을 지킨다.

10 사랑과 풍속

무산지몽 巫山之夢

무산의 꿈이란 뜻으로, 남녀간의 은밀한 정교를 가리키는 말

문선(文選) 송옥의 고당부에 수록된 고사로 전국시대 초(楚)의 양왕(襄王)이 송옥과 함께 운몽(雲夢)이라는 곳에서 놀다가 고당관에 이르게 되었다. 문득 하늘을 보니 이상한 형상의 구름이 피어오르고 있어 송옥에게 무엇인지를 물었다. 그러자 송옥은 그 구름이 조운(朝雲)이며, 다음과 같은 사연이 있다고 이야기하였다.

옛날 어떤 왕이 고당관에서 연회를 열고 즐기다가 잠시 낮잠을 자게 되었는데, 꿈속에 아름다운 여인이 찾아와 말하기를 "저는 무산에 사는 여인이온데, 왕께서 고당에 오셨다는 말을 듣고 잠자리를 받들고자 왔습니다" 하였다. 왕은 그녀의 아름다움에 빠져 스스럼없이 운우의 정을 나누었다.

헤어질 무렵이 되자 그 여인은 이런 말을 하였다.

"저는 무산 남쪽의 험준한 곳에 살고 있는 여인이온데, 아침에는 구름이 되고 저녁에는 비가 되어 양대 아래에서 아침 저녁으로 당신을 그리워하고 있을 것입니다."

말이 끝나자 여인은 자취를 감추었고 왕은 퍼뜩 잠에서 깨어났다. 다음날 아침 왕이 무산 쪽을 바라보니 여인의 말대로 산봉우리에 아름다운 구름이 걸려 있었다. 왕은 여인을 그리워하며 그곳

에 조운묘(朝雲廟)라는 사당을 세웠다. 그후로 무산의 꿈이 남녀간의 정교를 의미하게 되었다.

여기서 양대란 해가 잘 비치는 대라는 뜻인 동시에 은밀히 나누는 사랑을 말한다. 그래서 양대불귀지운(陽臺不歸之雲)이라 하면 한 번 인연을 맺고 다시 만나지 못하는 경우를 가리킨다.

동가식서가숙 東家食西家宿

자기의 잇속을 차리기 위해 지조 없이 이리저리 빌붙음

옛날 제(齊)나라에 아름다운 처녀가 있었다. 어느날 그 처녀에게 두 집에서 청혼이 들어왔다. 그런데 동쪽집의 총각은 인물은 볼 것이 없으나 부잣집 아들이었고, 서쪽집 총각은 인물은 뛰어나지만 집안이 매우 가난하였다.

어느 한쪽을 선택하기 어려워진 처녀의 부모는 본인의 생각을 알아보자며 처녀에게 물었다.

"어느 쪽으로 정하기가 쉽지 않구나. 네 뜻은 어떠하냐? 만일 동쪽집으로 시집가고 싶으면 오른손을 들고, 서쪽집으로 시집가고 싶으면 왼손을 들어라."

그러자 딸은 망설이지도 않고 두 손을 번쩍 들었다. 깜짝 놀란 부모가 그 이유를 묻자, 딸은 다음과 같이 대답하는 것이었다.

"밥은 동쪽집에서 먹고 잠은 서쪽집에서 자고 싶어요."

동가식서가숙이란 말은 여기서 비롯되었다.

조선 때의 《대동기문(大東奇聞)》이란 책에도 다음과 같은 이야기가 실려 있다.

태조(太祖) 이성계(李成桂)가 조선을 개국한 후 조정에서 개국공신들을 불러 주연을 베풀었다. 그때 어떤 정승 하나가 술이 얼근하게 취해서는 설중매(雪中梅)라는 기생에게 추근대며 이렇게 말하였다.

"너는 동가식서가숙하는 기생이니 오늘 밤에는 이 늙은이의 수청을 드는 것이 어떻겠느냐?"

그러자 설중매는 "동가식서가숙하는 천한 기생이 어제는 왕씨를 모시다가 오늘은 이씨를 모시는 정승 어른을 모신다면 궁합이 잘 맞겠습니다."라고 하였다. 이 말을 들은 공신들은 얼굴이 빨개져 어쩔 줄을 몰라 했고, 술자리는 흥을 잃고 파하였다 한다.

동가식서가숙이란 본래 일정한 거처 없이 떠돌아다니는 것을 말하던 것이었으나, 차츰 자기의 잇속을 차리기 위해 지조 없이 여기저기 빌붙어 사는 행태를 가리키게 되었다.

인면도화 人面桃花

한눈에 반한 뒤 다시 만나지 못해 그리워하는 여인

당나라 때, 최호(崔護)라는 매우 잘 생긴 젊은이가 있었다. 어느 해 청명(淸明)이던 날, 그는 혼자서 장안(長安)을 여행하다 성(城)의 남쪽에 이르렀다. 그는 복숭아 꽃이 만발한 곳에 집 한채가 있는 것을 발견하고, 물을 얻어 마시기 위해 대문을 두드렸다.

한 여인이 나와서 그에게 물 한 잔을 주었다. 꽃이 만발한 복숭아나무 아래에 선 여인은 마치 복숭아꽃 같았다. 최호와 그 여인은 상대의 뛰어난 모습과 아름다운 자태에 서로 반하였다. 이듬해 같은 날, 최호는 다시 그 곳에 가서 그 여인을 찾았다. 집과 담은 옛모습 그대로였지만, 문은 이미 굳게 잠긴채 사람의 모습은 찾아볼 수 없었다.

이에 최호는 시 한 수를 지어 사모하는 마음을 달랬으니.

지난 봄 이 문 가운데
사람의 얼굴과 복숭아꽃이 서로 비치어 붉더니
사람의 얼굴은 어디로 갔는지 알 수가 없고
복숭아꽃만 옛날과 같이 봄바람보고 웃네

이 시를 문에다 써 붙였다. 며칠 뒤에 다시 가서 문을 두드렸더니 노부(老父)가 나와 "내 딸이 문에 붙은 시를 읽고는 병이 나서 죽었네" 하였다. 최호는 청하여 들어가 여인이 누워 있는 모습을 보고 말하여 "나 여기 왔소" 하였더니, 여인은 금방 눈을 뜨고 다시 살아났다. 노부가 그 딸로써 아내를 삼도록 하였다.

그 뒤 최호는 과거에 급제하여 높은 관직에까지 올랐으며 그 여인과 일생을 함께 하였다.

상풍패속 傷風敗俗

풍속(風俗)을 문란(紊亂)하게 하다

☞ 정당(正當)하지 않는 행위

한유(韓愈)는 자가 퇴지(退之)이며, 하남 하양(河陽 : 지금의 하남 맹현 남쪽) 사람이다. 그는 당나라 때의 저명한 문학자이자 철학자였다. 그는 진사에 급제한 후 감찰어사를 지냈는데, 후에는 산양(山陽) 현령으로 좌천되었다. 35세 되던 해, 그는 경성으로 돌아와 국자감 박사가 되었으며, 그 후에는 형부시랑(刑部侍郎)의 직위를 맡았다. 그는 당나라 헌종(憲宗)에게 표(表)를 올렸다가 목이 달아날 뻔했던 일도 있었다. 한유가 살았던 시기는 불교가 성행하여 관리에서 일반 백성에 이르기까지 모두 불교를 믿었으며 황제까지도 독실한 불교 신자였다.

어느 날 헌종은 석가모니의 것이라고 전해지는 유골을 궁내로 모셔와 모시게 되었다. 한유는 이러한 헌종의 행동을 반대하여 논불골표(論佛骨表)라는 글을 써서 이를 헌종에게 올렸다.

한유는 이 글에서 다음과 같이 주장하였다.

"불교는 외국에서 전래된 것으로서 옛날 중국에는 없었습니다. 요(堯), 순(舜), 우(禹) 등 고대 성인들은 불교가 무엇인지를 몰랐지만 그분들은 나라를 매우 잘 다스렸으며 재위 기간과 수명 또한 매우 길었습니다. 불교는 동한(東漢)의 명제(明帝) 때 중국에 들어 왔으며 명제가 재위하던 18년 동안 송(宋), 제(齊), 양(梁), 진(陳)과 북위(北魏) 이후의 각 왕조들은 불교를 적극적으로 신봉하였지만 모두 일찍 멸망하였습니다. 양나라 무제(武帝)의 경우를 보면, 그는 제사를 지내면서 희생(犧牲)을 쓰지 않았고 자신도 육식을 하지 않았으며 세 차례나 출가하여 중이 되려고 하였습니다. 그는 결국 반란군들에게 포위되어 굶어죽고 말았습니다. 그는 부처의 보살핌을 구하려 하였지만 비참하게 죽어 갔습니다. 현재 폐하께서는 부처의 뼈를 궁내로 가져다가 모시며 왕들과 대신들로 하여금 시주하게 하여 많은 재물을 낭비하게 하고 계십니다. 일부 백성들은 우매하고 무지하여 자신의 몸을 불태움으로써 자기의 부처에 대한 정성을 나타내기도 합니다. 풍속을 문란하게 하는 이러한 일은 사람들의 웃음거리가 되어 사방으로 전파될 것입니다. 소신의 생각으로는 그 부처의 뼈를 물에 버리거나 불 속에 집어넣어야 할 것입니다."

헌종은 이 글을 읽고 한유가 오래 살고 싶어하지 않는 것이라 생각하고 그의 목을 베려고 하였다. 그러나 한유는 재상(宰相) 배도(裴度)의 변호 덕분에 조주(潮州) 자사로 좌천되었다.

입추지지 立錐之地

매우 좁은 땅

초(楚)나라에 우맹(優孟)이라는 사람이 있었다. 그는 본시 초나라의 악인(樂人)으로서 말로 풍자(諷刺)를 잘했다. 당시 초나라의 재상을 지내던 손숙오(孫叔敖)는 우맹이 재주 많은 사람임을 알고 있었다. 손숙오는 왕을 도와 정치를 잘 하였지만 청렴한 성품 때문에 별다른 재산이 없었다.

손숙오는 중병에 걸려 죽게 되자 아들을 불러 유언하였다.

"훗날 너는 가난해질 것이 분명하니 가난해지거든 우맹을 찾아가 '저는 손숙오의 아들입니다'라고 말해라."

손숙오가 죽자 왕은 그의 공적도 잊은 채 손숙오의 가족들에 대해서는 아무런 배려도 해주지 않았다. 몇 년이 지난 후, 과연 손숙오의 아들은 가난하게 되어 길거리에서 땔감을 팔아 생계를 꾸리는 형편이 되었다. 어느 날, 손숙오의 아들은 길거리에서 우맹을 만나게 되었다. 그는 아버지의 유언대로 우맹에게 말했다.

"저는 손숙오의 아들입니다. 아버지께서 돌아가실 때 제가 가난해지거든 우맹이라는 분을 찾아가라는 말씀을 남기셨습니다."

그러자 우맹이 말했다.

"그대는 먼 곳에 가지 않도록 하시오."

그리고 나서 우맹은 집으로 돌아와 손숙오의 옷과 관을 만들어 입고 그의 몸짓과 말씨를 흉내 냈다.

일 년쯤 지나자 손숙오와 똑같이 흉내를 내게 되었는데 초왕과 측근의 신하들은 모두 손숙오와 우맹을 분간하지 못하였다.

초장왕(楚莊王)이 베푼 주연(酒宴)에서 우맹이 앞으로 나아가 왕에게 잔을 올리자, 왕은 깜짝 놀라며 손숙오가 다시 살아난 것으로 생각하였다. 초장왕이 우맹을 재상으로 임명하려고 하자 우맹이 말했다.

"집에 돌아가 아내와 의논한 다음 사흘 후에 와서 재상을 맡겠습니다."

사흘 후에 우맹이 알현하러 오자 왕은 물었다.

"그대의 아내는 뭐라고 말하던가?"

"저의 아내가 초나라 재상은 결코 할 만한 자리가 아니라며 저더러 재상(宰相) 자리를 맡지 말라고 하였습니다. 손숙오와 같은 사람은 초나라의 재상으로서 충성스럽고 청렴하게 초나라를 다스렸습니다. 그 덕분에 왕께서는 제후들의 패자가 되셨지만, 손숙오가 죽자 그의 아들에게는 송곳을 세울 만큼의 땅도 없고, 빈곤하여 땔나무를 내다 팔아서 끼니를 이어갈 정도의 형편이 되었습니다. 저도 손숙오처럼 된다면 차라리 자살하는 편이 나을 것입니다."

이에 초장왕은 우맹에게 사과하고 손숙오의 아들을 불러 침구(寢丘; 지금의 하남성 임천현) 땅에 4백호의 봉읍을 주어 아버지의 제사를 모시게 하였다.

애급옥오 愛及屋烏

사람을 사랑하면 그 집 지붕의 까마귀까지 사랑한다

상(商)나라의 마지막 군주 주왕(紂王)은 사치스럽고 욕심이 많으며 포학무도한 군주였다. 당시 서부 제후들의 우두머리였던 서백후(西伯侯) 희창(姬昌)은, 주(周)나라 문왕(文王)으로 즉위하기 전에 걸왕의 행위에 대하여 정면으로 반대하였다는 이유 때문에 구금되어 갖은 고초를 겪고 석방되었다. 희창은 자신의 지역인 기산(岐山)으로 돌아와 상나라를 멸하겠다고 결심하였지만 얼마 있지 않아 세상을 떠났다.

희창이 죽자 그의 아들 희발(姬發)이 왕위를 계승하니 그가 곧 주나라 무왕(武王)이었다. 희발은 부친의 유지(遺志)를 받들어 강상(姜尙)을 군사(軍師)로 임명하고, 다른 두 동생들의 도움으로 각 제후들을 규합하여 걸왕 정벌을 정식으로 선포하였다.

주 무왕은 대군을 이끌고 맹진(盟津 : 지금의 하남성 맹현 남쪽의 황하 유역)에서 황하를 건너 동북쪽으로 진군하여 곧장 상나라의 도읍인 조가(朝歌 : 지금의 하남성 기현 동북쪽)를 압박해 들어갔다. 상왕은 이미 인심을 잃은 터라 군인들도 그를 위해 목숨을 바치기를 원하지 않았으므로 모두 도망하거나 투항하였으며 일부는 조정에 반기를 들고 일어났다. 상 왕조의 멸망이 눈앞에 다가왔다.

이때 상 왕조의 권신(權臣)이나 귀족들을 어떻게 처리하느냐 하는 문제를 놓고 주 무왕은 강태공(姜太公)을 불러 그의 자문을 구하였다.

강태공은 말했다.

"제가 듣기로는 사람을 사랑한다면 그의 집 지붕 위에 있는 까마귀까지도 사랑하며, 사람을 미워하면 그의 집 종들까지도 미워한다고 합니다. 적대적인 사람들은 모조리 제거하였으면 하는데, 왕의 생각은 어떠하신지요?"

주 무왕은 강태공의 말에 깨달은 바가 있어 상나라의 백성들에 대하여 그들을 위로하는 정책을 펼쳤다.

장롱작아 裝聾作啞

작은 잘못을 크게 만들지 말라

당나라 대종(帶宗)은 양귀비(楊貴妃)에 빠져 초기의 선정에도 불구하고 안사(安史)의 난을 일으키게 한 현종(玄宗)의 후계자이다.

그는 곽자의(郭子儀)의 도움을 받아 궤멸상태에 빠진 나라를 위기에서 건져냈다. 대종은 곽자의의 공훈을 기려 딸 승평(升平)공주를 곽자의의 아들 곽애에게 시집보냈다. 그런데 이 젊은 부부는 각자 부모의 배경을 믿고 서로 고분고분하지 못해 부부싸움이 그칠 날이 없었다.

하루는 곽애가 말했다.

"당신은 아버지가 황제라는 것만 믿고 나를 무시하는데 우리 아버지가 안록산을 물리쳤기 때문에 황제 자리에 있는 거야. 만일 아버지가 마음만 먹었다면 스스로 황제 자리에 오를 수도 있었다는 사실을 잊어서는 안돼".

이 말을 들은 공주는 발끈해서 대종에게 남편이 반역을 꾀한다고 일러바쳤다. 공주는 대종이 남편에게 중벌을 내려 자신의 분을 풀어줄 것으로 믿었다.

대종은 딸의 이야기를 다 듣고 나서 전혀 동요하지 않고 조용히 말했다.

"얘야, 네 남편의 말은 모두 사실이다. 지금 천하는 네 시아버지 덕에 보전된 것이다. 그가 황제가 될 마음만 먹었다면 이 자리는 그에게 넘어갔을 것이다."

그러면서 싸우지 말고 잘 살라고 딸을 타일렀다.

이 일은 곧 곽자의에게 알려졌다. 아무리 부부 싸움 와중에서 내뱉은 것이지만 아들의 말은 반역죄에 해당되는 중죄였다. 깜짝 놀란 그는 아들을 붙잡아 가두고 급히 황제를 알현하고 대죄했다.

그러나 대종은 부드러운 목소리로 말했다.

"젊은 애들이 말다툼을 벌이다 보면 좀 지나칠 수 있는 일인데 우리 노인들이 심각하게 받아들일 필요는 없지 않겠소? 여자들이 규방에서 하는 말을 어찌 진짜로 믿을 수 있겠소. 우리 노인들은 그런 얘길 들으면 전래 속담대로 귀머거리나 벙어리가 되어 못들은 척해야지요."

황제의 정감 넘치고 이치에 합당한 이야기를 듣고 무거웠던 곽자의 마음은 편안해졌다. 피를 불러올 뻔한 일이 아주 사소한 해프닝으로 끝나는 순간이었다.

이 속담은 명나라 때 사람 이지(李贄)가 친구에게 보낸 여우붕서(與友朋書)라는 편지에도 그대로 나온다.

어떤 일을 너무 진지하게 대하다 보면 더욱 골치 아파지는 경우가 흔하다. 그럴 땐 오히려 못 본 척, 못 들은 척하고 넘기는 편이 일을 훨씬 수월하게 만들기도 한다.

지도자로서 모든 사람을 다 만족시킨다는 것은 불가능하다. 한편을 들면 다른 쪽이 불만족스럽다. 하찮은 일을 침소봉대하여 타인을 원망하고 여기저기 욕하고 다니는 사람도 없지 않다.

이럴 때, 경험 있는 지도자는 일단은 예봉을 피해 모르는 척하고 있다가 사태가 잠잠해지면 심사숙고해서 처리한다.

경국지색 傾國之色

아름다운 여인 ☞ '경국'이라고도 한다

한무제(漢武帝)를 모시고 있는 가수(歌手)중에 이연년(李延年)이란 자가 있었다. 음악적 재능이 풍부하고 노래와 춤도 유명하며 신곡을 만들거나 편곡을 할 때마다 사람들을 감동시켰으므로 무제의 총애를 한몸에 받고 있었다. 그는 황제 앞에서 춤을 추며 노래했다.

북방에 가인(佳人)있어
절세로 단 한 사람뿐
일고(一顧)하면 성을 기울게 하고
재고(再顧)하면 나라를 기울게 했다
어찌 경성 경국을 모르리요마는
가인은 두번 다시 얻기 어려우리

무제는 노래를 듣고나서 한숨을 내쉬며 말했다.

"아아, 세상에 그런 여인이 정말 있을까?"

"연년에게는 누이동생이 있거든요"

무제의 누이인 평양공주(平陽公主)가 귀엣말로 말했다.

무제는 곧 연년의 누이동생을 불러 들였다. 그녀는 더없이 예뻤고 춤도 능숙했다. 무제는 곧 그녀에게 완전히 마음이 사로잡히고 말았다.

이연년의 누이동생이 바로 무제 만년에 총애를 받은 이부인이지만 젊어서 죽었다. 무제는 이부인을 추모하여 여생을 눈물과 한숨으로 지냈다고 한다.

이연년의 노래에서 딴 경성(傾城)은 성 한 개 정도를 기울게 하는 미인을 뜻하며 경국(傾國)은 나라를 기울게 할 정도의 미인을 뜻한다.

그러나 이부인은 나라를 기울게 하지는 않았지만 중국 역사상에는 나라를 망하게 한 미인들이 많았다.

하(夏)의 말희, 은(殷)의 달기, 주(周)의 포사, 오(嗚)의 서시(西施)등이 바로 그들이다.

경국(傾國)이란 문구를 쓴 예는 아주 많아 이백(李白)의 〈악부청평조(樂府淸平調)〉에 "명화경국양상환(名花傾國兩相歡)"이 있고, 백거이(白居易)의 〈장한가(長恨歌)〉의 첫 귀절은 "한왕 색을 중히 여겨 경국을 생각한다"라고 했다.

경국의 본뜻은 "나라를 위태롭게 한다."로 사기의 〈항우본기(項羽本紀)〉를 보면 항우에게 부모 처자가 사로 잡혀 있어서 고조(高祖)가 난처해하는 것을 후공(侯公)이 그 변설로 되찾아왔을때 고조가 한 말로서 "이는 천하의 변사이다. 그가 있는 곳에 나라를 기울게 한다"라고 했다.

따라서 이연년의 노래도 '경국' 자체에 미인이란 뜻을 포함시킨 것은 아니지만 이백이나 백거이의 시에서는 완전히 미인의 뜻으로 쓰이고 있다.

요조숙녀 窈窕淑女

남 앞에 잘 나서지 않고 얌전히 살림을 잘해 나갈 것 같은 여자

시경의 관저에 다음과 같은 말이 있다.

"요조숙녀야말로 군자의 배필이다."

시경에서 말한 군자의 짝[逑]으로서 요조숙녀란 깊고 아름다고 그윽한 심성을 가지고 전쟁과 정사(政事)에 지친 남자의 마음을 헤아릴 줄 아는 여자를 말한다.

옛날 지체 높은 가문일수록 여자는 집안 일 이외의 바깥 활동을 전혀 하지 못했다. 때문에 여자가 갖추어야 할 덕목은 아기를 잘 낳고 집안에 분란거리를 만들지 않으면서 남자의 일을 방해하지 않는 정도면 충분했다. 활달하고 호기심이 많은 성격은 자연 바깥 일에 관심을 갖게 될 것이므로 환영받지 못하였다.

또 다음과 같은 구절이 있다.

"요조숙녀는 금슬로써 벗한다."

이 구절에서는 요조숙녀란 거문고와 비파를 켤 줄 알아야 한다고 말하고 있다. 왜냐하면 장래 지아비와 거문고를 뜯으면서 사이좋게 지내기 위해서이다. 여기에서 사이좋은 부부사이를 뜻하게 된 금슬이란 말이 유래되었다.

그러나 요조숙녀란 말은 과거 여성이 철저하게 외부와 격리되

어 살아온 시대의 산물인 것 같다. 왜냐하면 현대에서는 이 말이 가끔씩 쓰인다 해도 그다지 바람직하지 않은 뜻으로 쓰이기 때문이다.

즉 사회성이 없고 소극적이거나 수동적이면서 남성에게 의존적인 여자를 비꼬고 싶을 때나, 예쁘지만 주관이 없어 부리기 좋은 착한 여자를 미화하는 뜻으로 쓰일 때가 많다.

오늘날처럼 급변하는 사회에서는 여자도 생존의 방법을 파악하고 대응자세를 갖추지 않으면 안된다. 다만 요조숙녀의 남을 헤아리는 아름다운 마음씨만은 잃지 않아야 할 것이다.

미망인 未亡人

아직 죽지 않은 사람

☞ 남편을 따라 죽지 않은 과부

춘추좌씨전(春秋左氏傳)에 몇 군데의 내용이 보인다. 모두 남편을 먼저 잃은 아내를 가리키고 있다.

초(楚)나라의 영윤(令尹) 자원(子元)이 죽은 초나라 문왕의 부인을 유혹하기 위해 궁실 옆에다 건물을 짓고 은나라 탕왕이 시작했다는 만의춤을 추게 하였다.

그 음악 소리를 듣고 부인은 울면서, "돌아가신 왕께서는 이 춤을 군대를 훈련하는 데 사용하셨다. 지금 영윤은 원수들을 치는 데는 생각이 없고 미망인의 곁에서 하고 있으니 이상하지 아니한가."라고 하였다.

시종 하나가 이 사실을 자원에게 알리니 자원이 "부인은 원수를 잊지 않고 있는데 오히려 내가 잊고 있구나" 하며 군사를 동원하여 정나라를 쳤다고 한다.

노나라 성공(成公) 9년조에는, 그 해 노나라의 백희(伯姬)가 송공(宋公)에게 시집가게 되어 계문자(季文子)라는 사람이 후행으로 송나라에 갔다가 임무를 무사히 마치고 돌아왔다.

성공은 위로의 연회를 베풀었는데 계문자가 성공과 송공을 칭송한 후 출가한 희의 앞날을 축복하자, 선대 선공(宣公)의 부인이 자 백희 어머니인 목강(穆姜)이 "이번에 큰 신세를 졌습니다. 당신은 선대부터 지금까지 충성을 다하고, 미망인인 나에게까지 진력하여 주셔서 고맙기 그지없습니다."고 하였다 한다.

노나라 성공(成公) 14년조에도, 위(衛)나라의 정공(定公)이 병이 들자 공성자(孔成子), 복혜자(宓惠子)로 하여금 첩실인 경사(敬似)의 아들 간을 태자로 삼게 하였다. 10월에 정공이 죽고, 부인 강씨가 곡을 마치고 쉬면서 보니 태자는 아무런 슬픈 기색을 보이지 않았다.

부인은 이를 보고 식음을 전폐한 채 "저 못난 자식은 틀림없이 나라를 망칠 것이며 먼저 미망인인 나를 학대하리라. 아, 하늘은 위를 저버렸는가?" 하였다는 기사가 보인다.

이처럼 미망인이란 순장의 풍습에 따라 남편이 먼저 죽은 부인을 가리키던 말로 오늘날 사용하기에는 적절치 않다고 생각된다.

상사병 相思病

사랑하면서도 뜻을 이루지 못해 생긴 병

상사병은 동진(東晉)의 학자이자 문인인 간보(干寶)가 지은 《수신기(搜神記)》에 나오는 말이다.

"송나라 사람들이 슬피 여겨 그 나무를 상사수라 하였는데 상사란 말이 이때부터 시작되었다." 이 말의 유래는 다음과 같다.

춘추전국시대 송(宋)나라 말기 강왕(康王)은 주색에서 헤어나지 못할 정도로 광적으로 탐닉하였다.

심지어 신하의 부인까지도 넘보았다. 강왕의 시종 한빙(韓憑)에게는 절세미인의 부인 하씨가 있었다. 강왕은 하씨를 강제로 능욕한 뒤 후궁으로 삼았다. 한빙이 곁에 있는 한 마음이 편하지 못함을 알고 강왕은 한빙에게 없는 죄를 뒤집어 씌우고 나서 성단(城旦 : 변방 지역에서 낮에는 변방을 지키고 밤에는 성을 쌓는 무거운 형벌)의 형벌에 처하였다.

이때 하씨는 남편을 그리워하는 편지를 몰래 보냈는데 이것이 강왕의 손에 들어갔다. 강왕에게 들어간 편지를 소하(蘇賀)라는 사람에게 읽으라고 했는데 "당신을 그리는 마음을 어찌할 수 없고 방해물이 많아 만날 수 없으니 그저 죽고만 싶을 따름입니다." 라고 자기 멋대로 해석하였다.

부인과 떨어진 한빙은 얼마 후 아내를 너무 그리워한 나머지 자살하였다.

이 소식을 들은 아내 하씨도 성 위에서 투신하였는데 "임금은 사는 것을 다행으로 생각하지만 저는 죽는 것을 다행으로 여깁니다. 제 남편과 합장해 주십시오."라는 유언을 남겼다.

그 유언에 화가 난 강왕은 하씨의 유언을 받아 주지 않고 의도적으로 무덤을 서로 떨어지게 하였다. 그러자 그날 밤부터 나무 두 그루가 자라기 시작하더니 10일 후에는 큰 아름드리 나무가 되었다. 나무 위에서는 한 쌍의 원앙새가 서로 목을 안고 슬피 울었다.

이것을 본 사람들은 원앙새를 죽은 부부의 넋이라고 보았고, 그 나무를 상사수(相思樹)라고 불렀다. 이때부터 상사병이라는 말이 퍼졌다.

상사병은 서로를 그리워하지만 맺어지지 못한 사랑을 말할 때 쓰이는데, 지금은 괴롭고 견디기 힘든 혼자만의 짝사랑을 말할 때 상사병에 걸렸다고 한다.

역부몽 役夫夢

일꾼의 꿈

☞ 인생의 부귀영화가 꿈과 같다

주(周)나라에 윤씨라는 사람이 있었는데 재물에만 눈이 어두워 일꾼들을 마구 부려먹었다.

그에게 한 늙은 일꾼이 있었는데 낮에는 신음하면서도 일을 하고 밤에는 지쳐서 멍하니 앉아 있다가 깊은 잠이 들곤 했다. 그는 밤마다 임금이 되어 정사를 다스리며 마음껏 궁전에서 잔치하고 즐겁게 노는 꿈을 꾸었다.

어떤 사람이 그를 위로하려 하자 그는 다음과 같이 말했다.

"인생은 낮과 밤이 있습니다. 나는 낮에는 하인이 되어 실컷 고생하지만 밤에는 한 나라의 임금이 되어 즐거움을 누리니 원망할 것이 없습니다."

주인인 윤씨 역시 항상 피곤하여 밤이면 지쳐서 잠이 들었는데 밤마다 남의 하인이 되어 힘들게 일하는 꿈을 꾸었다.

그가 하루는 친구를 찾아가 상의하자 친구가 말했다.

"자네는 지위와 재산에 있어 남부럽지 않네. 그러므로 밤에 하인이 되어 괴로움과 편안함을 반복하여 경험하는 것은 정상적인 것이라네. 깨어 있을 때와 꿈꿀 때 둘 다 편안함을 누리려면 덕을 쌓아야 하네."

윤씨는 이 말을 듣고 일꾼들의 일을 줄여 나갔다. 그러자 근심도 줄어 들고 병도 나았다.

인생의 부귀영화가 헛되고 한낱 꿈과 같으니 너무 욕심을 부려 근심을 자초하지 말라는 뜻이다.

해어화 解語花

말을 이해하는 꽃 ☞ 미인

당나라 현종(玄宗)이 비빈(妃嬪)과 궁녀들을 거느리고 연꽃을 구경하다가 양귀비(楊貴妃)를 가리켜 "연꽃의 아름다움도 '말을 이해하는 이 꽃'에는 미치지 못하리라"고 말했다는 고사에서 온 말로 '해어지화(解語之花)'라고도 한다.

중국 오대(伍代)의 왕인유(王仁裕)가 엮은 《개원천보유사(開元天寶遺事)》에 다음의 글이 실려 있다.

명황(明皇) 가을 8월에 태액지(太液池)에 천 송이의 흰 연꽃이 피었다. 그 중 몇 가지에는 꽃이 무성하게 피었다. 황제는 양귀비와 더불어 잔치하고 감상했다. 좌중이 감탄하고 부러워했다. 오래도록 감상하다가 황제가 양귀비를 가리키며 좌중에게 일러 말했다.

"내 말을 이해하는 꽃과 견줄 만하도다."

여기서 명황은 당나라의 현종을 가리키는 말이고, 태액지는 장안성(長安城)의 동북간에 있는 성에 인접하여 만든 정원으로 대명궁내(大明宮內)에 있는 연못이다.

이 태액지에 피어 있는 연꽃의 아름다움에 취해 모두들 넋을 잃고 바라보자, 현종이 "연꽃의 아름다움도 말을 알아듣는 이 꽃(양귀비)에는 비할 바가 못 된다"고 하여 양귀비에 대한 지극한 사랑을 표현했던 것이다.

양귀비는 촉주(蜀州) 사호(司戶)였던 양현담(楊玄啖)의 딸로, 어렸을 때의 이름은 옥환(玉環)이었다. 일찍 부모를 여읜 그녀는 숙부 밑에서 자랐다.

원래 양귀비는 현종의 18번째 아들인 수왕(壽王)의 비(妃)였으나 현종의 눈에 띄어 그녀의 나이 27세 때 귀비(貴妃)로 책봉되었다. 그 후 현종의 총애를 받아 그 일족이 모두 높은 벼슬에 오르는 등 영화를 누렸으나, 안녹산(安祿山)의 난이 일어나 피난가던 도중 길가의 불당에서 목매어 죽임을 당하였다.

사실 현종은 할머니 측천무후(則天武后)에 의해 피폐해질대로 피폐해진 당(唐)나라를 다시 일으켜 세워 개원(開元)의 태평성대(太平聖代)를 이루었던 현명한 군주였다.

그러나 양귀비(楊貴妃)를 알고부터 그만 정사(政事)에는 관심을 보이지 않게 되었다. 그 결과 안녹산(安祿山)의 난을 당하여 양귀비마저 목매어 죽이고 만다. 그러고도 그녀를 잊지 못해 자나 깨나 그리는 마음은 백낙천(白樂天)의 장한가(長恨歌)에도 잘 나타나 있다.

대당제국도 차츰 기울기 시작해 마침내 망(亡)하고 만다. 그러고 보면 해어화(解語花)는 망국화(亡國花)이기도 했던 셈이다.

주지육림 酒池肉林

호화스런 생활과 계속되는 진수성찬의 술잔치로 사치하고 음란함의 극치를 비유한 말

고대 중국의 하나라 걸왕(桀王)과 은나라 주왕(紂王)은 원래 지용(智勇)을 겸비한 현주(賢主)였으나 그들은 각기 말희, 달기라는 희대의 요녀독부(妖女毒婦)에 빠져 사치와 주색에 탐닉하다가 결국 폭군음주(暴君淫主)라는 낙인이 찍힌채 나라를 망치고 말았다.

하(夏)의 걸왕은 자기가 토벌하여 멸망시킨 유시씨(有施氏)의 나라에서 공물로 바쳐진 말희라는 여자에게 마음을 빼앗겼다.

그는 말희를 위하여 보석과 상아로 꾸민 호화스런 궁전을 짓고 그 깊숙한 방에 옥으로 꾸민 침대를 놓고서 밤마다 일락(逸樂)에 빠졌다. 또 그녀가 바라는 대로 온 나라 안에서 3천명의 미소녀를 모아 그들에게 오색으로 수놓은 옷을 입히고 일대 무악을 벌리기도 하였다. 또 말희의 제안에 따라 궁원 일각에 커다란 연못을 파게 했다. 그 바닥에는 새하얀 옥돌을 깔고 연못 속에는 향기로운 미주(美酒)를 아낌없이 부었는데, 연못 둘레에는 언덕을 본따 고기의 산이 쌓아지고 고기포의 숲이 만들어 졌다.

왕은 말희와 함께 작은 배를 타고 술의 연못을 저어 다녔다. 3천의 미소녀들이 연못둘레에서 악기에 맞추어 춤을 추고, 신호의

북소리가 나면 연못으로 달려가 술을 마시고 숲의 육포를 뜯어 먹는 것을 기분좋게 바라보며 향락에 빠졌다.

이와 같은 사치생활의 연속은 곧 국고를 바닥나게 했으며 인심을 잃는 행위였으므로 하조(夏朝)의 멸망은 필연적인 것이었다. 이리하여 걸왕은 복속국인 은나라 탕왕(湯王)에게 주벌(誅伐)당하고 말았다.

또 은(殷)의 마지막 군주 주왕(탕왕으로부터 28대 째)을 사로 잡은 것은 유소시(有蘇氏)의 나라에서 바친 세상에서 보기 드문 미모와 음분(淫奔)을 갖춘 독부 달기였다. 싫증을 모르는 이 여성의 욕망을 만족시키기 위해 주왕은 가렴주구(苛斂誅求 : 세금을 가혹하게 거두어 들이고 무리하게 백성들의 재물을 빼앗음)를 일삼았다.

녹대(鹿臺), 거교(鋸橋)의 창고에는 백성들에게서 거두어 들인 전백(錢帛)과 미속이 산같이 쌓이고, 온 나라의 진수기물(珍獸奇物)은 속속 궁중으로 몰려 들어 왔다. 또 막대한 물자와 인력을 소모하여 호화스런 궁전원지(宮殿園池)가 만들어 졌다.

연못에는 술이 가득 부어지고 술재강을 언덕삼고 고기를 매달아 숲을 만들었다. 악사에 명하여 새로 지은 북리무(北里舞), 미미악(靡靡樂)등 몸도 혼도 녹여 버릴 듯한 음란(淫亂)한 음악에 맞추어 실오라기 하나 걸치지 않은 남녀의 무리가 그 근처를 쫓고 쫓기면서 광무하고, 그것을 구경하는 사람들은 몰아(沒我)의 황홀경(惶惚境)에 젖어 연못의 술을 마시고 숲의 고기를 마구 뜯어 먹었다.

더구나 이같은 광연(狂宴)이 주야장천(晝夜長川) 120일이나 계속되니 이것을 '장야의음(長夜之飮)'이라 부르게 되었다고 한다.

이렇게 광태는 이미 상궤(常軌)를 벗어 났는데도 뜻있는 사람들의 간언을 듣지 않고, 도리어 제왕의 행동을 비방한다는 죄를 씌워 잔인한 포락지형(炮烙之刑 : 기름을 칠한 구리기둥을 숯불위에 놓고 죄인이 건너 가다가 미끄러져 떨어지면 숯불에 타죽게 하는 형벌)을 내렸다. 주왕과 달기는 이 광경을 보면서 박장대소(拍掌大笑)를 하며 즐거워했다고 한다.

이렇게 하여 폭군음주(暴君淫主)의 이름을 떨친 주왕도 걸왕의 전철(前轍)을 밟아 주(周)나라 무왕(武王)의 혁명 앞에 힘없이 굴복하는 운명의 길을 걷고 말았다.

파경중원 破鏡重圓

이별한 부부가 살아서 다시 만나는 것

중국의 역대 설화집인 《태평광기(太平廣記)》에 다음의 이야기가 전해 온다.

6세기 말경 중국 남북조시대의 남조(南朝) 최후의 왕조인 진(陳)나라가 수(隋)나라의 대군에 의해 멸망하게 되었을 때의 일이다. 궁중관리였던 서덕언(徐德言)은 수나라 대군이 양자강 북쪽 기슭에 도착하자, 무엇보다도 사랑하는 아내의 앞날이 걱정되었다.

당시 망국의 여인들은 점령군의 위안물로 전락하는 운명이었다. 특히 그의 아내는 진나라의 마지막 황제인 후주(後主)의 누이동생으로, 재색을 겸비한 미인이었기 때문에 더욱 걱정이 컸다.

그는 수나라 대군이 도성에 가까이 다가오자 아내를 불러 말하였다.

"이제 멸망의 날이 다가왔소. 이 나라가 망하면 그대도 무사하지 못할 거요. 적의 눈에 띄면, 어느 고관이나 장수의 집으로 보내지게 될 것이요. 그렇게 되면 다시 만나기 어렵겠지만 만약을 위해서 이 거울을 둘로 쪼개어 하나씩 소중히 간직합시다. 그리고 내년 정월 보름날 도성의 시장으로 거울을 내다 팔도록 하시오. 만일 살아 있게 되면 그날은 무슨 일이 있어도 반드시 도성의 시장으로 찾아가겠소."

그렇게 두 사람은 각각 거울 한쪽 씩을 소중히 간직하고는 헤어지게 되었다.

마침내 진나라는 수나라에 망하고, 서덕언의 아내는 붙잡혀서 수나라의 중신 양소(楊素)의 집으로 보내졌다. 그녀는 양소의 총애를 받게 되었으나, 늘 반쪽 거울을 꺼내보면서 남편을 그리워했다.

한편 서덕언은 난리 속에 몸만 겨우 살아 남아 밥을 걸식하면서 1년이나 걸려 도성으로 올라오게 되었다. 그리고 약속한 정월 보름날 시장으로 가보았다. 과연 반쪽으로 쪼개진 거울을 높이 쳐들고 큰 소리로 팔고 있는 사람이 있었다. 서덕언은 다가가 자신의 거울과 맞추어보니, 딱 하나로 합쳐졌다.

그는 맞추어진 거울 뒷면에 아내를 그리는 애틋한 심정을 시로 적은 후 거울을 다시 돌려보냈다.

거울은 사람과 함께 가더니
거울만 돌아오고 사람은 돌아오지 않네.
항아의 그림자는 다시 만날 수 없고
헛되이 밝은 달빛만 멈추누나.

심부름꾼이 거울을 가지고 돌아가자, 서덕언의 아내는 식음을 전폐하고 울기만 했다. 이 사실을 알게 된 양소는 두 사람의 깊은 애정에 감동하여 그녀를 서덕언에게 돌려보내 주었다. 그리하여 서덕언부부는 고향으로 돌아가서 화목하게 살았다고 한다. 이 이야기에서 비롯되어, 이별한 부부가 다시 만나는 것을 '파경중원'이라 하고 반면에 부부의 이혼을 가리켜 '파경'이라고 하게 되었다.

남가일몽 南柯一夢

한갓 허망한 꿈과 같은 한때의 부귀와 영화

당나라 덕종 때 광릉이란 곳에 순우분이라는 사람이 있었는데, 그의 집 남쪽에 큰 느티나무가 있었다. 어느 날 그는 술에 취해 그 나무 밑에서 잠이 들었다. 그때 보랏빛 옷을 입은 두 사나이가 나타나서 "괴안국(槐安國) 임금님의 명령으로 당신을 모시러 왔습니다"라고 했다. 순우분이 그 사자(使者)를 따라 느티나무 구멍 속으로 들어가 커다란 성문 앞에 다다르니 '대괴안국'이라고 금글자로 쓴 현판이 걸려 있었다.

국왕은 순우분에게 자기 딸을 주어 사위를 삼았다. 순우분은 여기서 친구인 주변(周弁)과 전자화(田子華)를 만났다. 순우분은 그들을 부하로 삼고 남가군의 태수로 부임하였다. 태수가 된 지 20년이 지나자 백성들은 모두 안정된 생활을 즐기며 순우분의 덕을 칭송하였고, 임금도 그를 재상으로 삼았다. 단라국(檀羅國)이 쳐들어왔을 때, 대장인 주변은 적을 얕보아 패하더니 등창을 앓다가 죽었다. 순우분의 아내도 병으로 죽어, 그는 태수를 그만두고 서울로 돌아갔다.

이때 순우분은 느티나무 아래서 잠이 깨었다. 모두가 꿈이었다. 나무 밑둥에는 과연 큰 구멍이 하나 있었다. 파보니 개미들이 가득 모여 있었고, 커다란 개미 두 마리가 있었다. 여기가 괴안국의 서울이며, 커다란 두 개미는 국왕 부처였다. 또 한 구멍을 찾아 들어가니, 남쪽 가지 사십 척쯤 올라간 곳에 또 개미떼가 있었다.

여기가 순우분이 다스리던 남가군이었다. 순우분은 구멍을 원래대로 고쳐 놓았다. 그리고 이튿날 아침에 가보니, 구멍은 밤에 내린 비로 허물어지고 개미도 없어졌다.

도원경 桃源境

복숭아 꽃 피는 아름다운 곳

☞ 속세를 떠난 이상향

어느 날 한 어부가 고기를 잡기 위해 강을 거슬러 올라갔다. 한참을 가다 보니 물 위로 복숭아 꽃잎이 떠내려오는데 향기롭기 그지없었다. 향기에 취해 꽃잎을 따라가다 보니 문득 앞에 커다란 산이 가로막고 있는데 양쪽으로 복숭아 꽃이 만발하였다.

수백 보에 걸치는 거리를 복숭아꽃이 춤추며 나는 가운데 자세히 보니 계곡 밑으로 작은 동굴이 뚫려 있었다. 그 동굴은 어른 한 명이 겨우 들어갈 정도의 크기였는데, 안으로 들어갈수록 조금씩 넓어지더니 별안간 확 트인 밝은 세상이 나타났다.

그곳에는 끝없이 넓은 땅과 기름진 논밭, 풍요로운 마을과 뽕나무, 대나무밭 등 이 세상 어느 곳에서도 볼 수 없는 아름다운 풍경이 펼쳐져 있었다. 두리번거리고 있는 어부에게 그곳 사람들이 다가왔다. 그들은 이 세상 사람들과는 다른 옷을 입고 있었으며, 얼굴에는 미소를 가득 띠고 있었다.

어부가 그들에게 궁금한 것을 묻자, 그들은 이렇게 대답했다.

"우리는 조상들이 진(秦)나라 때 난리를 피해 식구와 함께 이곳으로 온 이후로 한번도 이곳을 떠난 적이 없습니다. 지금이 어떤 세상입니까?"

어부는 그들의 궁금증을 풀어 주고 융숭한 대접을 받으며 며칠간을 머물렀다.

어부가 그곳을 떠나려 할 때 그들은 당부의 말을 하였다.

"우리 마을 이야기는 다른 사람에게 하지 말아 주십시오."

그러나 어부는 너무 신기한 나머지 길목마다 표시를 하고 돌아와서는 즉시 고을 태수에게 사실을 고하였다. 태수는 기이하게 여기고 사람을 시켜 그 곳을 찾으려 했으나 표시해 놓은 것이 없어져 찾을 수 없었다.

그 후 유자기라는 고사(高士)가 이 말을 듣고 그곳을 찾으려 갖은 애를 썼으나 찾지 못하고 병들어 죽었다. 이후로 사람들은 그곳을 찾으려 하지 않았고, 도원경은 이야기로만 전해진다.

도연명도 이상향으로 도원경을 그리며 인간이 찾을 수 없는 곳이라 말하고 있다.

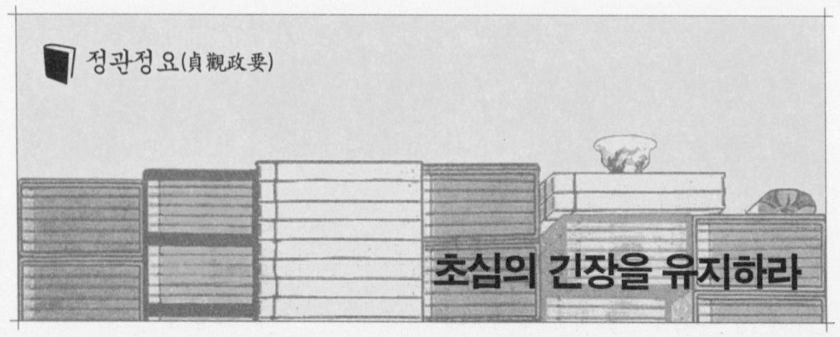

초심의 긴장을 유지하라

중요한 자리에 임명되거나 마침내 지도자의 자리에 오를 때는 누구든지 결심을 새로이 하고 긴장하여 일에 임하게 된다.

어느 날 태종이 중신들에게 질문하였다.

"나라를 유지하여 간다는 것은 어려운 일인가 용이한 일인가"

"극히 어려운 일입니다."

위증이 대답하였든바 태종은 되질문을 하였다.

"우수한 인재를 등용하고 그 사람들의 의견을 잘 듣는다면 그것으로 족한 것이 아닌가?"

당 태종

위증은 이렇게 답하였다.

"지금까지의 제왕을 보십시오. 나라의 경영이 어렵게 되었을 때에 우수한 인재를 등용하여 그 의견에 귀를 기울이지만 나라의 기반이 확고하게 확립면 반드시 마음에 느슨한 해이가 생기는 것입니다. 그렇게 되면 신하도 내 몸을 생각하여 군주의 잘못이 있어도 감히 간언하려고 하지 않습니다. 이리하여 나라의 정치는 점차 하강 곡선을 걷게 되어 마침내 멸망하게 됩니다. 옛부터 '안녕에 있으면서도 위험을 생각한다'는 성인의 말이 전해져 오는 것은 이 때문입니다."

위증은 여기서 '안전하게 위험한 때를 생각한다'라는 말을 인용하여 태종에게 주의를 재촉한 것이지만 안정 태평할 때야 말로 한층 마음을 가다듬고 긴장하여 사물에 임한다는 뜻이다. 그러나 이것을 실행에 옮기려 한다면 의외로 어렵다. 실패한 예가 당의 현종 황제이다. 그도 즉위 초에는 긴장하여 정치에 마음을 써서 그 결과 '개원의 치'라 불리는 융성시대를 구축하는데 성공하였다. 그러나 어느덧 정치에 실증이 나고 미녀 양귀비에 빠져서 마침내 나라를 멸망시키게 되었다. 현종과 같은 예는 중국 3,000년 역사 속에 수없이 볼 수가 있다. 이전, 태종은 정관이라 불리우는 훌륭한 시대를 구축하면서 조금도 해이하거나 긴장을 풀지 않았다. 치세의 최후까지 긴장감을 지속시켰던 것이다.

어느 날 그는 중신들에게 이렇게 이야기 하였다.

"나라를 다스릴 때의 마음 가짐은 병을 치료할 때의 마음가짐과 같은 것이다. 병자라는 것은 쾌유하여가고 있을 때야 말로 한층 신중을 기해 양생에 힘쓰지 않으면 안 된다. 조금 방심하여 의사의 지시를 어기게 된다면 그야말로 생명을 잃게 될 것이다. 나라를 다스리는 데 있어서도 같은 마음의 준비가 필요하다. 천하가 안정을 향해 나가고 있을 때 일수록 가장 신중하게 처리하지 않으면 안 된다. 그 때가 되어야 이젠 안심이다라고 긴장을 풀고 있으면 반드시 나라를 멸망시키는 것이 된다. 지금 천하의 안위는 나 하나의 어깨에 달려 있다. 그렇기 때문에 나는 항상 긴장과 신중을 내 뜻으로 정하여 비록 칭찬의 소리를 듣더라도 아직도 불충분하고 멀었다고 자기 스스로 훈계시키고 있다. 그렇지만 나 하나의 노력만으로는 어떻게 할 수 없다는 것이다. 그래서 그대들은 나의 눈이고 귀라고 믿고 왔던 것이다. 나와 그대들은 일심동체의 관계에 있다. 아무쪼록 앞으로도 힘을 합해 마음을 하나로 하여 정치에 임해주기 바란다. 이것은 위험하다고 눈치챘을 때는 숨기지 말고 반드시 말해주기 바라며 가령 군신간에 의문이 생겨서 서로 마음속으로만 생각하고 있는 것을 입으로 말할 수 없는 것이 된다면 나라를 다스리는 입장에서 중대한 해를 끼치는 것이 된다."

태종은 한평생 이와 같은 마음가짐으로 정치에 임했다.

정관정요 어록

편안할 때 있어 위험을 생각하라.

군주는 배와 같고 백성은 물과 같다.

큰일은 모두 작은 일에서부터 시작된다.

나라를 다스리는 것은 나무를 지배하는 것과 같다.

상은 그 부모의 사사로움이 아니다.

삼림이 울창하면 새들이 살고 물이 넓고 많으면 고기가 논다.

유수의 청탁은 그 근원에 있다.

정치를 하는 요점은 단지 사람의 마음을 얻는데 있다.

국가의 법령은 오직 정의롭고 간약하여야 한다.

천하의 편안함을 믿지 말고 항상 위험과 망국을 대비한다.

찾아보기

ㄱ

ㄴ

ㄷ

ㅁ

ㅂ

ㅅ

ㅇ